Sliwka / Klopsch

Deeper Learning in der Schule

Anne Sliwka / Britta Klopsch

Deeper Learning in der Schule

Pädagogik des digitalen Zeitalters

BELTZ

Dr. Anne Sliwka ist Professorin für Schulpädagogik an der Universität Heidelberg. Sie forscht über Schulentwicklung und Professionalität von Lehrkräften in international vergleichender Perspektive und ist Gründerin der Deeper Learning Initiative.

Dr. Britta Klopsch ist Juniorprofessorin für Schulpädagogik am Karlsruher Institut für Technologie (KIT). Ihre Forschungsschwerpunkte sind die kooperative Professionalität von Lehrkräften, die ko-konstruktive Unterrichtsentwicklung sowie die Gestaltung von Unterricht im Sinne des Deeper Learnings.

Dieses Buch ist erhältlich als:
ISBN 978-3-407-25921-9 Print
ISBN 978-3-407-25859-5 E-Book (PDF)

1. Auflage 2022

Werderstraße 10, 69469 Weinheim
service@beltz.de

Lektorat: Dr. Erik Zyber
Umschlagabbildung: getty images © Hero Images

Herstellung: Victoria Larson
Satz: WMTP Wendt-Media Text-Processing GmbH, Birkenau
Druck und Bindung: Beltz Grafische Betriebe, Bad Langensalza
Beltz Grafische Betriebe ist ein Unternehmen mit finanziellem Klimabeitrag (ID 15985-2104-1001).
Printed in Germany

Weitere Informationen zu unseren Autor:innen und Titeln finden Sie unter: www.beltz.de

Inhalt

Prolog: Beobachtungen bei einem Morgenspaziergang

Stellen Sie sich vor, Sie machen einen Morgenspaziergang. Auf dem Weg kommen Sie an einer Schule vorbei und schauen durch die Fenster. Im ersten Klassenzimmer steht eine Lehrerin vor Schülerinnen und Schülern, von denen einige interessiert zuhören oder das Schulbuch durchblättern. Andere sehen noch müde aus. In dem nächsten Klassenzimmer wiederholt sich das Bild. Diesmal ist es ein Lehrer, der auf seinem Tablet Ziffern und Zeichen schreibt, die dann vorne auf dem Smartboard erscheinen. Die Schülerinnen und Schüler sitzen in U-Form, schauen an die Tafel, einige schreiben mit. Die nächste Klasse ist der Chemiesaal der Schule. Vorne steht eine Lehrerin, die ein Experiment vorführt, während Schülerinnen und Schüler an Gruppentischen sitzend zuschauen. In Gedanken laufen Sie weiter, und es geht Ihnen durch den Kopf: »Eigentlich hat sich fast nichts geändert seit meiner eigenen Schulzeit. Genauso war Schule damals – dabei hat sich die Welt in der Zwischenzeit doch so verändert«.

Stop! Spulen wir zurück. Wieder ein Morgenspaziergang, wieder eine Schule. Sie bleiben überrascht stehen. Schon der erste Klassenraum sieht anders aus. Es ist kein herkömmliches Klassenzimmer, der Raum erinnert vielmehr an eine sehr moderne öffentliche Bibliothek. Es gibt Ecken mit beweglichen Regalen voller Bücher, aber auch Inseln bunter und flexibler Möbel, an denen kleine Gruppen von Schülerinnen und Schülern zusammensitzen, miteinander sprechen und an Laptops arbeiten. Sie wirken konzentriert und fokussiert. In einer Ecke des Raumes steht eine Kleingruppe um einen 3D-Drucker und beobachtet, wie als Werkstück der Schriftzug »Amnesty International« entsteht. Eine Lehrerin scheint in einer anderen Ecke, die durch Stellwände abgeschirmt und mit dem Schild »Feedback-Station« beschildert ist, ein Team von Schülerinnen und Schülern zu beraten.

Sie setzen ihren Spaziergang fort. Im nächsten Raum stehen fast keine Möbel. Die Jugendlichen scheinen gerade eine Ausstellung aufzubauen. Sie hängen große und offenbar von ihnen professionell gestaltete Poster auf und werfen Folien einer Präsentation an die Wand. Auf der Bühne baut ein Schüler Mikrofone auf, drei andere spielen auf dem Klavier, der Flöte und der Gitarre, so als würden sie für einen anstehenden Auftritt proben. Auf den Plakaten sehen Sie, dass es um Menschenrechte geht. »Was sind Menschenrechte? Seit wann gibt es Menschenrechte? Wo und wie wird gegen sie verstoßen?« Sie gehen weiter. An der Litfaßsäule vor der Schule lesen Sie auf einem auffällig gestalteten Plakat. Die 10 a und die 10 b der

Anne-Frank-Schule laden ein zum »Abend der Menschenrechte«. Sie sind neugierig geworden und sprechen einen Lehrer an, der gerade vorbeiläuft: »Ist das ein Projekt?« Er verneint. »So machen wir hier an unserer Schule Unterricht«, erklärt er. Das interessiert Sie, und Sie besuchen am Abend die Vorstellung.

Das Programm ist imposant: Schülerinnen und Schüler interviewen auf Englisch eine aus dem Headquarter von Amnesty International in London digital zugeschaltete Expertin. Ein Schülerteam hat sich intensiv mit dem Menschenrecht auf Zugang zu sauberem Trinkwasser beschäftigt und begründet dies in einem selbstgedrehten Kurzfilm auch mit fachlichen Inhalten aus Biologie und Chemie. Ein Schülertrio führt Musik von Musikerinnen und Musikern auf, die von den Nationalsozialisten verfolgt wurden. Anschließend gibt es Kurzvorträge zur aktuellen Situation der Menschenrechte in verschiedenen Ländern, für die die Jugendlichen auch russisch-, französisch-, spanisch- und englischsprachige Quellen verwendet haben. Und schließlich endet der Abend mit einer Lotterie als Fundraising-Aktion für Amnesty International. »Toll, was die auf die Beine stellen – so hätte ich damals auch gerne gelernt«, geht Ihnen durch den Kopf, während Sie am Abend über Ihren Tag nachdenken.

1 Warum brauchen wir jetzt Deeper Learning?

Wir befinden uns in einer Umbruchphase, in einem Paradigmenwechsel. Die traditionelle Schule existiert noch mit ihren gleich großen Klassen, dem 45-Minuten-Takt, der Zentrierung auf die Lehrpersonen, dem Gleichschritt im Unterricht, in den Lern- und Leistungswegen. Doch die neue Praxis ist längst am Horizont erkennbar. Wir haben sie gefunden an internationalen Schulen in Kanada, in Australien, in Singapur, in Neuseeland, in Finnland, in den USA, um nur einige Länder zu nennen. Auch in Deutschland verändern sich einige Schulen rasant, während andere noch in der alten Logik der Industriezeitschule gefangen sind.

Mit diesem Buch möchten wir das neue Lernen, ein Deeper Learning, wissenschaftlich beleuchten und begründen, warum wir – vor dem Hintergrund einer sich verändernden Lebens- und Arbeitswelt – jetzt den Wandel zum Deeper Learning an unseren Schulen angehen sollten. Das Buch erklärt im Rückgriff auf wissenschaftliche Befunde zum menschlichen Lernen, was Deeper Learning bedeutet. Anhand von anschaulichen praktischen Beispielen aus Schulen im In- und Ausland, die sich bereits auf den Weg zum Deeper Learning gemacht haben, zeigt es den Unterschied zwischen der tradierten Unterrichtspraxis und dem Unterricht der Zukunft auf. Dabei wird es auch um schulorganisatorische Rahmenbedingungen gehen, die den Weg zum Deeper Learning ermöglichen, und natürlich um die Lehrkräfte und ihre professionellen Rollen in der neuen Schule der digitalen Wissensgesellschaft.

Unser Buch soll Lehrkräften und Schulleitungen Lust machen, Deeper Learning auszuprobieren, und sie ermutigen, den Schritt in die Zukunft der Pädagogik durch das Umsetzen dieser innovativen Lehr-Lern-Praxis selbst zu vollziehen. Deeper Learning setzt dabei ganzheitlich an: Alle am Schulleben Beteiligten verändern gemeinsam die Lernumgebung, schaffen durch Deeper Learning einen Rahmen, in dem Schülerinnen und Schüler aktiv und engagiert lernen und ihre Persönlichkeit entwickeln können. Auch für Lehrerinnen und Lehrer wird die Arbeit an der Schule dadurch wieder interessanter: Als Mitlernende können sie sich selbst professionell entwickeln und am Paradigmenwechsel von der alten Schule der Industriegesellschaft zur neuen Schule der digitalen Wissensgesellschaft aktiv mitarbeiten. Denn es geht um nicht weniger als darum, die »Grammatik der Schule« für die digitale Wissensgesellschaft neu zu erfinden (Sliwka/Klopsch 2020c).

1.1 Die sich verändernde Lebens- und Arbeitswelt erfordert ein anderes Lernen

Die Lebens- und Arbeitswelt des 21. Jahrhunderts verändert sich in hoher Geschwindigkeit. Die digitalisierte Wissensgesellschaft löst die rohstoffgetriebene Industriegesellschaft ab. Als Treiber der Veränderung können der technologische Fortschritt, die globale Vernetzung und die neuen digitalen Kommunikationswege, die sich zum Ende des 20. Jahrhunderts entwickelt haben, angesehen werden (Trilling/Fadel 2009). Neuer Rohstoff dieser Welt ist das Wissen. Es dient zunehmend als Quelle für »Problemlösungen und Kreativität. Schon jetzt ist erkennbar, dass die Bildung im 21. Jahrhundert zum zentralen Bestimmungsfaktor des langfristigen volkswirtschaftlichen Wachstums aufsteigen wird« (Quenzel/Hurrelmann 2010, S. 22). Wissen und Bildung sind sowohl Ressource als auch Motor, um die großen Herausforderungen des 21. Jahrhunderts zu bewältigen (Schwab 2016): die Bedrohung der Umwelt und den Klimawandel, die demografische Entwicklung und die Migration.

Einer der größten Einflussfaktoren für die Veränderung ist die Digitalisierung. Sie betrifft immer mehr Arbeits- und Lebensbereiche. Die Entwicklung künstlicher Intelligenz nimmt Einfluss auf die Wirtschaftsentwicklung wie auch auf das Privatleben. Informations- und Kommunikationstechnologien, die sich im Zuge der Digitalisierung entwickeln, bieten neue Möglichkeiten der Informationsbeschaffung und Wissensvernetzung (Schiersmann/Thiel 2018). Diese neuen Herausforderungen für die Welt werden unter dem Akronym VUCA zusammengefasst (Mack/Khare 2016). Es beschreibt die neue Realität als wechselhaft, unsicher, komplex und mehrdeutig (**v**olatile, **u**ncertain, **c**omplex, **a**mbiguous). Gemeint ist eine von hoher Komplexität geprägte Realität, in der es nur noch schwer möglich ist vorherzusagen, was als Nächstes geschieht. Eine vorausschauende Planung wird so erschwert (Weinreich 2016).

Bildung gilt als Schlüssel zu einem positiven Umgang mit Veränderung. Wer gebildet ist, wird in Zeiten des Wandels eher die Flexibilität zeigen und die Kompetenzen mitbringen, proaktiv und kreativ Einfluss auf die Veränderungen zu nehmen. Bildung trägt dazu bei, den Veränderungen nicht ausgeliefert zu sein, sondern gestaltend mitzuentscheiden, wie sich Dinge entwickeln. Doch welche Art der Bildung bereitet auf die VUCA-Welt vor?

Erst sukzessive zeichnet sich ab, wie sich der Wandel und die damit verbundene Zunahme der Komplexität von Lebensbedingungen im 21. Jahrhundert auf die Lebens- und Arbeitswelt und damit auch auf Bildung auswirken. Deutlich wird schon jetzt, dass Kinder und Jugendliche durch diese Einflüsse vor neue Entwicklungsaufgaben gestellt werden (Sliwka 2018). Es ist durchaus kritisch zu sehen, dass sich Arbeitsprofile stark verändern und auch zahlreiche Beschäftigungsverhältnisse durch den digitalen Wandel obsolet werden. Diese Entwicklung ist jedoch ambivalent, denn Digitalisierung und künstliche Intelligenz verändern Arbeitsprozesse so, dass gänzlich neue Tätigkeitsfelder entstehen (Nagl/Titelbach/Valkova 2017), darunter viele kreative und nah am Menschen arbeitende Berufe.

Während manuelle und kognitive Routinetätigkeiten immer stärker automatisiert und digitalisiert werden, gewinnen nicht nur kreativ-gestaltende, sondern auch kognitiv-analytische Tätigkeiten, viele davon interaktiv, an Bedeutung (Levy/Murnane 2005). In den Vordergrund rücken die aktiv handelnde, gemeinsame Auseinandersetzung mit Wissen sowie das kreative Lösen von Aufgaben, die nicht von Maschinen übernommen werden können (Chen/McDonald 2015; Dörhöfer 2012; Grant/Parker 2009; Schiersmann/Thiel 2018). Solche Aufgaben sind von hoher Komplexität geprägt. Für ihre Bearbeitung ist das Zusammenwirken unterschiedlicher Kompetenzen und Expertisen erforderlich, wodurch der Bedarf an kooperativen Arbeitsprozessen auch in heterogenen Teams steigt (OECD 2017).

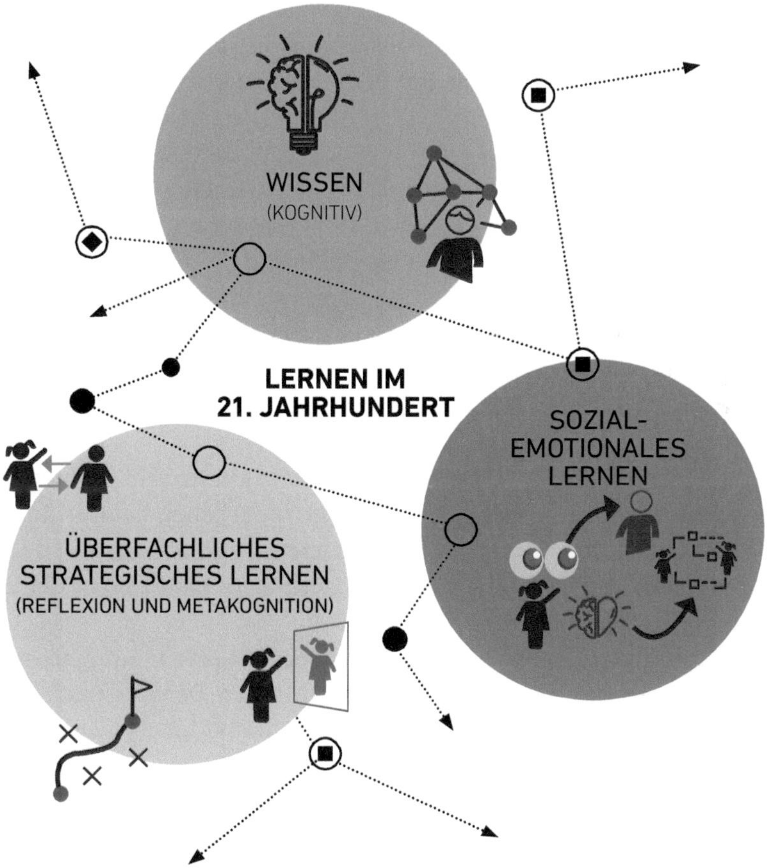

Abb. 1: *Dreidimensionales Lernen*

Besonders nachgefragt für den Arbeitsmarkt werden Personen sein, die komplexe Zusammenhänge systematisch durchdenken und in interaktiven Teams Probleme lösen können. Denn der Zugang zu Informationen ist durch das Internet zwar fast jedem gewährt, doch die Fähigkeit, diese Informationen durch analytische und kreative Arbeitsprozesse zu verarbeiten, muss erst erlernt werden. Die Arbeit wird damit zunehmend personen- und kommunikationsorientiert, wobei digitale Kommunikationsmuster künftig voraussichtlich eine größere Rolle spielen werden (Spath et al. 2009). Fachwissen, überfachliches und strategisches Lernen sowie sozial-emotionales Lernen sind in diesen Lern- und Arbeitsprozessen gleichermaßen wichtig (Abb. 1).

Um Heranwachsende in ihrer Entwicklung auf ein selbstbestimmtes Leben in der heutigen und der zukünftigen Gesellschaft vorzubereiten, dürfen Schulen den Wandel der Arbeitswelt hin zur beschriebenen ›New Work‹ (Bergmann 2004) nicht nur wahrnehmen, sondern müssen diesen durch passende Lehr-Lern-Formate mitvollziehen. Es ist davon auszugehen, dass die dynamische Entwicklung des Wissens in naher Zukunft dazu führt, dass ein tiefergehendes Verständnis von fachlichen Schlüsselkonzepten in den Vordergrund rückt, »was auf Kosten der inhaltlichen Breite gehen wird. Auch die Pflege von kritisch-prüfenden Zugängen zur unübersehbaren Fülle von Informationsangeboten wird mehr Aufmerksamkeit erhalten« (Posch 2018, S. 491). In diesem Zusammenhang gewinnt Wissen an Bedeutung, da es der Schlüssel zur Lösung von Problemen ist (Stern/Schalk/Schumacher 2016, S. 111). Für die Schulen bedeutet dies, von der reinen Vermittlung des Fachwissens Abstand zu nehmen. Grundlegende Konzepte der Fachlichkeit müssen vielmehr so gelehrt werden, dass Lernende diese in problemorientierten Aufgabenstellungen mit weiterführendem Wissen verknüpfen. Neben dieser tiefgreifenden Auseinandersetzung mit fachlichem Wissen wird es von zentraler Bedeutung sein, das Wissen aus einzelnen Fächern zusammenzuführen, um wirksam Probleme zu lösen.

Diese systematische Verbindung von Wissensaneignung und Problemlösung ist nicht weniger als ein Paradigmenwechsel. Die erforderlichen Fähigkeiten und Fertigkeiten, die dazu beitragen, die veränderte Lebens- und Arbeitswelt des 21. Jahrhunderts aktiv gestalten zu können, werden unter dem Oberbegriff der 21st Century Skills beschrieben (Trilling/Fadel 2009).

Die Verknüpfung von Fachwissen mit den überfachlichen Fähigkeiten zur Kooperation, zum kreativen Arbeiten und zum kritischen Denken kann nicht losgelöst voneinander, sondern nur miteinander verschränkt erfolgen. Im Sinne eines situierten Lernens geht es darum, neuartige Lernsettings zu schaffen, in denen die Wissensaneignung systematisch mit der Aneignung der 21st Century Skills verbunden wird. Nur eine zugleich ganzheitliche wie auch angemessen komplexe Lernumgebung bietet den Rahmen für alle Schritte der Kompetenzaneignung (Klopsch 2015; Sliwka 2018). In einer solchen Lernumgebung werden die Kernfächer und Themengebiete auf einer übergeordneten Ebene durch drei große Fähigkeitsbereiche gerahmt (Trilling/Fadel 2009):

1) Lebens- und Berufsfähigkeiten
2) die Fähigkeit, zu lernen und zu innovieren
3) Fähigkeit im Umgang mit sich wandelnden Lern- und Arbeitswelten

Alle drei Bereiche beinhalten spezifische überfachliche Kompetenzen, die in allen Schulfächern und schulischen wie außerschulischen Lerngelegenheiten angewandt werden können (vgl. Abb. 2).

Abb. 2: *21st Century Skills*

Im Kontext der Digitalisierung benötigen Heranwachsende spezifische Fähigkeiten, um mit der Informationsflut umgehen zu können und die vielen Möglichkeiten der technologischen Innovation für sich zu nutzen. Der Aktionsrat Bildung (2018) beschreibt das dazu notwendige Repertoire an Kompetenzen und Haltungen als digitale Souveränität. Gemeint ist ein gestaltender und zugleich verantwortungsvoller Umgang mit der praktisch unbegrenzten Fülle an verfügbaren Informationen. Sprachliche und mathematische Kompetenzen in Verbindung mit fachlichem Vorwissen und der Fähigkeit zur kritischen Auseinandersetzung sind eine Voraussetzung dafür, dass Wissen überhaupt erschlossen und zur Gestaltung der Lebenswelt genutzt werden kann. Weder ein rein auf Wissensvermittlung angelegtes Lernen noch eines, das ausschließlich Selbststeuerung und Handlungsorientierung in den Fokus rückt, wird den Anforderungen des 21. Jahrhunderts genügen. Weder die Individualisierung noch ausschließlich Kooperationen werden ausreichen, um Schülerinnen und Schüler auf die Zukunft vorzubereiten, die bereits begonnen hat. Es geht jetzt um die Entwicklung einer Pädagogik für das digitale Zeitalter, ein Deeper Learning, das Wissensaneignung und kreatives Problemlösen in einem Lernarrangement verknüpft und aufeinander bezieht.

Weltweit arbeiten Bildungspraktikerinnen und Bildungspraktiker bereits an einer »nächsten Praxis«, die durch eindrucksvolle internationale Beispiele verdeutlicht wird. Einige dieser Beispiele werden anhand der Australien Science and Mathematics School in Adelaide, Australien, dem Rolleston College in Neuseeland, der Schulen des High Tech High Schulverbundes im Süden von Kalifornien, USA, und der staatlichen Schulen in Singapur oder Finnland im Folgenden vorgestellt. Alle genannten Schulen greifen mit Deeper Learning als pädagogischem Konzept aktuelle empirische Erkenntnisse über wirksame Lernprozesse auf und verknüpfen sie zu einer neuen Synthese mit dem Ziel, Kinder und Jugendliche in ihrer Entwicklung in der heutigen Welt bestmöglich auf die ungewisse Welt von morgen vorzubereiten.

1.2 Internationale Entwicklungen im Deeper Learning

Unterschiedliche internationale Entwicklungen zeigen, dass Deeper Learning kein weltweit identisches Konzept ist, sondern je nach kulturellem Kontext leicht unterschiedliche Ausprägungen annimmt. Was alle Varianten von Deeper Learning (manchmal auch Deep Learning genannt) miteinander gemeinsam haben, ist ihr Bestreben, Lernprozesse konsequent an den Anforderungen des 21. Jahrhunderts auszurichten. Sie orientieren sich dabei am aktuellen wissenschaftlichen Erkenntnisstand zum Lernen und verknüpfen die Wissensaneignung mit kooperativen und projektorientierten Lernmöglichkeiten im Stil eines Learning by Doing.

Eine weitere Gemeinsamkeit aller Ansätze ist die Abkehr von traditionellen Formen der Leistungsbewertung durch Tests und Prüfungen zugunsten von authentischeren Formen von Leistung und Leistungsbewertung. Nach einer Definition der Hewlett Foundation (2013) ist ein Deeper Learning immer dann gegeben, wenn die folgenden sechs Kriterien erfüllt sind:

1) Aneignung anspruchsvoller fachlicher Inhalte
2) Entwicklung von Fähigkeiten zum kritischen Denken und Problemlösen
3) Entwicklung der Fähigkeit zum kooperativen Arbeiten
4) Einübung wirksamer Formen der mündlichen und schriftlichen Kommunikation
5) Aneignung von Lernstrategien
6) Entwicklung einer wissenschaftsorientierten Haltung

Ausgehend von Nordamerika wurden mehrere Netzwerke gegründet, um Deeper Learning zu verbreiten und zu beforschen. Eines dieser Netzwerke geht auf den kanadischen Schulentwicklungsforscher Michael Fullan zurück. Es setzt sich aus mittlerweile 1200 Schulen zusammen, die ›New Pedagogies for Deep Learning‹ (Fullan/Quinn/McEachen 2018) umsetzen und erforschen. Der Fokus dieses Ansatzes von Deeper Learning liegt darauf, die sogenannten ›six global competencies‹ – Collaboration, Communication, Character, Citizenship, Critical Thinking und Creativity – durch ein projektorientiertes Lernen bei Schülerinnen und Schülern gezielt zu fördern.

Das regionale Netzwerk High Tech High in Kalifornien besteht aus zwölf Schulen im Raum San Diego und ist für die Weiterentwicklung von Deeper Learning der bekannteste Schulverbund der USA. In einer hybriden Lernumgebung erprobt das Netzwerk systematisch innovative Unterrichtsmodelle. Diese integrieren digitale Lernmöglichkeiten in projektorientierte Lernformate vor dem Hintergrund der gezielten Förderung von 21st Century Skills (Beauregard 2015).

Sarah Fine, Hochschullehrerin der High Tech High Graduate School of Education, und Jal Mehta, Professor der Harvard Graduate School of Education, veröffentlichten 2019 gemeinsam das Werk ›In Search of Deeper Learning: The Quest to Remake The American High School‹, für das sie die Praxis des Deeper Learning in 30 ausgewählten amerikanischen Highschools auf der Grundlage von 750 Stunden Beobachtung in Klassenzimmern und über 300 Interviews untersuchten (Mehta/Fine 2019). Dabei zeigte sich, dass Deeper Learning zwar unterschiedliche positive Wirkungen zeigt, gleichzeitig jedoch so voraussetzungsvoll ist, dass es derzeit nur selten in allen Fächern und Klassenstufen der Schulen angewandt wird. Wenn Deeper Learning mehr Verbreitung finden soll, so die beiden Forschenden, werden sich Schulen nicht nur hinsichtlich zeitlicher und räumlicher Rahmenbedingungen verändern müssen. Es wird auch erforderlich sein, dass Lehrkräfte deutlich enger zusammenarbeiten und Unterrichtssequenzen gemeinsam planen.

Nur so können Lehrkräfte das Modell des »Stoffvermittelns« zugunsten einer Unterrichtswirklichkeit überwinden, durch die Schülerinnen und Schüler sich das konzeptuelle, prozedurale und metakognitive Wissen aneignen, das sie in der Wissensgesellschaft des 21. Jahrhunderts benötigen (Mehta/Fine 2019).

Auch der in der PISA-Studie hocherfolgreiche Staat Singapur hat begonnen, Formen des Deeper Learning systematisch zu erproben, wofür der Bildungsplan entschlackt und stärker an den zentralen Konzepten der Unterrichtsfächer ausgerichtet wurde. Die 2005 in Singapur gestartete ›Teach Less, Learn More‹-Initiative verfolgt das Ziel, den Lernerfolg von Schülerinnen und Schülern mittels Deeper Learning zu maximieren (Ng 2008). Laut Pak Lee Ng besteht das Kernproblem von erfolglosen Lernprozessen darin, dass dem Misserfolg oftmals mit einer quantitativen Steigerung der Lehrmethoden entgegengetreten wird – anstelle anders zu lernen, wird mehr gelehrt (2008). Dies erhöhe allerdings nicht den Lernerfolg der Schülerinnen und Schüler, sondern verringere ihre Lust zur Schule zu gehen und zu lernen. Als Lösung schlägt Ng (2008) vor, tradierte Lehrmethoden zu überdenken und das Lernen stärker an den Interessen und Bedürfnissen der Schülerinnen und Schüler auszurichten. Lehrkräfte stünden bisher zu sehr im Zentrum des Unterrichts und lenkten den Fokus weg von der Unterrichtsthematik und hin zu sich selbst. Stattdessen solle durch das Zusammenführen der Lerninhalte des Bildungsplans mit den Interessen und Bedürfnissen von Lernenden mehr gelernt und weniger gelehrt werden. Mittlerweile hat Singapur Anreize geschaffen, damit alle Schulen ein Deeper Learning anbieten, bei dem Schülerinnen und Schüler innerhalb der Bildungsplaninhalte Fragestellungen entsprechend ihrer Interessen wählen können (MOE 2013). Erste Evaluationen zeigen, dass Schülerinnen und Schüler diesen Unterricht als interessanter und relevanter erleben, was wiederum dazu führt, dass Lernende sich im Unterricht mehr engagieren und dadurch mehr lernen (MOE 2013). In der digitalen Wissensgesellschaft steht nun nicht mehr der reine Wissenserwerb im Vordergrund, sondern die Frage, wie man mit Wissen Probleme löst. Die Rolle der Lehrkraft wandelt sich dabei von der Vermittlung des Wissens zum Aktivieren von Lernprozessen, die Schülerinnen und Schüler dazu anregen, innovativ zu denken und sie in die Lage versetzen, eigenständig mehr zu lernen (PISA4U Network 2017).

In Neuseeland und Australien breitet sich Deeper Learning ebenfalls zunehmend aus (Sliwka/Roth 2020). Die staatliche Australian Science and Mathematics School (ASMS), die bereits 2004 als 21st Century School in Adelaide/Südaustralien gegründet wurde, richtet sich an Schülerinnen und Schüler der Jahrgänge 10 bis 12, die einen Fokus auf Mathematik und Naturwissenschaften legen möchten. Das Curriculum der 10. und 11. Jahrgangsstufe basiert auf zwölf interdisziplinären Modulen, die in einer hybriden Lernumgebung – vor Ort im modernen Schulgebäude und in einer multifunktionalen digitalen Lernumgebung – unterrichtet werden. Neben Modulen wie ›Truth and Perception‹; ›Dream, Design and Develop‹ oder ›Sustainable Futures‹ gibt es zum Beispiel das Modul ›Body in Question‹, in dem Schülerinnen und Schüler sich zunächst naturwissenschaftliches Fachwissen zu unterschiedlichen Innovationen im Kontext von Medizin und Gesundheit aneignen. In einem nächsten Schritt arbeiten sie dann in Teams zunehmend selbstständiger an Projekten, die im deutschsprachigen Raum am ehesten mit Projekten bei »Jugend forscht« vergleichbar sind.

Die Module wurden in Teams von Lehrkräften – unter Einbezug von Wissenschaftlern und Wissenschaftlerinnen – kooperativ entwickelt. Jedes Modul wird in der digitalen Lernplattform durch passende Lernvideos, digitale Vorträge und Arbeitsmaterialien abgebildet. Bei ›Body in Question‹ wird zum Beispiel tiefgreifendes Fachwissen aus Mathematik, Physik, Psychologie, Physiologie und Immunologie einbezogen und sinnvoll miteinander verknüpft. Die in diesem Rahmen durchgeführten Projekte werden von Schülerinnen- und Schülerteams bearbeitet und ermöglichen die authentische Aneignung von 21st Century Skills in einer situierten und hybriden Lernumgebung. Den Lernenden stehen dabei nicht nur Fachlehrkräfte als Mentoren zur Verfügung, sondern häufig auch Expertinnen und Experten, die per Videocall oder vor Ort hinzugezogen werden.

Das Rolleston College in der Nähe von Christchurch/Neuseeland ist eine Oberstufenschule, die im Zuge des Wiederaufbaus nach dem Erdbeben 2011 pädagogisch wie auch baulich als 21st Century School konzipiert wurde. Das Schulkonzept basiert auf drei unterschiedlichen Lernformaten, vergleichbar mit »Hülsen«, in denen Lernen stattfindet: AKO, ›Selected‹ und ›Connected‹. AKO, in der Sprache Te Reo Maori der Begriff für Lernen und Lehren, beschreibt individualisierte, durch Lehrkräfte unterstützte Lernprogramme. Im ›Selected Learning‹ können die Lernenden frei nach ihren Interessen zusätzliche fachliche Lernangebote wahrnehmen. Das ›Connected Learning‹ versteht sich als Deeper Learning und schafft einen Raum für fächerübergreifende Projekte. Ähnlich den Modulen an der ASMS werden hier von Lehrkräften in Teams entwickelte interdisziplinäre Projektkurse angeboten, die den systematischen Wissensaufbau im Kontext der Aneignung von 21st Century Skills ermöglichen. In einem Connected-Projekt entwickeln die Lernenden zum Beispiel eigene ›Food Products‹. Sie eignen sich durch Gespräche mit Expertinnen und Experten sowie digital verfügbare Informationen Fachwissen aus Biologie, Medizin und Nahrungsmittelchemie an, entwickeln dann in Teams auf Basis von selbst geführten Interviews drei konzeptionelle Designs möglicher Nahrungsmittel, um sich schließlich auf eines zu einigen. Dieses wird zu einem Prototyp weiterentwickelt, der dann beispielsweise chemisch und ernährungsphysiologisch untersucht wird, bevor er in größerer Zahl produziert wird. Das Beispiel zeigt: Schülerinnen und Schüler nutzen fachliches Wissen auf der Basis ihrer Neugier und Vorstellungskraft, um kreative Lösungen zu entwickeln.

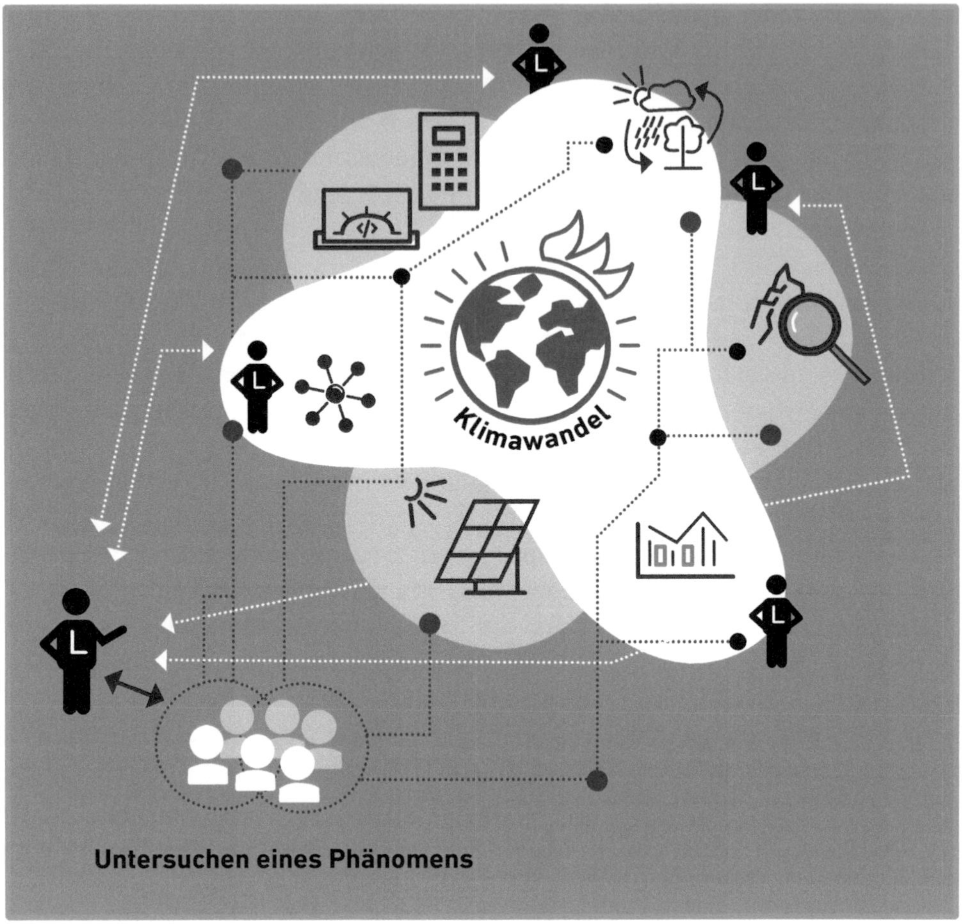

Abb. 3: *Phänomenbasiertes Lernen*

Auch das im Schulsystem von Finnland 2016 erstmals an den Primarschulen (Klasse 1 bis 9) verbindlich im Curriculum implementierte und 2020 auch auf die Oberstufenschulen ausgeweitete phänomenbasierte Lernen ist eine Variante des Deeper Learning. Um finnische Schülerinnen und Schüler auf die komplexen Herausforderungen des 21. Jahrhunderts vorzubereiten, untersuchen alle Lernenden in fächerverbindenden Projekten komplexe Phänomene und eignen sich dabei fachliche und überfachliche Kompetenzen an (Lonka 2018, vgl. Abb. 3). In der Planung und Realisierung dieses Unterrichts arbeiten jeweils mehrere Lehrkräfte mit unterschiedlichem fachlichem Hintergrund zusammen. Die aktuelle Regelung in Finnland sieht vor, dass Lernende in jedem Schuljahr an mindestens einem multidisziplinären Lernmodul teilnehmen. Die staatlichen Zielvorgaben dazu sind recht offengehalten. Die Schülerinnen und Schüler sollen sich in den folgenden Bereichen entwickeln:

- kritisches Denken und selbstständiges Lernen
- kulturelle Kompetenz, Kooperation und Kommunikation
- Selbstwirksamkeit und Eigenverantwortung
- unterschiedliche Kompetenzen im Bereich des Lesens, des digitalen Schreibens und der Textproduktion
- informations- und kommunikationstechnologische Kompetenzen (ICT)
- unternehmerisches Handeln und verschiedene für das Arbeitsleben nützliche Fähigkeiten
- Gestaltung einer nachhaltigen Gesellschaft

Für die Dauer der Module sind 40 bis 50 Stunden vorgesehen. Ob die Module in Form von wöchentlichen Projektfenstern oder in einer Art Projektwoche am Stück umgesetzt werden, kann jede Schule selbst entscheiden. Auch wenn das finnische Konzept des phänomenbasierten Unterrichtens in der Literatur nicht als Deeper Learning beschrieben wird, so stimmt es doch in zentraler Hinsicht mit den international verbreiteten Konzepten von Deeper Learning überein. Es geht um ein wissensintensives projektorientiertes Lernen, das von Lehrkräften intensiv vorbereitet wird. Die Lernenden übernehmen dann selbst die Regie für anspruchsvolle Prozesse des gemeinsamen Forschens sowie ko-konstruktiven und ko-kreativen Arbeitens, die abschließend in authentischen Leistungen münden.

1.3 Erste Forschungsbefunde zum Deeper Learning

Deeper Learning ist im deutschen Sprachraum ein noch weitgehend unbekanntes Konzept, jedoch liegen erste empirische Befunde zu Deeper Learning bereits aus US-amerikanischen Studien vor (Zeiser et al. 2014, 2016; Mehta/Fine 2019). Die erste große Studie untersuchte Wirkungen von Deeper Learning an zehn regionalen Schulnetzwerken, die von der Hewlett Foundation unterstützt werden. Erste Erkenntnisse weisen auf positive Effekte von Deeper Learning bezüglich folgender Kompetenzen hin (Zeiser et al. 2014; Farrington et al. 2012; Soland/Hamilton/Stecher 2013):

- kognitive Kompetenzen, wie das Beherrschen von akademischem Wissen und komplexen Problemlösestrategien
- interpersonelle Kompetenzen, wie die Fähigkeit zu kooperieren und zu kommunizieren
- intrapersonelle Kompetenzen in den Bereichen akademisches Selbstkonzept, Lernmotivation, Durchhaltevermögen und Lernstrategien

Im Vergleich zu Schulen ohne Deeper Learning-Profil zeigten die Lernenden an Deeper Learning-Schulen eine höhere Ausprägung der Fähigkeit zu kooperieren, eine höhere Lernmotivation und Selbstwirksamkeit sowie ein stärker ausgeprägtes Interesse an ›academic engagement‹ (Zeiser et al. 2014). Dieses umfasst zum einen das Zusammenspiel von Identifikation mit der Schule, den Lerninhalten und den Lernprozessen (›academic identification‹). Zum anderen beinhaltet es die aktive Mitarbeit der Lernenden an Lernprozessen (›academic participation‹). ›Academic engagement‹ gilt als Merkmal mit herausragendem Einfluss auf die gesamte schulische Entwicklung von Lernenden (Carini et al. 2006). Durchhaltevermögen, Selbstmanagement und kreatives Denken werden in den Studien als leicht erhöht wahrgenommen. Dieser letztgenannte Befund ist jedoch nicht signifikant, was bedeutet, dass er auch zufällig vorhanden sein könnte (Zeiser et al. 2014). Bei der Überprüfung der kognitiven Kompetenz durch standardisierte Tests, die an PISA angelehnt sind und die durch nationale Leistungstests im Bereich Lesen und Mathematik erweitert wurden, schneiden die Schülerinnen und Schüler an Schulen, die Deeper Learning explizit anbieten, besser ab als diejenigen der Vergleichsgruppe (Zeiser et al. 2014).

Insgesamt gilt, dass die positiven Effekte von Deeper Learning bei Lernenden mit besseren vorausgegangenen Lernleistungen ausgeprägter waren als bei leistungsschwächeren Schülerinnen und Schülern. Dieser Befund könnte darauf hindeuten, dass Deeper Learning durchaus voraussetzungsvoll ist und nicht nur ein bestimmtes Kompetenzniveau in zentralen Bildungsbereichen wie Sprache und Mathematik erfordert, sondern auch Grundfähigkeiten der Selbstregulation. Die Hypothese, dass Deeper Learning eher das Potenzial von leistungsstärkeren Schülerinnen und Schülern hebt als das von Lernenden mit weniger guten Lernvoraussetzungen, wäre aber weiter zu prüfen. Auch die Vermutung, dass leistungsschwächere Lernende beim Deeper Learning eine deutlich engmaschigere Unterstützung (Scaffolding) und Coaching mit kleinschrittigeren und stärker vorgegebenen Projektabläufen benötigen, sollte durch entsprechende quasi-experimentelle Designs überprüft werden. Da der Erwartungshorizont, also die von Lehrkräften geplante Leistungserwartung an Lernende, beim Deeper Learning deutlich flexibler ist als im traditionellen Unterricht und nach oben »der Deckel« aus dem Unterricht genommen wird, wäre es ebenfalls sehr interessant zu erforschen, ob Deeper Learning ein besonderes Potenzial im Kontext der Begabungsförderung hat.

Zusätzlich zu den Befunden von Schulen, die Deeper Learning bereits als gesamtschulisches Konzept umsetzen, lassen sich Befunde heranziehen, die sich auf zentrale Qualitätsmerkmale von Deeper Learning beziehen. In der Instruktions- und Aneignungsphase des Deeper Learning profitieren die Lernenden von direkter Instruktion. Dies bedeutet, dass Fachwissen und zentrale fachliche Konzepte explizit erklärt werden, entweder durch die Lehrkräfte selbst oder (auch digital) durch außerschulische Expertinnen und Experten. Der Aufbau dieser Wissensvermittlung muss logischer Natur sein, klar strukturiert, wissenschaftlich fundiert, anschaulich, sorgfältig vorbereitet und nahtlos an das Vorwissen der Schülerinnen und Schüler anschließen (Stockard et al. 2018). Die Wirksamkeit direkter Instruktion lässt sich beispielsweise durch die Hattie-Studie nachweisen, die diese mit einer Effektstärke von d = 0.6 ausweist, wobei alle Werte über 0.4 als signifikant einflussreich für das Lernen eingeschätzt werden (Hattie 2018). Ein Forschungsdesiderat ist hier die Frage, wie durch die Nutzung digital aufbereiteter Medien (zum Beispiel Erklärvideos, Fachvorträge) Lernende – jeweils passend zum Niveau ihres Vorwissens – personalisiert Wissen in ihrer »Zone der nächsten Entwicklung« (Vygotsky 1978) erwerben können, um Unter- und Überforderung zu vermeiden.

Nach der Instruktions- und Aneignungsphase folgt im Deeper Learning die ko-konstruktive Phase. In ihr arbeiten die Lernenden aktiv handelnd mit dem neu erworbenen Wissen und eignen sich tiefergreifende Kompetenzen an. Diese Phase wird meist im Sinne des projektbasierten beziehungsweise problembasierten Lernens gestaltet (Huberman et al. 2014). Die Wirksamkeit dieses Lernens hinsichtlich eines kognitiven, interpersonellen und intrapersonellen Kompetenzzuwachses ist durch unterschiedliche Studien belegt (Condliffe 2017; Harris et al. 2014; Parker et al. 2011; 2013). Es ist allerdings wichtig zu verstehen, dass entsprechende Wirkungen nur eintreten, wenn Deeper Learning den Tiefenstrukturen der Unterrichtsqualität (Kunter/Trautwein 2013) entspricht, wie im folgenden Kapitel ausgeführt wird. Das bedeutet, dass Deeper Learning-Unterrichtseinheiten immer nur dann lernwirksam sind, wenn sie von einer effektiven Klassenführung (Classroom Management), der kognitiven Aktivierung der Lernenden und professionellen Strukturen zu ihrer konstruktiven Unterstützung geprägt sind.

Durch ein systematisches Unterstützen des individuellen Lernprozesses der Schülerinnen und Schüler in Form von Scaffolding (Reiser/Tabak 2014), das heißt durch eine zielgerichtete und adaptive Hilfestellung, verschieben sich ihre Argumentationsmuster von oberflächlichem und unverbundenem Wissen hin zu tiefergreifenden Prinzipien eines Fachgebiets und der Vernetzung unterschiedlicher Konzepte und Wissensbestände. Die Lernenden entwickeln sich dabei von Novizinnen und Novizen in Richtung Experteninnen und Experten (Boudreau 2019). Die zu entwickelnde Expertise wird beim Deeper Learning zunächst in der Aneignungsphase durch die Ermöglichung von Wissenskonstruktion vorbereitet, dann in der ko-konstruktiven und ko-kreativen Phase durch die Arbeitsprozesse ermöglicht und soll in der authentischen Leistungserbringung schließlich gezeigt werden.

Eine mehrschichtige Überlegenheit gegenüber traditionellen Lehr-Lern-Formen zeigen auch Studien zum Forschenden Lernen (›Inquiry-based Learning‹). Eine Meta-Analyse mit 72 Primärstudien zeigte, dass bei einer gezielten Unterstützung durch die Lehrkraft Lernaktivitäten, Durchführungserfolg und Lernerfolg anstiegen (Lazonder/Harmsen 2016). Für den Lernerfolg und die Lernaktivitäten scheint es unerheblich, welche konkrete Art der Unterstützung erfolgt. Der Durchführungsprozess des forschenden Lernens ist besonders erfolgreich, wenn die Lehrkraft Erläuterungen vor und während des Prozesses bereitstellt (Hetmanek et al. 2017). Eine Meta-Studie zur Möglichkeit, kritisches Denken im Unterricht zu fördern, konnte nachweisen, dass dieses besonders gut gefördert werden kann, wenn eine anwendungsnahe Instruktions- und Aneignungsphase vorliegt, dialogisches Lernen ermöglicht wird und die Lehrkräfte Mentoring durchführen (Abrami et al. 2015). All dies sind Aspekte, die die Umsetzung der Deeper Learning-Pädagogik umfassen.

Durch die authentische Leistungserbringung bewältigen Schülerinnen und Schüler intellektuell anspruchsvollere und komplexere Arbeitsergebnisse als Lernende einer Vergleichsgruppe. Darüber hinaus konnte gezeigt werden, dass Schülerinnen und Schüler, die authentische Leistungen im Regelunterricht hervorbringen, auch in nationalen Leistungsvergleichstest im Lesen und in Mathematik höhere Leistungen erzielen (Newmann et al. 2001). Es zeigte sich, dass die authentische Leistungserbringung die effektivste Methode ist, um fächerübergreifende Lernergebnisse zu dokumentieren und zu bewerten (Webb 2009).

Zusätzlich werfen empirische Studien über Deeper Learning einen Blick auf die Lehrkräfte und ihre individuelle berufliche Wahrnehmung. Besonders fruchtbare Lernanlässe und Lernprozesse scheinen diejenigen Lehrkräfte zu entwickeln, die im Deeper Learning selbst positive Selbstwirksamkeit erfahren (Mazlum et al. 2015; Withy 2019). Außerdem gelingt Deeper Learning denjenigen Lehrkräften besser, die nach einer stark schülerorientierten Lerntheorie unterrichten. Zudem arbeiten die im Deeper Learning erfolgreichen Lehrkräfte produktiv zusammen und fühlen sich alle gemeinsam für die Schülerinnen und Schüler ihrer Schule verantwortlich (Huberman et al. 2016, S.31).

1.4 Ein Modell von Deeper Learning für Schulen im deutschsprachigen Raum

Deeper Learning ist eine Pädagogik für die digitalisierte Wissensgesellschaft. Wissen ist der Rohstoff dieser Gesellschaft – intelligentes Wissen, das heißt flexibel nutzbares und reflexiv zugängliches Wissen, eine notwendige Voraussetzung für Können. Sich Wissen anzueignen und dieses in Können zu transferieren, gelingt am besten in ganzheitlichen Lernsettings, die ausreichend Zeit und Raum für beides bieten: die Aneignung von Wissen und die Anwendung dieses Wissens im eigenen Handeln. Eine soziale Situation, in der Schülerinnen und Schüler nicht nur von der Lehrkraft, sondern auch von außerschulischen Expertinnen und Experten in Teams zusammen mit Mitschülerinnen und -schülern lernen, ermöglicht anregungsreiche Lernprozesse durch soziale Interaktion mit einem hohen Grad an kognitiver Aktivierung.

Das von uns für den deutschen Kulturkontext entwickelte Modell von Deeper Learning kann als Dreiklang beschrieben werden, der aus

Phase I: einer klaren, lehrendengesteuerten Aneignung von fachlichen (Schlüssel-)Konzepten,

Phase II: der ko-konstruktiven vertiefenden Auseinandersetzung damit und

Phase III: der authentischen Leistungserbringung besteht.

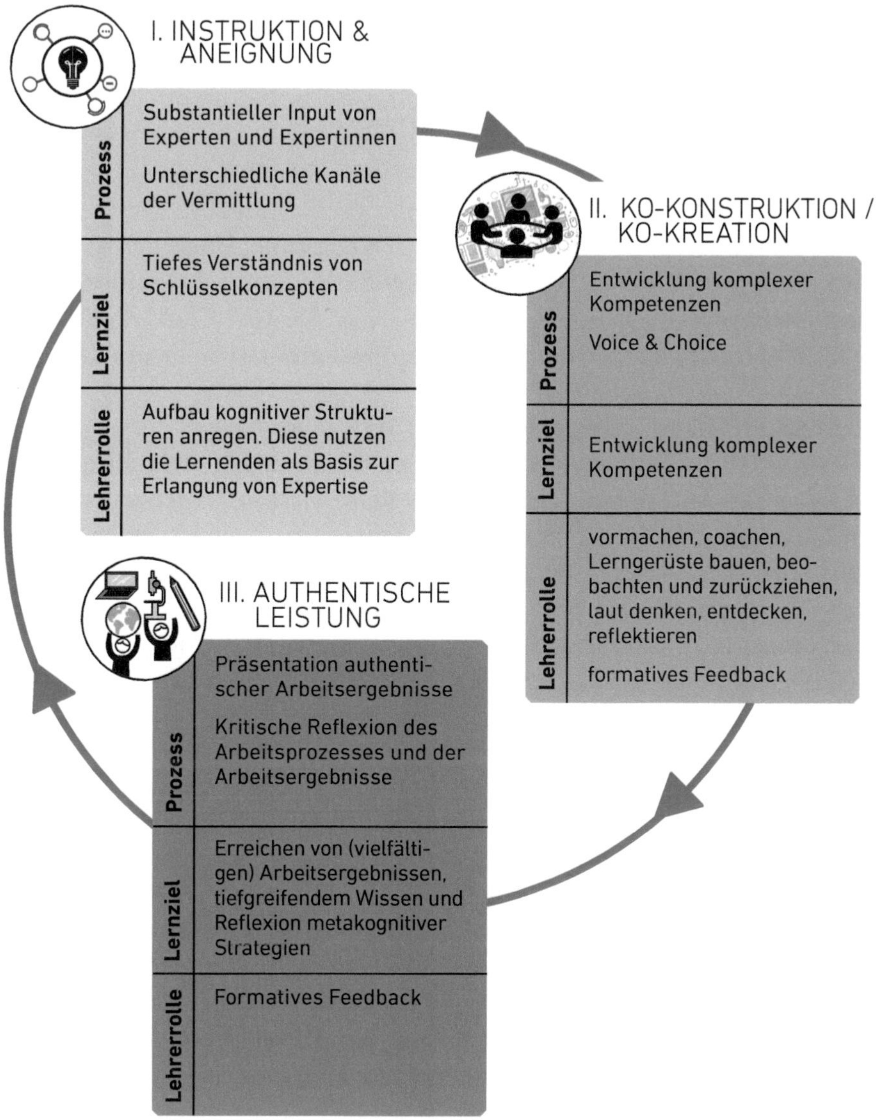

Abb. 4: *Deeper Learning Phasenmodell*

Das Deeper Learning-Phasenmodell sieht Wissenstransmission durch Instruktion und strukturierte Aneignung (Phase I) als notwendige Voraussetzung für darauf aufbauende Prozesse der selbstgesteuerten Ko-Konstruktion und Ko-Kreation (Phase II) durch Schülerinnen und Schüler. Leistung wird beim Deeper Learning nicht angeeignet und abgeprüft, sondern durch ko-konstruktive und ko-kreative Arbeit in Form von »Lernergebnissen« – meist ein Produkt oder eine Performanz – sichtbar. Deeper Learning mündet daher nicht in Klassenarbeiten oder Tests, sondern in authentischen Formen der Leistungsdarbietung oder Leistungskonstruktion (Phase III). Mit authentisch sind hier Leistungen gemeint, die reale Problemstellungen oder Aufgaben bearbeiten. Sie sind nicht nur im Dualismus Lehrkraft-Lernender wahrnehmbar, sondern reichen in die Lebenswelt hinein und wirken über sich selbst hinaus.

Jede der Phasen folgt dabei einer eigenen Logik. Der Phasenablauf ist als Modell zu verstehen, wenngleich Deeper Learning in der Schulrealität komplexer als ein schematisches Modell ist. Das Phasenmodell bietet einen Überblick über die zentralen Konzepte der Deeper Learning-Pädagogik und soll Lehrkräfte dabei unterstützen, die Handlungslogiken und Ziele von Deeper Learning-Unterrichtssequenzen nachzuvollziehen und dadurch professionell zu planen und zu begleiten.

Phase I: Schlüsselkonzepte verstehen und Wissen aufbauen

Vorwissen ist von entscheidender Bedeutung für das erfolgreiche Bearbeiten von anspruchsvollen Aufgaben und das Lösen von Problemen. In der ersten Phase des Deeper Learning geht es folglich darum, Vorwissen zu diagnostizieren, zu aktivieren und relevantes fachliches Wissen gezielt zu vermitteln. Besonders wichtig ist, dass alle Schülerinnen und Schüler zentrale fachliche Konzepte, um die es in der Deeper Learning-Unterrichtseinheit geht, tatsächlich verstanden haben. Dies soll Lernende dann in die Lage versetzen, mit diesem Wissen kreativ und problemlösend zu arbeiten. Der instruktiv gesteuerte Prozess der Wissensaneignung und der Wissenstransmission stehen im Mittelpunkt dieser Phase. Darin werden neben dem klassischen Vortrag durch die Lehrkraft auch die Möglichkeiten der digitalen Wissensaneignung und das Wissen von Expertinnen und Experten außerhalb der Schule nutzbar gemacht. Durch die Möglichkeiten der Digitalisierung, auf neuen Wegen Expertise in den Lernprozess zu holen, lässt sich die Wissensaneignung auch personalisiert auf den jeweils individuellen Lernstand von unterschiedlichen Schülerinnen und Schüler abstimmen: Lernende, die wenig Vorwissen haben, können sich Erklärvideos mehrfach anschauen und sich von Lehrkräften komplexe Dinge in Kleingruppen erneut erklären lassen. Lernende, die aufgrund von Interesse oder Begabung viel Vorwissen mitbringen, können auf unterschiedliche Weise kognitiv aktivierend angesprochen werden: durch anspruchsvolle digitale Vorträge und Erklärvideos (auch in Fremdsprachen), durch die Möglichkeit digital mit Experten und Expertinnen in Kontakt zu treten oder durch die Lektüre digitale zur Verfügung stehender wissenschaftlicher Fachtexte. So können die Lernenden schon zu Beginn einer Deeper Learning-Unterrichtssequenz in ihrer »Zone der nächsten Entwicklung« (Vygotsky 1978) angemessen herausgefordert werden, ohne sich zu langweilen.

Phase II: Probleme und Aufgaben ko-konstruktiv und ko-kreativ bearbeiten

Die Aneignung wichtiger überfachlicher Kompetenzen für das 21. Jahrhundert, wie Kommunikationsfähigkeit, kritisches Denken, Kooperation und Kreativität erfordert ein situiertes Lernen. Die 21st Century Skills lassen sich nicht durch bloße Instruktion übertragen, sie erfordern Gelegenheiten zur reflektierten Aneignung und Übung in authentischen Handlungskontexten. Schülerinnen und Schüler brauchen dazu Gelegenheitsstrukturen, die es ihnen ermöglichen, im Rahmen von anspruchsvollen Projekten auf vielfältige Weise zu kommunizieren, Ideen und Theorien kritisch zu durchdenken und mit anderen zusammen an kreativen Problemlösungen zu arbeiten. Die Phase der Ko-Konstruktion und Ko-Kreation bildet daher das Herzstück des Deeper Learning. Ko-Konstruktion beschreibt das gemeinsame »Konstruieren« von Problemlösungen durch unterschiedliche Ideen, Expertisen und Sichtweisen der beteiligten Lernenden. Ko-Kreation nutzt die kreativen Synergien, die sich durch die Unterschiedlichkeit und Komplementarität des Zusammenarbeitens der Teammitglieder ergeben. In dieser Phase des Lernprozesses kommen zentrale Prinzipien einer Pädagogik des 21. Jahrhunderts zur Wirkung:

- Schülerinnen und Schüler erleben Voice und Choice (Hobday 2012). Sie können im Rahmen eines fachlich fundierten Lern- und Arbeitsprozesses bestimmte Entscheidungen über ihren Lern- und Arbeitsprozess selbst treffen und damit ihre eigene Identität als Lernende entdecken und mitformen (Klopsch/Sliwka, im Erscheinen).
- Die Schülerinnen und Schüler arbeiten sowohl allein als auch in Teams zusammen und erleben, was es bedeutet, voneinander zu lernen und gemeinsam Entscheidungen zu treffen.
- Lernprozesse werden differenziert und personalisiert, um individuelle Interessen und Begabungen von Schülerinnen und Schülern zu fördern und Lernprozesse jeweils passend in der »Zone der nächsten Entwicklung« (Vygotsky 1978) zu ermöglichen.
- Durch das selbstständige Arbeiten der Schülerinnen und Schüler gewinnen die Lehrkräfte Zeit für das Beobachten von Lernprozessen. Sie können Schülerinnen und Schüler je nach Bedarf beraten, ihnen passgenaue Hilfestellungen (Scaffolding) bieten (Collins/Brown/Newman 1989), und schon während des Prozesses lernwirksames formatives Feedback geben, das die Schülerinnen und Schüler unmittelbar aufgreifen können.

Tab. 1: *Deeper Learning – das Modell im Überblick*

Phase	**(Co-)Design durch Lehrkräfte**	**Instruktion und Aneignung**	**Ko-Konstruktion und Ko-Kreation**	**Authentische Leistung**
Prozess	Lehrkräfte bereiten (meist im Team) eine **Deeper Learning-Einheit** und ihre einzelnen Phasen vor Gestaltung einer **hybriden Lernumgebung** Auswahl von passenden **Bildungsmedien** Stufung der Medien und Materialien nach **Schwierigkeitsgrad** Ggf. Einbindung von externen Expert/innen und außerschulischen Lernorten	**Substantieller Input** von Expertinnen und Experten • Kompakte Vorträge/ Vorführungen durch Lehrkräfte und anderen Expert/innen • Personalisierung im digitalen Zugriff auf Bildungsmedien im Lernmanagementsystem	**(Co-) Agency** von Lernenden **Selbstregulierte Arbeit** an komplexen Aufgaben (Teamarbeit, Einzelarbeit, Mischform) **4 K/21st Century Skills:** Kommunikation, Kooperation/ Kollaboration, kritisches Denken und Kreativität **Voice & Choice** durch Personalisierung und Ko-Konstruktion **Dialogische Leistungsentwicklung** (durch formatives Feedback)	**Authentische Leistungen und Arbeitsergebnisse** (schul-) öffentlich umsetzen/darbieten **Reflexion** des Arbeitsprozesses und der Arbeitsergebnisse
Lernziele der Schülerinnen und Schüler		Tiefes Verständnis von **Schlüsselkonzepten** Fokus auf konzeptuellem Wissen Aneignung stabiles **Wissensfundament**	Entwicklung von Handlungskompetenzen und **tiefergreifendem (Fach-)Wissen** • Konzeptuelles Wissen • Deklaratives Wissen • Prozedurales Wissen • Metakognitives Wissen	Erreichen und Zeigen von **Arbeitsergebnissen und Lernzielen** (Kompetenz- und Wissenszuwachs) **Metakognitive Reflexion**
Rolle der Lehrkräfte	Lehrkräfte als **Designerinnen und Designer** von Deeper Learning-Unterricht	Aufbau **kognitiver Strukturen** bei den Lernenden	**Adaptive Expertise** (flexibel und situativ): • Zeigen/Vormachen • Coaching • Lerngerüste anbieten (Scaffolding) • Lautes Denken einfordern • formatives Feedback geben • situationsangemessen in den Hintergrund treten • Reflexionsprozesse anleiten	**Lernförderliches Feedback** • **SOLO-Taxonomie** für fachliche Kompetenzen • **Kompetenzraster** für überfachliche Kompetenzen **Dokumentation** und Einschätzung von Lernergebnissen und Kompetenzzuwachs

Prof. Dr. Anne Sliwka & Prof. Dr. Britta Klopsch (2022). Deeper Learning in der Schule: Pädagogik des Digitalen Zeitalters. Weinheim: Beltz.

Phase III: Authentische Leistungen erarbeiten und zeigen
Schließlich mündet die Deeper Learning-Unterrichtssequenz in der Erarbeitung authentischer Leistungen. Diese umfassen Lösungsansätze und Antworten für Aufgaben und auf Problemstellungen, die in die Lebenswelt der Schülerinnen und Schüler eingebettet sind und in dieser wirksam werden. Es geht nicht um die Abfrage von Wissen in Tests oder Klassenarbeiten, sondern um die Anwendung des Wissens in eigenem Handeln. Aufgaben sollen nicht die Wirklichkeit simulieren, sondern vielmehr in dieser Wirklichkeit stattfinden und diese wirkend beeinflussen. Authentizität erfordert dabei zwangsläufig den Leistungsbegriff der Schule pluralistisch zu verstehen und zu gestalten. Unterschiedliche Formen und Formate von Leistungen – in Abhängigkeit von Leistungsfähigkeit, Interesse und Vorwissen sowie des Ausmaßes an Fähigkeit zur Selbstregulation der Lernenden – werden zugelassen. Leistungen haben dabei typischerweise den Charakter von Produkten, Performanzen oder Dienstleistungen, die für andere Menschen in der Schulgemeinschaft und darüber hinaus nicht nur sichtbar, sondern in vielen Fällen auch nutzbar sind und bestimmten Personengruppen oder dem Allgemeinwohl zugutekommen.

Im folgenden Kapitel soll der Frage nachgegangen werden, welche Qualitätskriterien erfüllt sein müssen, damit Unterricht als Deeper Learning bezeichnet werden kann und unter welchen Bedingungen ein Unterricht nach dem Konzept des Deeper Learning »guter Unterricht« sein kann.

2 Was zeichnet Deeper Learning aus?

Unterrichtsqualität beziehungsweise die durch qualitativ hochwertigen Unterricht angestoßenen Lernprozesse basieren auf dem komplexen Zusammenspiel unterschiedlicher Elemente. Diese reichen von zeitlichen und räumlichen Möglichkeiten über die Handlungen, Haltungen und Fähigkeiten beteiligter Personen bis hin zu den Zielstellungen der jeweiligen Lernprozesse. Unterricht nach dem Deeper Learning-Modell nimmt sich offen dieser Komplexität und Vielfalt an und nutzt sie, um individualisiertes und personalisiertes Lernen umfassend zu ermöglichen und zu unterstützen.

Um die Entwicklung von Deeper Learning-Unterrichtssequenzen zu erleichtern und einen Überblick über Kernelemente aller drei Phasen zu erhalten, werden im Folgenden zunächst acht Qualitätskriterien vorgestellt. Im Anschluss daran wird aufgezeigt, warum Deeper Learning auch aus wissenschaftlicher Sicht guter Unterricht ist.

2.1 Qualitätskriterien von Deeper Learning

Dynamik von Zeit und Raum

Eine Deeper Learning-Unterrichtseinheit verläuft über einen längeren Zeitraum (von mehreren Tagen oder Wochen) und entwickelt ihre Dynamik entlang von drei Phasen: der Wissensaneignung und Instruktion (Phase I), der Ko-Konstruktion beziehungsweise Ko-Kreation (Phase II) und der Erarbeitung einer authentischen Leistung (Phase III). Jede Deeper Learning-Unterrichtssequenz findet in einer hybriden Lernumgebung statt.

Hybride Lernumgebung

Deeper Learning findet in hybriden Lernumgebungen statt, die die traditionelle schulische Lernumgebung durch Hinzuziehen von außerschulischen Lernumgebungen und der digitalen Welt erweitert. Jede Deeper Learning-Einheit spiegelt sich auch in einer digitalen Lernplattform beziehungsweise einem Lernmanagementsystem. Die Lehrkräfte können dieses nicht nur zur gemeinsamen Vorbereitung nutzen, sondern auch prozessbegleitend vielfältige und mehrdimensionale Wissenszugänge und Kommunikationsmöglichkeiten schaffen.

Kooperatives Unterrichtsdesign und kooperative Professionalität
In der Vorbereitung und Durchführung von Deeper Learning-Sequenzen arbeiten die Lehrkräfte in Teams zusammen, die von kooperativer Professionalität geprägt sind. Sie nutzen ihre unterschiedlichen Expertisen komplementär für das kooperative Design von anspruchsvollen Deeper Learning-Unterrichtseinheiten. Während der Unterrichtssequenzen begleiten sie die Schülerinnen und Schüler als Team, um durch ihre eigene Heterogenität der Vielfalt der Lernprozesse und Persönlichkeiten gerecht zu werden.

Dynamische und adaptive Rollen von Lernenden und Lehrkräften
Nachdem Lehrkräfte Deeper Learning-Einheiten professionell geplant und vorbereitet haben, verändert sich ihre Rolle: Aus der Lehrkräfterolle zu Beginn wird eine Rolle des Lernbegleiters bzw. der Lernbegleiterin, wenn die Lernenden sukzessive mehr Verantwortung für ihren Lernprozess übernehmen und den Lernprozess in Phase II und III entscheidend mitgestalten. Dieser Abbau der Machtasymmetrie zwischen Lehrkräften und Schülerinnen und Schüler ist ein erklärtes Ziel von Deeper Learning. Es geht darum, dass die Lernenden fachliche Expertise aufbauen, sich als selbstwirksam und zunehmend kompetent erleben (Mastery) und durch eigenes Handeln und eigene Entscheidungen (Voice und Choice) ihre persönliche Identität beim aktiven Lernen mit anderen (Co-Agency) entdecken.

Wissensarchitektur
Dem Deeper Learning liegt eine kohärente Wissensarchitektur zugrunde, die es Schülerinnen und Schülern ermöglicht, sich systematisch konzeptuelles Wissen, deklaratives Wissen, prozedurales Wissen und metakognitives Wissen anzueignen. Bei der Vorbereitung von Deeper Learning arbeiten Lehrkräfte in Teams zusammen und planen den Aufbau des Wissens gezielt. In Phase I sollen die Schülerinnen und Schüler sich durch direkte Instruktion vor allem konzeptuelles Wissen (fachliche Schlüsselkonzepte) aneignen. In Phase II eignen sie sich weiterführendes deklaratives Wissen an und erwerben in der ko-konstruktiven Arbeit prozedurales Wissen. Gelegenheiten zur metakognitiven Reflexion stärken den Lernprozess der Schülerinnen und Schüler. In Phase III sind die Schülerinnen und Schüler in der Lage ihren Wissensaufbau metakognitiv zu reflektieren.

21st Century Skills
Durch die ko-konstruktive und ko-kreative Arbeit der Schülerinnen und Schüler mit Wissen, die in der Erarbeitung unterschiedlicher authentischer Leistungen mündet, schaffen Deeper Learning-Unterrichtssequenzen einen Erfahrungsraum, in dem Schülerinnen und Schüler sich durch eigenes Handeln die 21st Century Skills Kommunikation, Kooperation, kritisches Denken und Kreativität zu eigen machen.

Leistungsentwicklung
Lehrkräfte sind den Lernenden gegenüber präsent, aufmerksam und zugewandt. Statt der Leistungsbewertung am Ende einer Lehr-Lern-Einheit steht die prozessbegleitende Leistungsentwicklung im Fokus. Dazu stärken die Lehrkräfte die Arbeits- und Lernprozesse der Schülerinnen und Schüler prozessbegleitend und adaptiv. Sie nutzen formatives Feedback und passende Hilfe zur Selbsthilfe (Scaffolding) und tragen so zu einer hohen Qualität der Lernergebnisse bei. Leistung entwickelt sich durch Resonanz, also im Dialog und mit dem Ziel authentisch in der Welt sichtbar und wirksam zu werden. Die Lernziele von Deeper Learning-Unterrichtssequenzen bilden Mindeststandards. Nach oben ist die Lernentwicklung einzelner Schülerinnen und Schüler offen, da kein Deckel in Form eines starren Erwartungshorizonts über den Lernprozessen liegt.

Authentische Leistungen
Die Schülerinnen und Schüler erarbeiten im Team und/oder individuell authentische Leistungen, die in der Lebenswelt sichtbar und wirksam werden. Deeper Learning-Unterrichtssequenzen liegen dabei ein pluralistisches Leistungsverständnis sowie klare und explizite Lernziele zugrunde. Als Mindeststandards schaffen sie den Freiraum, Leistung in Abhängigkeit von besonderen Interessen, Bedürfnissen und Talenten der Schülerinnen und Schüler zu personalisieren.

2.2 Wann ist Deeper Learning guter Unterricht?

Wie lernwirksam Unterricht ist, hängt weniger von der Art des Unterrichts ab als vielmehr von bestimmten Merkmalen seiner Qualität. Es sind die sogenannten »Tiefenstrukturen der Unterrichtsqualität« (Kunter/Trautwein 2013, S. 76), auf die es ankommt. Sie beziehen sich auf die folgenden drei Aspekte:

- Klassenführung: Wie klar wird der Unterricht strukturiert und organisiert und wie gut die Lernzeit dadurch genutzt?
- Kognitive Aktivierung: Zu welchem Grade denken die Lernenden wirklich intensiv über das Gelernte nach und wie nachhaltig verstehen und verankern sie es?
- Konstruktive Unterstützung: Wie gut werden die Lernenden in ihrem Lernprozess unterstützt, vor allem, wenn sie auf Probleme und Barrieren stoßen?

Auch für Unterricht nach der Deeper Learning-Pädagogik gilt: Er kann nur so gut sein, wie es das Unterrichtsmanagement, die kognitive Aktivierung und die Unterstützung der Lernenden ermöglichen. Die Professionalität und Haltung der Lehrkräfte sind dabei entscheidend.

Deeper Learning überwindet den traditionellen pädagogischen Dualismus von lehrendenzentrierter Instruktion (Frontalunterricht) und schülerorientierter Konstruktion (reformpädagogischer Projektunterricht) zugunsten eines Settings, das die besten Aspekte vermeintlich gegensätzlicher Modelle zu einer produktiven Synthese zusammenführt (vgl. Kapitel 4). Das Phasenkonzept aus Instruktions- und Aneignungsphase, Ko-Konstruktions- und Ko-Kreationsphase und authentischer Leistung schafft ein Unterrichtssetting, in dem die drei zentralen Bereiche der Unterrichtsqualität erfolgreich in Einklang gebracht werden können. Deeper Learning schafft den didaktischen Rahmen, der sowohl die tiefgreifende Aneignung und Beschäftigung mit Lerninhalten als auch vielfältige Interaktionen zwischen Lernenden und Lehrenden ermöglicht.

Dies beginnt bereits bei der Klassenführung.

Klassenführung (Classroom Management)

bezeichnet Handlungen und Strategien, die im Unterricht eingesetzt werden, um effektive Organisationsstrukturen zu etablieren. Dazu zählen personelle und organisatorische Führungsaufgaben. Ziel ist, Lernprozesse so zu führen und zu steuern, dass alle Schülerinnen und Schüler wissen, woran und mit welchen Zielen sie lernen und ihre Lernzeit effektiv nutzen (Kunter/Trautwein 2013; Trautwein/Sliwka/Dehmel 2018).

Um allen Schülerinnen und Schülern konzentriertes und zielorientiertes Lernen zu ermöglichen, sind in jeder Deeper Learning-Unterrichtssequenz klare organisatorische Vorgaben und Rahmenbedingungen erforderlich. Deeper Learning-Unterrichtseinheiten geht eine umfassende Planung – meist durch ein Team an Lehrkräften – voraus. Nachdem die Lehrkräfte eine Deeper Learning-Sequenz geplant und vorbereitet haben, stellen sie den Schülerinnen und Schülern (auch digital in einem Lernmanagementsystem) klare zeitliche Ablaufpläne zur Verfügung, die bestimmte Zwischenziele (Meilensteine), klare Anforderungen und Qualitätskriterien benennen. Das Phasenmodell aus instruktiv gesteuerter Wissensaneignung (Phase I), ko-konstruktiver und ko-kreativer Arbeit (Phase II) und dem Zeigen und Reflektieren authentischer Leistungen (Phase III) bietet eine transparente Organisationsstruktur.

Eine Deeper Learning-Unterrichtssequenz ist dabei wie eine Reise mit klaren Zwischenstationen und einem Ziel, bei der wir uns die Lehrkräfte als Reiseleiter vorstellen können. Vor Beginn der gemeinsamen Reise erhalten die Lernenden einen »Reiseplan« mit klaren zeitlichen Vorgaben. Teile der Reise machen alle zusammen, aber es gibt immer wieder Zeiten für eigenes Erkunden und eigene Pläne, allein und in Teams. Am Ende der Reise treffen sich alle am Reiseziel. Die Reiseleitung ist unverzichtbar und hat eine zentrale Rolle: Sie kennt die gemeinsame Agenda, hat alle Reisenden und alle Termine im Blick. Sie verschafft Orientierung, achtet auf die Zeit, erklärt, unterstützt, sammelt die ein, die sich verlaufen haben, und kümmert sich um diejenigen, die mehr Unterstützung brauchen, um das Reiseziel zu erreichen.

Deeper Learning verknüpft die Stärken von Lehrkraftzentrierung und Schülerorientierung. Lehrkräfte haben dabei eine ganz klare Führungsfunktion und eine, auch fachliche, Expertenrolle inne, sie schaffen und garantieren aber auch klar abgesteckte Freiräume für Selbststeuerung, Mitgestaltung (Co-Agency) und Engagement der Lernenden (vgl. Kapitel 5).

Kognitive Aktivierung

bedeutet, dass Schülerinnen und Schüler intellektuell zum eigenen Denken und zum aktiven Problemlösen herausgefordert werden und dadurch beim Lernen engagiert sind. Der Grad an kognitiver Aktivierung hängt davon ab, in welchem Maße das kognitive Engagement der Lernenden in ihrer Zone der nächsten Entwicklung (Vygotsky 1978) in einem Unterrichtssetting gefordert und gefördert wird (Fauth/Leuders 2018).

Schülerinnen und Schüler lernen besonders wirksam und nachhaltig, wenn sie sich bewusst, aktiv und engagiert mit Lerninhalten, Fragen und Problemen auseinandersetzen (Renkl 2009, S. 89). Komplexe und anspruchsvolle Aufgaben, die den Lernenden bedeutsam erscheinen, eignen sich dazu am besten. Dies lässt sich nicht nur mit aktuellen Erkenntnissen der Lehr-Lern-Theorie begründen: Die Gehirne von Heranwachsenden zeichnen sich durch ein hohes Maß an Neuroplastizität aus. Schaltkreise im Frontalkortex des jugendlichen Gehirns werden während dieser Phase dynamisch umgebaut (Konrad et al. 2013). Gerade das Jugendalter ist daher ein Entwicklungsfenster, in dem anspruchsvolle Lernprozesse viel bewirken können. Die kognitive Aktivierung bedeutet auf neuronaler Ebene das Vernetzen von Gehirnzellen infolge von bewussten geistigen Prozessen oder auch die Veränderung der Gewichtung bestimmter neuronaler Verbindungen (Braun/Meier 2004).

Die kognitive Aktivierung im Kontext anspruchsvoller und den Jugendlichen bedeutsam erscheinender Aufgaben ist deshalb der Schlüssel zur Förderung der Gehirnentwicklung. Kognitive Aktivierung von Schülerinnen und Schülern ist in allen Phasen einer Deeper Learning-Sequenz entscheidend und sollte sorgfältig vorbereitet und begleitet werden (Kempermann 2008). Dazu spielen die bereitgestellten Aufgaben und die begleitende Unterstützung eine große Rolle.

Zum Selbstdenken werden Schülerinnen und Schüler am erfolgreichsten angeregt, wenn eine Fragestellung oder Aufgabe in ihrer Komplexität nicht vollständig reduziert und in kleinschrittige Handlungsmuster aufgeteilt wurde (Kleickmann 2012). Herausfordernde Aufgabenstellungen überwinden die bloße Aneignung von Fachwissen und die Reproduktion von Erlerntem zugunsten einer aktiv handelnden Auseinandersetzung mit dem Themengebiet (Lauterbach et al. 2013). Die entsprechenden Aufgaben sollten mehrere Lösungen zulassen und Lernenden ermöglichen, ihre Lern- und Arbeitsprozesse durch das Abwägen von Alternativen und eigene Entscheidungen selbst mitgestalten zu können. Beim Deeper Learning nennen wir diese Möglichkeit Voice und Choice (Hobday 2012) und Co-Agency

(OECD 2020). Empirische Erkenntnisse über Lernprozesse zeigen uns dabei: Schulische Aufgaben sind am ehesten kognitiv aktivierend, wenn Interesse und Motivation der Jugendlichen angesprochen werden und eine aktive Auseinandersetzung mit ihnen bedeutsam erscheinenden Inhalten angeregt wird (Kunter/Trautwein 2013, S. 88f.). Dabei hängt das richtige Maß an kognitiver Aktivierung immer auch von Vorwissen und Lernstand der einzelnen Schülerinnen und Schüler ab. Eine Aufgabe, die eine Schülerin kognitiv aktiviert, kann für eine andere unterfordernd sein. Deeper Learning-Unterrichtssequenzen bieten in allen Phasen gute Möglichkeiten der Personalisierung und der flexiblen Gruppenbildung (Cooper 2011). Sowohl bei der Wissensaneignung (Phase I) als auch in der Phase der ko-konstruktiven und ko-kreativen Arbeit (Phase II) lassen sich Lernprozesse personalisieren, um sie an die »Zone der nächsten Entwicklung« (Vygotsky 1978) einzelner Lernender oder kleiner Teams anzupassen.

Bereits in der Phase der Wissensaneignung (Phase I) treffen die Lernenden in Wahlentscheidungen darüber, mithilfe welcher Vermittlungskanäle sie sich Wissen aneignen und in welcher Intensität sie dies tun. So kann zum Beispiel ein Lernvideo mehrfach angeschaut werden, bis die zentralen Konzepte verstanden sind. In der ko-kreativen und ko-konstruktiven Phase (Phase II) können Schülerinnen und Schüler ihren Lernprozess durch eigene Fragestellungen und Ideen mit beeinflussen. Und bei der Wahl und der Ausgestaltung der zu erbringenden authentischen Leistung in Phase III setzen sich die Handlungsspielräume aus der ko-konstruktiven und ko-kreativen Arbeit fort. Formen der Personalisierung steigern in allen Phasen die suorkektiv empfundene Relevanz des Lernens, sodass sich beim Deeper Learning im Vergleich zum traditionellen Unterricht die Wahrscheinlichkeit erhöht, dass individuelle Schülerinnen und Schüler ihren Lernprozess als interessant, bedeutsam und herausfordernd wahrnehmen – insgesamt gute Voraussetzungen also für kognitive Aktivierung.

Konstruktive Unterstützung

beschreibt Art und Weise und Ausmaß, in welchem Schülerinnen und Schüler im Lernprozess durch die Lehrperson begleitet und bei Schwierigkeiten unterstützt werden. Ziel ist es dabei, selbstständiges und verantwortungsbewusstes Lernen bei den Heranwachsenden zu fördern (Sliwka/Klopsch/Dumont 2019).

Lehrkräfte nehmen beim Deeper Learning unterschiedliche Rollen ein. Sie sind Designerinnen und Designer von Deeper Learning-Unterrichtssequenzen, Wissensvermittlerinnen und Wissensvermittler, Lernbegleiterinnen und Lernbegleiter, Feedbackgeberinnen und Feedbackgeber – um nur einige der Rollen zu nennen. Die konstruktive Unterstützung der Schülerinnen und Schüler ist in allen drei Phasen zentral. In der Phase der Wissensaneignung (Phase I) besteht sie vor allem in der Auswahl, Vorbereitung und Bereitstellung passender Lernmaterialien. Wenn eine Lehrerin zum Beispiel Links zu Erklärvideos und Fachvorträgen in unterschiedlichen Schwierigkeitsgraden auf der digitalen Lernplattform bereitstellt und zu jedem der Videos kleine Multiple-Choice-Quiz erstellt, mit denen die Lernenden ihr Wissen testen können, ist das eine Form der konstruktiven Unterstützung. Auch ein Lehrer, der einer Schülerinnen- und Schülergruppe formatives Feedback zu einem Entwurf gibt, unterstützt die Lernenden konstruktiv.

Konstruktive Unterstützung hat viele Gesichter und kann als eine Art Motor beim Deeper Learning verstanden werden. Grundsätzlich lässt sie sich in zwei Dimensionen unterscheiden: die methodisch-didaktische Unterstützung und die motivational-emotionale Unterstützung (Sliwka/Klopsch/Dumont 2019). Erstere wird hauptsächlich dadurch geprägt, wie Lehrkräfte mit Lernenden in den Dialog über Lernprozesse treten, das heißt, wie sie Rückmeldungen formulieren und welche konkreten Hilfestellungen sie anbieten (Hattie/Timperley 2007). Diese Form der Unterstützung wird beim Deeper Learning hauptsächlich in Phase II erforderlich. Die Schülerinnen und Schüler arbeiten selbstgesteuert, ko-konstruktiv und ko-kreativ. Die Lehrkräfte finden nun Zeit, einzelne Lernende nicht nur wahrzunehmen, sondern auch mit ihnen in den Dialog zu treten und Wertschätzung für ihre Interessen, Lernzugänge und Leistungen zu zeigen. Durch das überwiegend selbstregulierte Arbeiten der Lernenden in dieser Phase entsteht ein Resonanzraum für formatives Feedback (Black/Wiliam 1998) und passgenaue Hilfestellungen (Scaffolding) (Collins/Brown/Newman 1989), beides Unterstützungsstrategien mit nachweislich hoher Lernwirksamkeit (Feedback d= 0.70 und Scaffolding d= 0.82, Hattie 2018). Neben diesen professionellen Formen der Unterstützung kommt es beim Deeper Learning auch auf emotionale Unterstützung durch die Lehrkräfte an (Fauth et al. 2014; Praetorius et al. 2018): zuhören, wenn gerade alles schwierig erscheint, Mut machen und Zuversicht ausstrahlen, Konflikte in Teams erkennen und mit den Schülerinnen und Schülern konstruktiv bearbeiten. Die Haltung der Lehrkräfte ist dabei entscheidend. Sie müssen präsent und ansprechbar sein, den Dialog aktiv suchen, zugewandt und wertschätzend kommunizieren und Schülerinnen und Schülern dabei immer wieder durch gesprochene Sprache und Körpersprache deutlich machen, dass sie an die Lernenden und deren Erfolg glauben.

Wenn alle drei Facetten der Tiefenstrukturen, also erstens ein gutes Management der Deeper Learning-Sequenzen und eine klare Führung durch den Lernprozess, zweitens die kognitive Aktivierung der Lernenden durch interessante Aufgaben und die Möglichkeit, diese selbst mitzugestalten (Co-Agency), und drittens ein zugewandter und wertschätzender Habitus der Lehrkräfte und passende Unterstützungsmaßnahmen zusammenwirken, steigt die Wahrscheinlichkeit, dass Lernende ein höheres Interesse für fachliche Lerninhalte, eine höhere Motivation und bessere Leistungsergebnisse zeigen (Kunter/Voss 2011, S. 176; Kunter/Trautwein 2013, S. 332). In der folgenden Tabelle werden wichtige Standards der Unterrichtsqualität im Deeper Learning zusammengeführt.

Tab. 2: Tiefenstrukturen der Unterrichtsqualität beim Deeper Learning

Klassenführung	• transparente Regeln für alle drei Phasen etablieren und schriftlich und mündlich an die Schülerinnen und Schüler kommunizieren • klare Vorgaben zur Nutzung von Lernzeit und bezüglich von Fristen, die die Schülerinnen und Schüler einhalten müssen • klare, zielgerichtete Kommunikation zwischen Lehrkräften und Schülerinnen und Schülern bezüglich der Leistungserwartungen in den drei Phasen einer Deeper Learning-Sequenz • professionelle Reaktion auf Störungen und Arbeitsverweigerung • Klar strukturierte Abbildung der Einheit auf unterschiedlichen Niveaustufen im Lernmanagement-System
Kognitive Aktivierung	• Vorwissen und Interessen der Schülerinnen und Schüler diagnostisch erfassen • Zone der nächsten Entwicklung der individuellen Lernenden durch Personalisierung von Lehr-Lernmaterial und flexible Gruppenbildung berücksichtigen • anspruchsvolle Medien und Materialien schon vor Beginn einer Sequenz auswählen und digital zur Verfügung stellen • Lernwege und Lernprodukte personalisieren, um Schülerinnen und Schüler in ihrer Unterschiedlichkeit gerecht zu werden • ‚advocatus diaboli' und ‚critical friend' der Schülerinnen und Schüler sein, ihre Denkweisen herausfordern • Hilfe zur Selbsthilfe statt Belehrung geben
Konstruktive Unterstützung	• respektvollen Umgang und Toleranz für die Vielfalt der Persönlichkeiten als Norm an die Schülerinnen und Schüler kommunizieren • keine etikettierenden Zuschreibungen über Schülerinnen und Schüler und Schülerinnen- und Schülerteams • aufmerksam und sensibel für Schwierigkeiten der Schülerinnen und Schüler sein • als Lehrperson für Schülerinnen und Schüler ansprechbar, zugewandt und dialogorientiert sein (auch bei sozialen Schwierigkeiten) • Umfang und Art der Unterstützung von Schülerinnen und Schülern adaptiv gestalten (Scaffolding) • Lerncoaching zum Thema Lern- und Arbeitsstrategien als Unterstützung der Selbstregulation anbieten • formatives Feedback (fortlaufend, regelmäßig und personalisiert) • Fehler als Chance für konstruktives Lernen aufgreifen und nutzen

3 Welches Bildungskonzept liegt dem Deeper Learning zugrunde?

Deeper Learning hat das Potenzial, Unterricht für Heranwachsende interessanter zu machen, da »es den vermeintlich langweiligen Schulstoff durch die projekt- und problemorientierte Arbeit mit dem Wissen zum Leben erweckt« (Sliwka 2018, S. 88). Doch es geht um mehr als um eine graduelle Veränderung der Unterrichtskultur: Durch ein fundamentales Umdenken bezüglich der Ziele von Unterricht (Mehta/Fine 2012) soll der Persönlichkeitsentwicklung in der Schule mehr Raum gegeben werden. Welche Ziele das sind und wie das klappen könnte – davon handelt dieses Kapitel. Es geht also um das Bildungsverständnis, das der Deeper Learning-Pädagogik zugrunde liegt.

3.1 Deeper Learning: eine produktive Synthese aus der transmissiven und der konstruktivistischen Sicht auf Lernen

Grundidee des Deeper Learning ist die Überwindung des uralten Antagonismus zwischen einem transmissiv-instruktionistischen (Voss et al. 2011) und einem konstruktivistischen (Hartinger/Kleickmann/Hawelka 2006) Unterrichtsverständnis. Vereinfacht gesagt: Während die Lehrkraft im transmissiven Unterrichtsverständnis eine Senderfunktion hat, werden Lernende als Empfänger verstanden. Im konstruktivistischen Unterrichtsverständnis ist es umgekehrt: Hier sitzen die Schülerinnen und Schüler am Steuer ihres eigenen Lernprozesses und die Lehrkraft, quasi als »Fahrlehrer bzw. Fahrlehrerin«, daneben. Beide Verständnisse von Lernen haben Vor- und Nachteile. Deshalb und auch aus empirischer Sicht ergibt es keinen Sinn, sich einer einzigen Position zu verschreiben. Ihre Verbindung ist für das Schülerinnen- und Schülerlernen sogar vorteilhaft (Askew et al. 1997; Reinmann-Rothmeier/Mandl 2006, S. 638). Deeper Learning knüpft daran an und verbindet die in der Vergangenheit oft als gegensätzlich verstandenen pädagogische Prinzipien der Transmission und der Ko-Konstruktion von Wissen zu einer produktiven Synthese.

Die transmissive Sicht auf Lernen versteht Lernen primär als einen Vorgang der Übertragung von Wissen und baut auf behavioristischen Lerntheorien auf. Lernen wird definiert als Übertragung »von Informationen, wobei das Einprägen von Regeln und Verfahren fundamental ist« (Handal 2003, S. 51). Im transmissiven Unterricht (Voss et al. 2011) geht es um die Vermittlung von Wissen, von zusammenhängenden Schemata und von Prozessabläufen. Besonders wichtig sind dabei Phasen des Übens und des Wiederholens. »Unabhängigem und isoliertem Lernen kommt eine besondere Bedeutung zu und es wird Wert daraufgelegt, dass eine bestimmte Methode regelhaft angewendet wird. Das Abstrakte und nicht der Lebensweltbezug wird fokussiert« (Zaruba 2020, S. 20). In einem transmissiv orientiertem Unterricht geben Lehrkräfte ihren Schülerinnen und Schülern den Weg beim Lernen recht genau vor. Sie sehen Lernende als eher passive Rezipientinnen und Rezipienten eines vorher feststehenden Wissenskanons und sich selbst als Vermittler und Vermittlerinnen dieses Wissens (Zaruba 2020, S. 20 mit Bezug auf Dubberke et al. 2008).

Die konstruktivistische Sicht auf Lernen hingegen versteht Lernen als gleichermaßen kooperativ, individuell, konstruktiv, kumulativ, situiert, selbstreguliert und zielorientiert. Unterschiedliche Prozesse der Wissensaneignung, der Wissensverarbeitung und der Neukonstruktion von Wissen wirken dabei zusammen (De Corte 2000, S. 254). Konstruktivistische Lehr-Lern-Prozesse sind geprägt von der Balance zwischen entdeckendem Lernen durch Schülerinnen und Schüler und der Anleitung durch Lehrkräfte, die die Selbstregulation der Lernenden durch Coaching und jeweils passende Hilfestellungen (›Scaffolding‹ – deutsch: Lerngerüste) unterstützen (vgl. Kapitel 5). Schülerinnen und Schüler arbeiten mit möglichst authentischen Materialien und in authentischen Situationen. Sie arbeiten zusammen mit anderen und verknüpft mit der realen Lebenswelt (Klopsch/Sliwka im Erscheinen). Dabei kommt es nicht nur auf die kognitive, sondern auch auf die affektive Seite des Lernens an. Die intrinsische Lernmotivation sollte daher explizit von Lehrkräften berücksichtigt und durch Interessenorientierung und Partizipation gefördert werden. Fachwissen muss dazu mit Wissen über das Lernen verschränkt werden. Metakognitive Kompetenzen sind ebenso wichtig wie fachliche (Zaruba 2020, S. 19).

Deeper Learning verbindet die Stärken des Instruktionsmodells, das dem transmissiven Verständnis von Lernen zugrunde liegt, mit dem selbstregulierten, kooperativen und situierten Lernverständnis des Konstruktivismus. Denn durch die Überwindung des Dualismus können Wissen über die Welt und Handeln in der Welt eine produktive Synthese eingehen (Askew et al. 1997; Reinmann-Rothmeier/Mandl 2006, S. 638). Schülerinnen und Schüler eignen sich Wissen an und gestalten ihren Lernprozess aktiv mit. Ihr Engagement beim Lernen steigt dadurch, dass sie in einem alters- und entwicklungsangemessenen Rahmen eigene Entscheidungen treffen dürfen (Mitra 2007; Toshalis/Nakkula 2012). Lehrkräfte sind beim Deeper Learning – abhängig von der Situation – sowohl Wissensvermittlerinnen und Wissensvermittler als auch Lernbegleiterinnen und Lernbegleiter (vgl. Kapitel 5). Um dieser anspruchsvollen Rolle gerecht zu werden, benötigen Lehrkräfte ein klares Verständnis der pädagogischen Ziele von Deeper Learning. Das grundlegende Ziel von Deeper Learning, die Persönlichkeitsentwicklung unterschiedlicher Individuen, kann nur durch ein klares Verständnis dessen, was Persönlichkeitsentwicklung ausmacht, erreicht werden. Unser Verständnis von Deeper Learning basiert auf einem Verständnis von Persönlichkeitsentwicklung, das die beiden US-amerikanischen Kollegen Sarah Fine und Jal Mehta entwickelt haben. Es verknüpft die Konzepte tiefgreifendes Fachwissen (Mastery), Kreativität und Identität und sieht in der Schnittmenge aus den drei Zieldimensionen einen pädagogischen Kern von Deeper Learning.

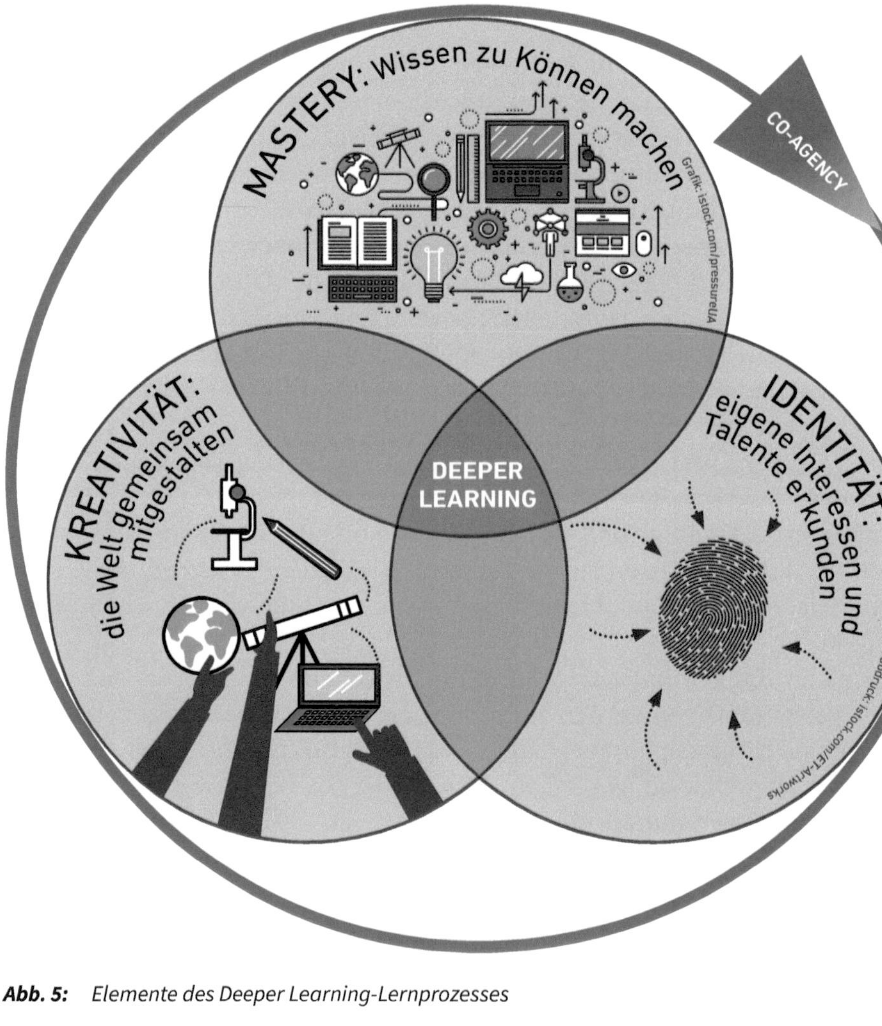

Abb. 5: *Elemente des Deeper Learning-Lernprozesses*

3.2 Bildungsziele von Deeper Learning: tiefgreifendes Fachwissen (Mastery) – Identität – Kreativität

Dass schulisches Lernen einen empirisch messbaren Nutzen für die Gesellschaft hat und damit objektiv bedeutsam ist, steht außer Frage. Deeper Learning soll zusätzlich die subjektiv und persönlich erlebte Bedeutsamkeit des Lernens in der Schule steigern. Es geht letztlich darum, die Passivität, mit der Schülerinnen und Schüler das Lernen in der Schule erleben – nicht selten mit einem Gefühl der Fremdbestimmung –, zugunsten eines auch subjektiv bedeutsamen Lernens zu überwinden (Deci/Ryan 1993), das Lernenden Selbstwirksamkeit und Engagement ermöglicht.

Den Horizont zu weiten und die Persönlichkeitsentwicklung in den Blick zu nehmen hat einen subjektiv-emanzipatorischen und einen objektiv-gesellschaftspolitischen Grund: Lernen in der Schule soll der einzelnen Schülerin und dem einzelnen Schüler Freude machen, weil Kinder und Jugendliche bis zu 15 000 Stunden ihres Lebens an der Schule verbringen (Rutter et al. 1979). Das ist ein großer Teil ihrer Kindheit und Jugend und ein nicht unerheblicher Teil ihrer Lebenszeit. Kinder und Jugendliche sollten ein Recht darauf haben, diese Zeit – unabhängig von allen gesellschaftspolitischen Zielen und Funktionalisierungen von Bildung – als subjektiv sinnvoll verbrachte Zeit zu erleben.

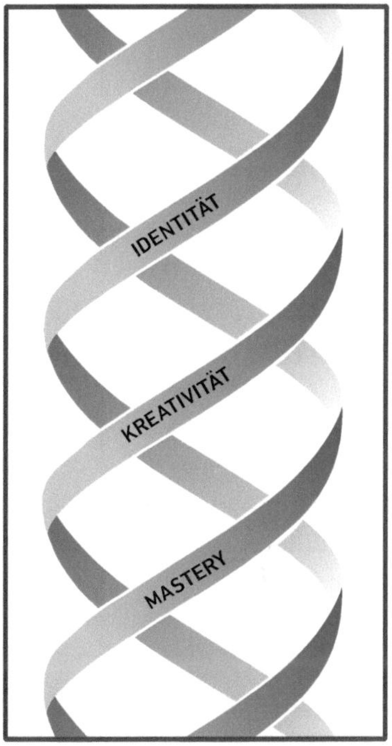

Abb. 6: *DNA des Deeper Learning*

Objektiv-gesellschaftspolitisch haben weite Teil der Bevölkerung es in westlichen Industriegesellschaften über ein Jahrhundert lang als legitim empfunden, große Teile der Lebenszeit von Kindern und Jugendlichen durch schulischen Unterricht zu verplanen, der wenig Rücksicht auf individuelle Unterschiede und Interessen der Schülerinnen und Schüler nahm und stärker ihr zukünftiges Funktionieren in der Gesellschaft als die Entwicklung ihrer Persönlichkeit zum Ziel hatte. Doch die Zeit hat sich geändert. Maschinen übernehmen manuelle und zunehmend auch kognitive Routineaufgaben (Levy/Murnane 2005). Schulen bilden Menschen nicht mehr für die Fließbandarbeit in der Industriegesellschaft aus, sondern für die digital vernetzte Wissensgesellschaft, in der es auf Eigeninitiative, Kooperationsfähigkeit und Kreativität ankommt (Schleicher 2018). Genau an dieser Stelle setzen die drei pädagogischen Leitideen tiefgreifendes Fachwissen (Mastery),

Kreativität und Identität an, deren Zusammenwirken dem Deeper Learning ein starkes pädagogisches Begründungsfundament verleiht. Deeper Learning findet im Überschneidungsbereich von tiefgreifender Wissensaneignung, Identitätsstärkung und Kreativitätsförderung statt (Mehta/Fine 2019, S. 15). Wir könnten uns die drei Elemente auch als eine sich selbst verstärkende Aufwärtsspirale vorstellen (Mehta/Fine 2019, S. 366). Ihre drei Dimensionen sollen im Folgenden beleuchtet werden.

Tiefgreifendes Fachwissen (Mastery)
Mastery bezieht sich im englischen Sprachgebrauch auf einen Prozess. Er erfasst die Dimensionen des Deeper Learning, die mit dem substanziellen Wissen über Inhalte, dem Transfer dieses Wissens sowie dem Verständnis der Struktur einer Disziplin verbunden sind (Mehta/Fine 2019, S. 15). Tiefgreifendes Fachwissen (Mastery) beschreibt also die Aneignung von fachlichen intellektuellen Fähigkeiten. Wenn Schülerinnen und Schüler ihr Leben in die Hand nehmen und ihre Welt aktiv gestalten sollen, dann ist das tiefgreifende Fachwissen eine Voraussetzung dafür, da es sie zum kritischen Denken und kreativen Handeln befähigt. Schülerinnen und Schüler können tiefgreifendes Fachwissen erreichen, wenn sie beginnen, im Fachkontext Muster und Strukturen zu erkennen. Wenn sie also verstehen, wie die Dinge zusammenhängen, und sich in ihren Köpfen mentale Wissenslandkarten bilden, dann werden sie sukzessive in die Lage versetzt, auf ihr Wissen flexibel zuzugreifen, um es dann in Arbeitsprozessen und in Problemlösungen jeweils passend anwenden zu können. Es geht bei der Entwicklung von Mastery um die Aneignung und das Verstehen von fachlichen und überfachlichen intellektuellen Inhalten und Fähigkeiten, die wiederum als Grundlage zur Erlangung von tiefgreifender Expertise dienen.

Diese tiefgreifende Verankerung von fachlichen Inhalten und Kompetenzen, die im Mastery-Konzept impliziert ist, trägt auf kognitiver Ebene dazu bei, das Kurzzeitgedächtnis zu entlasten. Eine geringere mentale Belastung ermöglicht flexibler und freier mit neuen Inhalten umzugehen und diese sich anzueignen (Wiliam 2018, S. 137).

Der Weg zu tiefgreifendem Fachwissen beinhaltet immer das Üben und Wiederholen von Wissen, das noch nicht vollständig verstanden ist, oder Fähigkeiten, die noch nicht flüssig beherrscht werden. Ein Beispiel: Wenn jemand das Spiel Schach erlernen möchte und dafür systematisch daran arbeitet, sich durch Üben und Wiederholen verschiedene Eröffnungsstrategien für eine Schachpartie einzuprägen und anzueignen, sodass die Person diese dann ohne großes Nachdenken schnell im Spiel einsetzen kann, dann ist das ein wichtiger Schritt in Richtung Mastery.

Ohne das Wissen und die Kenntnis von fachlichen Konzepten, Inhalten und Zusammenhängen ist weder Problemlösen noch Kreativität möglich. Es gibt beim

Lernen auch im 21. Jahrhundert keine Abkürzungen. Sich Wissen anzueignen und sich anzustrengen, um Zusammenhänge zu verstehen, ist kognitionspsychologisch eine Voraussetzung dafür, das Wissen in Handlungssituationen schnell und flexibel einsetzen zu können (Metha/Fine 2019, S. 299). Wissen ist der Rohstoff der digitalen Wissensgesellschaft. Wer sich kein substanzielles Wissen angeeignet hat, dem nützt auch die Ubiquität von Wissen im Internet nicht: Ohne Vorwissen wissen Lernende schlicht nicht, wonach sie im Netz überhaupt suchen sollten. Selbst wenn sie fündig würden, könnten sie die Qualität der Informationen nicht einschätzen und liefen immer Gefahr, auf Fake News hereinzufallen. Wissensaneignung verbunden mit Wiederholung und Übung ist daher ein zentraler Teil jeder Deeper Learning-Unterrichtssequenz. Doch angesichts der unzähligen Möglichkeiten, Wissen attraktiv aufzubereiten, lässt sich die Vermittlung von Wissen an Schülerinnen und Schüler von Lehrkräften heute anders vorbereiten als in der alten Schule der Industriegesellschaft (Sliwka/Klopsch 2020a, 2020c). Die Lehrkraft muss nicht mehr allein vor der Klasse stehen und »den Stoff« vermitteln.

Auch das ›one size fits all‹, das damit zwangsläufig einherging, hat sich überholt. Statt Schülerinnen und Schüler mit ganz unterschiedlichem Vorwissen mit ein und demselben Lehrendenvortrag zu beschulen, ermöglicht die Digitalisierung, Wissenszugänge differenziell zur Verfügung zu stellen. Zudem schaffen Digitalisierung und Teamarbeit unter Lehrkräften entlastende Synergieeffekte. Denn wenn Lehrkräfte in Teams als Experten und Expertinnen zusammenarbeiten und die digitalen Möglichkeiten der Aufbereitung von Wissensbeständen voll ausschöpfen, wird Wissensvermittlung zu einer kreativen Teamaufgabe, die auch den Lehrkräften Freude macht, da sie von und mit Kolleginnen und Kollegen zusammen weiterlernen können (Datnow/Park 2019; Hargreaves/Boyle/Harris 2014).

Fachliche Expertise von Lehrkräften ist eine wichtige Voraussetzung für die Entwicklung von Mastery in Prozessen des Deeper Learning. Wenn Lehrkräfte durch Deeper Learning das Engagement von Lernenden stärken und ihnen Lernprozesse mit mehr Tiefgang ermöglichen möchten, dann müssen sie selbst ein solides fachliches Wissensfundament mitbringen. Die Unterstützung von Lernenden bei der Entwicklung von Mastery erfordert fachliche Expertise und Urteilskraft (Mehta/Fine 2015b, S. 13). Die Lehrkräfte müssen verstehen, dass das in der Lehramtsausbildung angeeignete Wissen nicht ausreicht und dass sie im Prozess des Deeper Learning – von der Vorbereitung bis zum Abschluss einer Sequenz – selbst auch Lernende sein müssen, die keine Angst davor haben, sich neues Wissen anzueignen und gemeinsam mit anderen über dieses Wissen nachzudenken. Diese Kompetenz heißt »adaptive Expertise« (Hatano/Inagaki 1984, vgl. Kapitel 5). Traditionelle Bilder von Lehrkräften als »Wissensvermittler und Wissensvermittlerin« und Schülerinnen und Schüler als »Wissensempfängerin und Wissensempfänger« können im Deeper Learning zu einer Lernbarriere für die Lehrkräfte werden. Denn obwohl Lehrkräfte durch ihre Ausbildung und ihre Praxis einen deutlichen Wissensvorsprung vor den meisten (aber nicht allen) Lernenden haben, so gibt es doch eine beträchtliche Symmetrie zwischen dem Lernen der Schülerinnen und Schüler und dem Lernen der Lehrkräfte. Von der Logik des Lernens her unterscheiden sich Lernprozesse von Erwachsenen und Heranwachsenden kaum (Mehta/Fine 2015a, S. 496). In der Aneignung von Wissen beim Deeper Learning sind Lehrkräfte daher in ihrer Rolle klarer, wenn sie sich nicht nur als Expertinnen und Experten für ihr Fach verstehen, sondern auch als »Ko-Lernende« in einem gemeinsamen Lernprozess mit ihren Schülerinnen und Schülern.

Um Lernende in der Entwicklung von tiefgreifendem Fachwissen zu unterstützen, reicht es nicht aus, an der alten Lehrkräfterolle festzuhalten. Das Lehrkräfte-Schülerinnen-und-Schüler-Verhältnis orientiert sich eher an der Beziehung zwischen Meister und Lehrling in der Ausbildung. Beide – Meister und Lehrling – befinden sich auf einem Kontinuum auf dem Weg von Novizinnen und Novizen zu Experteninnen und Experten (Schwartz et al. 2005; Bromme 2004). Während der Meister mit seiner Expertise weit rechts auf diesem Kontinuum steht, befindet sich der Lehrling auf der linken Seite – im Spektrum des Novizen. Der Prozess des Lernens erfolgt in Co-Agency (OECD 2020, S. 29), das heißt in gemeinsamer Entwicklung: Meister und Lehrlinge, übertragen auf die Schule, Lehrkräfte und Schülerinnen und Schüler lernen mit- und voneinander. Der Prozess des gemeinsamen Lernens ist dabei auf ein Gleichgewicht zwischen Freiheit und Struktur, Improvisation und Planung, Mehrdeutigkeit und Klarheit angewiesen (Mehta/Fine 2012, S. 34). Die Lehrkräfte haben einen Erfahrungs- und Wissensvorsprung, sie leben aber zugleich vor, was es bedeutet zu lernen (Mehta/Fine 2019, S. 81). Durch ihren Vorsprung im tiefgreifenden Fachwissen können Lehrkräfte ihren Schülerinnen und Schülern zeigen, dass sie vor Mehrdeutigkeit und der Tatsache, dass sie nicht alle Antworten haben, keine Angst haben müssen. Diese Offenheit gehört zu echten Lernprozessen immer dazu. Die Leidenschaft für ihre Fächer, die erfolgreiche Lehrkräfte immer ausstrahlen, wirkt dabei wie ein motivationaler Motor für die Entwicklung von tiefgreifendem Fachwissen bei den Lernenden (Mehta/Fine 2019, S. 370).

Lehrkräfte führen ihre Schülerinnen und Schüler sukzessive zu Mastery, indem sie das Vorwissen und die Kompetenzen der Schülerinnen und Schüler realistisch einschätzen. Das befähigt sie dazu, in Phase I der Deeper Learning-Sequenzen für unterschiedliche Schülerinnen und Schüler jeweils anschlussfähige Wissensmedien (beispielsweise Lehrkräftevortrag, Texte oder Erklärvideos auf unterschiedlichen Niveaustufen) zu den zentralen fachlichen Konzepten einer Thematik auszuwählen und bereitzustellen. In Phase II werden Schülerinnen und Schüler in ihrem Prozess der Aneignung tiefgreifenden Fachwissens durch formative Rückmeldungen zur Auswahl passender Lernvorhaben unterstützt.

Mastery, das heißt der Prozess der Aneignung tiefgreifenden Fachwissens, ist als Weg zu verstehen, der es erforderlich macht, dass Lernende an fachlichen Inhalten und Aufgaben arbeiten, die sie weder unterfordern noch massiv überfordern, aber eben doch herausfordern. Dazu müssen Lehrkräfte die Komplexität der Inhalte und Aufgaben, die die Schülerinnen und Schüler in den Deeper Learning-Sequenzen bearbeiten – jeweils an deren »Zone der nächsten Entwicklung« (Vygotsky 1978) anpassen (City et al. 2009, S. 24). Die dabei entstehenden »erwünschten Schwierigkeiten« (Wiliam 2018, S. 154) im Lernprozess führen bei deren erfolgreicher Bewältigung dazu, dass Wissen langfristig im Gedächtnis gespeichert wird (Bjork/Linn 2006).

Die Aufgaben, die Lernende im Verlauf der Phasen II und III beim Deeper Learning bearbeiten, ermöglichen ihnen, ihre Komfortzone im Lernprozess zu verlassen und individuell jeweils angemessen gefordert zu werden. Die Aufgaben unterscheiden sich dabei von den traditionell geschlossenen schulischen Aufgabenformaten, die üblicherweise so strukturiert sind, dass Fragen, deren Antwort die Lehrperson bereits kennt, an die Klasse gerichtet werden und die Lernenden in Richtung dieser Antwort geleitet werden (Kobarg/Seidel 2007; Knierim 2008; Mehta 2017). In konventionellen Unterrichtssituationen instruieren »Lehrerinnen und Lehrer ihre Klasse, eine Reihe von vorgegebenen Arbeitsschritten auszuführen, um so eine Reaktion zu erzeugen, deren Ergebnis den Lehrenden und Lernenden bereits bekannt ist« (Mehta/Fine 2012, S. 34). Der Unterricht folgt dabei einer implizit in traditionellen Schulen verankerten »Unterrichtsgrammatik«, einem Muster aus pädagogischen Grundannahmen, die sich in üblichen Unterrichtsstrukturen widerspiegeln (Mehta/Fine 2019, S. 198). Es geht in der Regel darum, einen bestimmten Wissensbestand zu vermitteln, wobei die Lernenden einige Zeit lang versuchen, sich die wesentlichen Aspekte dieses Wissensbestandes einzuprägen, und darüber dann in einer Prüfungssituation (z. B. einer Klassenarbeit) bewertet werden (Mehta/Fine 2019, S. 198). Im Idealfall entwickeln die Lernenden sich dabei in Richtung des tiefgreifenden Fachwissens.

Allerdings besteht bei dieser traditionellen Herangehensweise immer die Gefahr eines Zyklus des oberflächlichen Befassens und Wiedervergessens. Dieser entsteht, wenn sich die Schülerinnen und Schüler über einen gewissen Zeitraum mit dem gleichen Thema befassen, ohne in tiefem Maße kognitiv aktiviert zu sein. Sie lernen den Stoff auswendig, der schrittweise vermittelt wird, und behalten ihn durch die kontinuierliche Präsentation im Unterricht über einen gewissen Zeitraum im Kurzzeitgedächtnis. Hört die Beschäftigung mit dem Themenfeld auf, werden die Inhalte vergessen, da sie nie richtig verankert waren (Wiliam 2018, S. 153; Anderson/Bjork/Bjork 1994). Auf diese Weise entsteht eine zyklische Wiederholung der Momente »erfassen – merken – prüfen – vergessen – wiederholen« (Mehta/Fine 2019, S. 199) immer wieder, wenn ein Themenfeld im Bildungsplan erscheint. Infolgedessen wird zwar viel Zeit der Lehrenden und Lernenden in Anspruch genommen. Diese führt jedoch kaum zu einem nachhaltigen, tiefgreifenden Verständnis von Inhalten (Mehta/Fine 2019, S. 199).

Beim Deeper Learning hört das Lernen nach einer ersten Phase des Aneignens von Wissen nicht auf. Durch die aktive und kreative Beschäftigung der Lernenden in Phase II und III machen die Schülerinnen und Schüler reale Erfahrungen. Sie arbeiten auf authentische Art mit dem Wissen, das sie sich angeeignet haben. Dies umfasst immer auch die Möglichkeit eines gelegentlichen Scheiterns (Martinez/McGrath 2014, S. 77). Um die Schülerinnen und Schüler als Novizen in ihrem Prozess des aktiven Erarbeitens und Erschaffens von authentischen Leistungen mit der Option des Scheiterns nicht allein zu lassen, stehen erfahrene Lehrkräfte ihnen – in einer ganz ähnlichen Rolle wie der Meister seinem Lehrling – mit Rat und Tat zur Seite. Dies ist insbesondere für schwächere Lernende essenziell, da diese durch die komplexe Auseinandersetzung mit fachlichen Inhalten bereits kognitiv herausgefordert sind. Die Kognitionspsychologie spricht hierbei von der mentalen Belastung (›cognitive load‹), die einen Teil des Arbeitsgedächtnisses bereits beansprucht (Sweller 2016) und die erforderliche Flexibilität und Offenheit für authentisches Arbeiten blockiert. Hilfestellungen durch Lehrkräfte können dies entlasten.

Auch andere Schülerinnen und Schüler können durch einen Vorsprung an Expertise eine unterstützende Rolle für ihre Mitschülerinnen und -schüler einnehmen (Mehta/Fine 2019, S. 365). Analog zum entwicklungspsychologischen Modell der Kompetenzstufenentwicklung (Oerter/Montada 2002) lässt sich der Weg zu Mastery folgendermaßen beschreiben: Erst sind Lernende unwissend inkompetent, dann wissend inkompetent, dann wissend kompetent und zuletzt auf der höchsten Stufe von Expertise und Mastery unwissend kompetent. Was ist damit gemeint? Erst auf der vierten Stufe wird die Kompetenz so zum Selbstläufer, dass die Lernenden nicht mehr darüber nachdenken und sich die Kompetenz quasi automatisiert. Dieser Zustand ist in der Schule kaum zu erreichen, aber im Sinne des lebenslangen Lernens sollten wir ihn vorbereiten und Freude auf dieses Niveau des tiefgreifenden Fachwissens machen.

Deutlich wird, dass Lehrkräfte tiefgreifendes Fachwissen bei ihren Schülerinnen und Schülern vor allem über Coaching, Scaffolding (passende Lerngerüste und Hilfestellungen) und formatives Feedback anbahnen können (vgl. Kapitel 5). Um das mit der notwendigen Urteilsfähigkeit zu tun, brauchen sie selbst fachliche Expertise und müssen zugleich den Habitus des Lernenden vorleben, sich also selbst noch als Lernende verstehen. Ohne tiefgreifendes Fachwissen fehlt dem Deeper Learning das Fundament. Kreativität und kritisches Denken sind ohne (fachliches) Wissen nicht möglich. Wenn Deeper Learning als Aufwärtsspirale zu verstehen ist, die zu komplexen Leistungen führt, dann reicht tiefgreifendes Fachwissen allein nicht aus. Es braucht auch den Motor, der das Lernen motivational antreibt. Nachhaltige Motivation und die Energie, die den Lernprozess am Laufen hält, entspringen aus dem zweiten großen pädagogischen Konzept des Deeper Learning: der Identität der Lernenden (Mehta/Fine 2019, S. 300).

Identität

Bedingt durch den Diskurs der Postmoderne brechen aktuelle Identitätstheorien radikal mit allen Vorstellungen von der Möglichkeit einer stabilen und gesicherten Identität (Zirfas 2010, S. 9; Gerstner/Wetz 2010). Identität wird nicht mehr als eine Art innerer Kern thematisiert, sondern als ein Prozess beständiger »alltäglicher Identitätsarbeit« (Höfer 2006, S. 59), als permanente Passungsarbeit zwischen inneren und äußeren Welten (Gerstner/Wetz 2010; Martschinke 2011). In diesem Sinne ermöglicht die Deeper Learning-Pädagogik Schülerinnen und Schülern eine aktive Arbeit an ihrer Identität.

Identität beschreibt insbesondere vor dem Hintergrund der gesellschaftlichen Transformationsprozesse des 21. Jahrhunderts ein dynamisch-prozesshaftes Geschehen, das im besten Fall zu einer kohärenten Selbstwahrnehmung der eigenen Persönlichkeit führt (Giddens 2013): Ein Individuum möchte sich in verschiedenen Handlungssituationen als »dieselbe« Person wahrnehmen (Nittel 2017). Identität ist demnach als ein »konzeptioneller Rahmen zu verstehen, innerhalb dessen eine Person ihre Erfahrungen interpretiert« (Keupp 2001, S. 29) und die auch die Grundlage bildet für die Persönlichkeitsentwicklung in der Schule. Als basale »Voraussetzungen für dieses Gefühl gelten soziale Anerkennung und Zugehörigkeit« (Keupp 2001, S. 29; Deci/Ryan 1993). Lernprozesse sind insbesondere beim Deeper Learning immer auch als Prozesse der Identitätsarbeit aufzufassen. Durch eine Vielzahl an Möglichkeiten sich in Deeper Learning-Einheiten tiefgehend mit Inhalten zu beschäftigen, die die Lernenden auch selbst mit ausgewählt haben, regt die Schule zur Identitätsentfaltung an, da eigene Interessen und Talente entdeckt werden können.

Wenn Menschen ihr Lernen als subjektiv bedeutungsvoll und relevant erleben, dann macht es ihnen – trotz der mit Lernen immer verbundenen Anstrengungen – Freude. Doch woran liegt das und wie lässt sich dieser Zusammenhang in der schulischen Bildung nutzen, um nicht nur mehr Freude, sondern auch eine höhere Lernmotivation und bessere Leistungen zu fördern? Die Antwort liegt in der Resonanz zwischen Lerninhalten und Lernprozessen einerseits und dem menschlichen Selbst andererseits (Rosa/Endres 2016). In der Studie von Jal Mehta und Sarah Fine (2019, S. 15) haben Lernende ihr Lernen als besonders motivierend und fesselnd beschrieben, wenn sie Facetten ihrer individuellen Persönlichkeit (Interessen, Wünsche, Bedürfnisse, Talente) in eine kohärente Verbindung mit den Denk- und Handlungsprozessen beim Lernen bringen konnten. Da war nicht nur das Gefühl, »das Lernen hat etwas mit mir zu tun«, sondern darüber hinaus, »das Lernen macht mich noch ein Stück mehr zu demjenigen oder derjenigen, die ich sein möchte«. Wenn dieser Effekt eintritt, wird das Lernen von der intrinsischen Motivation (Heckhausen/Heckhausen 2010) angetrieben, die wie ein Motor funktioniert. Lernen wird dann nicht mehr als Fremdkörper, sondern als ein Teil des Selbst wahrgenommen. Wissen ist nichts Fernes, mit der eigenen

Person Unverbundenes, sondern wird als wertvoll für die Entwicklung der eigenen Person eingeschätzt und erscheint dadurch relevant. Letztlich, das zeigt die Motivationsforschung immer wieder (Krapp 1999; Boerkaerts 2010; Heckhausen/Heckhausen 2010), ist es kaum möglich, sich substanziell mit etwas zu befassen, ohne sich dafür zu interessieren (Mehta/Fine 2019, S. 299). Interesse und Motivation sind entscheidend für nachhaltiges, »tiefes« Lernen. Damit Motivation entsteht, müssen Lernende sich mit dem Themenfeld oder der Aufgabenstellung identifizieren können. Wenn sie dann den Anspruch entwickeln, bei der Arbeit an ihre Leistungsgrenzen zu gehen, damit sie am Ende stolz auf das Erreichte sein können, dann hat Schule das Maximum erreicht: Es geht nicht mehr um die Note und um das, was andere Lehrkräfte, Eltern, Mitschülerinnen und -schüler denken, sondern um die Leistung selbst, die jetzt als Spiegel der Persönlichkeit des Lernenden zum eigenen subjektiven Wert für den Menschen wird. Schulen sind vor der Herausforderung, Heranwachsende für Lernprozesse zu motivieren, oft eingeknickt. Vor allem im Jugendalter sinkt die Motivation, an Schulen Leistung zu erbringen, bei vielen Jugendlichen auf erschreckende Weise (Robins/Trzesniewski 2005; Sliwka 2018). Mit Deeper Learning und anderen pädagogischen Innovationen stehen jetzt Ansätze zur Verfügung, die Schülerinnen und Schülern mehr Raum für eigene Entscheidungen im Einklang mit Interessen, Begabungen, Bedürfnissen und Wünschen geben – Raum zum Erkunden und auch Erfinden der eigenen Identität. Was bedeutet das genau?

Identität ist der Ort des sozialen Selbst, der Selbstwirksamkeit und auch der sozialen Wirkungsmacht (Wenger 1999, S. 207). Schülerinnen und Schüler bringen ihre Identität als Ressource in die Lernprozesse des Deeper Learning ein und können sie zugleich weiterentwickeln. Identität ist weder ein ausgereifter Kern der Persönlichkeit, der bereits von Anfang an existiert, noch ein Entwicklungsprozess, der nach einem bestimmten biologischen Muster abläuft, so wie das zum Beispiel beim Wachsen der Zähne in bestimmten Altersphasen der Fall ist. Identitätsentwicklung ist ein hochindividueller Prozess (Oerter/Montada 2002), für jeden Menschen so einzigartig wie sein Fingerabdruck. Identitätsentwicklung durch Bildung war viele Jahrhunderte lang ein Privileg der Wohlhabenden, eine ›Liberal Education‹ (Hoerner 1970), so wie zum Beispiel die der Gentlemen, der Söhne englischer Adelsfamilien. Während Bauern- und Arbeiterkinder in den Fertigkeiten für Arbeitsprozesse auf dem Feld und in der Fabrik unterwiesen wurden, genossen sie das seltene Privileg, durch das Lesen von Büchern, die Konversation in Salons und Lesegesellschaften, künstlerische Aktivitäten und Reisen an ihrer persönlichen Identität zu arbeiten. Im Laufe der Geschichte haben immer mehr Menschen den Zugang zu einer Bildung erhalten, die Identitäts- und Persönlichkeitsentwicklung zum Ziel hat (Heinze 1990). Heute ist es sogar so, dass im Kultivieren von Begabungen und Interessen von Kindern und Jugendlichen ein potenzieller Weg nicht nur zu einem erfüllenden Beruf, sondern auch zu persönlicher Lebenszufriedenheit gesehen wird (Neubauer 2018, S. 23). Doch noch immer können sich nicht alle Eltern den Luxus leisten, nach Schulen Ausschau zu halten, die ihrem Kind explizit die Perspektive auf Persönlichkeitsentwicklung eröffnen. Mit mehr Deeper Learning an Schulen geht daher auch die Hoffnung einher, das Konzept der Persönlichkeitsentwicklung zu »entprivilegieren«. Identitätsentwicklung im Sinne von individueller Persönlichkeitsentwicklung soll auch Kindern und Jugendlichen aus Familien ermöglicht werden, die nicht das Konzept der ›concerted cultivation‹ (Lareau 2003), das heißt ein abgestimmtes Passungsverhältnis von schulischer Umwelt und elterlichem Verhalten pflegen können.

Als sozialer Ort bietet die Schule im Grunde ideale Möglichkeiten zur Entwicklung von Identität. Doch viel zu sehr hat sie Menschen in der Vergangenheit im Gleichschritt durch ein fast vollständig fremdbestimmtes Programm geleitet. Die Arbeit an der Identität ist ein sozialer Prozess, denn der Mensch entwickelt sich in Auseinandersetzung mit anderen Menschen – darunter viele, die vor ihm in einer anderen Zeit gelebt haben und ihm ihr Denken, ihre Forschungsergebnisse, ihre Kunst, ihre Musik, kurzum ein kulturelles Erbe hinterlassen haben. Der Begriff der Identität dient als Drehscheibe zwischen dem Sozialen und dem Individuellen, zwei Dimensionen, die sich wechselseitig bedingen. Es ist daher ebenso irreführend, Identitäten als kollektiv zu betrachten wie sie als rein individuell zu verstehen (Wenger 1999, S. 145 f.).

Deeper Learning-Einheiten schaffen einen Rahmen, in dem die kollektive Seite der Identitätsentwicklung und ihre individuelle Seite eine Symbiose eingehen und sich wechselseitig stärken. Deeper Learning bietet Raum für das Gemeinsame, zum Beispiel durch den verbindenden thematischen Rahmen einer Deeper Learning-Sequenz, die Möglichkeit in Teams zu arbeiten und die Sichtbarkeit des Tuns der jeweils anderen Schülerinnen und Schüler. Zugleich bietet Deeper Learning abgesicherte Räume für das Individuelle des Lernens, zum Beispiel durch die Personalisierung der medial gestützten Wege der Wissensaneignung in Phase I oder auch durch das Prinzip von Voice und Choice in den Phasen II und III. Beide Aspekte, Personalisierung sowie Voice und Choice, sollen im Folgenden kurz erläutert werden.

Personalisierung

Personalisiertes Lernen ist als »pädagogisch-didaktischer Begriff [in Deutschland] bislang noch wenig geläufig« (Schaumburg 2021, S. 385) und auch international gibt es keine eindeutige Definition (Stebler/Pauli/Reusser 2021, S. 401; Mincu 2012; Redding 2016). Die Ausrichtung des personalisierten Lernens lässt sich allgemein beschreiben als »eine optimale partizipativ erzielte Passung zwischen Lernangeboten und individuellen Nutzungsmöglichkeiten [, die] maßgeschneiderte Lernerfahrungen […] ermöglicht« (Stebler/Pauli/Reusser 2021, S. 403). Das Konzept des personalisierten Lernens umfasst unterschiedliche Ansatzpunkte der in der deutschen Diskussion schon seit längerem thematisierten Konzepte, wie Individualisierung (Posch 2019), individuelle Förderung (Dumont 2019), Binnendifferenzierung (Reusser/Pauli/Stebler 2018) oder selbstgesteuertes Lernen (Weinert 1982). Es geht aber gleichzeitig deutlich darüber hinaus, was sich vor allem in der bewussten Integration unterschiedlicher digitaler Möglichkeiten zeigt (Bray/McClaskey 2015b). Für personalisiertes Lernen bietet beispielsweise die Nutzung intelligenter Lernmanagementsysteme, digitaler Lernmedien und -materialien in unterschiedlichen Schwierigkeitsstufen oder auch die zeitliche Entkoppelung von Lernangeboten und Unterrichtszeiten besondere Chancen (Schaumburg 2021, S. 386 f.).

Personalisiertes Lernen gilt als besonders einflussreich, wenn »individualisiertes Lernen mit Phasen gemeinsamen Unterrichts sowie unterschiedlichen Formen kooperativen Lernens verbunden wird« (Schaumburg 2021, S. 397; Holmes et al. 2018). Deeper Learning kann damit als hochgradig personalisiert angesehen werden: In der ersten Phase eignen sich die Schülerinnen und Schüler auf ihrem jeweiligen Niveau fachliches Wissen und zentrale Konzepte eines Themas an. In der sich anschließenden Phase arbeiten die Lernenden kooperativ und ko-konstruktiv an eigenen Schwerpunkten. Dabei ermöglicht die Digitalisierung eine Entkoppelung von Arbeitszeit und formativen Rückmeldungen von den Präsenzstunden vor Ort in der Schule. Über das Lernmanagementsystem können die Lehrkräfte jederzeit individuelle Rückmeldungen geben und in den Dialog treten.

Das Deeper Learning findet sich damit in einer Ausprägung der Personalisierung, bei der eine offene Lernumgebung genutzt wird, »in [der] die Selbstbestimmung der Lernenden im Zentrum steht« (Schaumburg 2021, S. 389; Basham et al. 2016; Sebba et al. 2007). Personalisierung bedeutet in diesem Zusammenhang, dass die Lernenden eine »möglichst weitreichende Wahlfreiheit und Mitbestimmungsmöglichkeiten […] hinsichtlich inhaltlicher, didaktisch-methodischer und sozialer Aspekte ihres Lernens« (Schaumburg 2021, S. 389; Pane et al. 2015; Basham et al. 2016) erhalten. Diese Wahlmöglichkeiten kombiniert mit der Mitbestimmung der Lernenden ist Kern des Prinzips von Voice und Choice (Green et al. 2005; Bray/McClaskey 2015b; 2017).

Voice und Choice

Voice und Choice unterstreicht eine pädagogische Haltung, die Lernende in die Lage versetzt, durch eine altersangemessene Partizipation und eigene Entscheidungen zu Akteuren ihres Lernens zu werden (Toshalis/Nakkula 2012, S. 31; Mitra 2007, S. 727; Mitra/Gross 2009, S. 530). Es ist Grundvoraussetzung für das Gelingen von Deeper Learning (Klopsch/Sliwka im Erscheinen).

Die Anforderung, sich selbst aktiv in den Lernprozess einzubringen und selbstständig Aufgaben auszuwählen, ergibt sich im Deeper Learning hauptsächlich in Phasen der Zusammenarbeit. Die Bedeutsamkeit dieses Vorgehens belegen mehreren Studien (Klopsch/Sliwka im Erscheinen): Das Gefühl, für das Einbringen von Sichtweisen und Arbeitsengagement wertgeschätzt und respektiert zu werden, kann sich zu einem starken Zugehörigkeitsgefühl entwickeln (Mitra 2009). Die Option, Entscheidungen im und für den Lernprozess treffen zu können, hat direkten Einfluss auf Lernleistungen und Lernerfolg (Toshalis/Nakkula 2012). Je mehr Möglichkeiten eine Lehrkraft den Schülerinnen und Schülern zum Erleben ihrer Autonomie gibt, desto wahrscheinlicher wird ein Anstieg von Motivation und Engagement (Toshalis/Nakkula 2012).

Nur wenn Lehrpersonen davon Abstand nehmen, Lernprozesse kleinschrittig zu steuern, kann Lernen als Prozess der Entwicklung einer eigenen Identität empfunden werden (Larmer 2016). Dies bedeutet nicht, dass Lernprozesse im Unterricht willkürlich zugelassen werden und zufällig erfolgen. Sie müssen geplant, zielgerichtet eingesetzt und situationsbedingt begründet werden (Morrison 2008). Bei aller Freiheit gilt, dass nicht alles verhandelbar ist. So wie Erwachsene in der Arbeitswelt Termine einhalten müssen und sich nicht immer aussuchen können, mit wem sie wann zusammenarbeiten, so sind auch Schülerinnen und Schüler nicht in allem frei (Klopsch/Sliwka im Erscheinen). Der zeitliche Rahmen eines Projekts mit festen Terminen ist beispielsweise nicht veränderbar. Für entscheidende inhaltliche und methodische Aspekte sollte jedoch die Stimme der Lernenden den Ausschlag geben. Es geht also darum, Strukturen zu schaffen, die den Schülerinnen und Schülern in entscheidenden Punkten des Lernens Voice und Choice ermöglichen (Hobday 2012).

Eigene Entscheidungen im Unterricht zu treffen (Choice) kann sehr vielschichtig sein und sich auf unterschiedliche Perspektiven beziehen. Die Entscheidungsfreiheit liegt in einem Kontinuum von einer sehr lehrendenzentrierten Vorgehensweise bis hin zur umfassenden Schülerorientierung (vgl. Abb. 7). Wichtig ist eine Differenzierung auf der Basis des Vorwissens und der Fähigkeit zur Selbstregulation, um allen Lernenden gerecht zu werden. Die Lehrkraft muss einschätzen, welche Schülerinnen und Schüler sie bei der Entscheidungsfindung gezielt und engmaschig unterstützen muss (linke Seite des Kontinuums) und welche sie frei arbeiten lassen kann (rechte Seite des Kontinuums). Die entsprechenden Entscheidungsspielräume lassen sich schrittweise erweitern, um die Lernenden graduell an die Selbstregulation heranzuführen.

Eigenen Stärken und Schwächen Ausdruck zu verleihen und sich selbstbewusst und eigenständig der eigenen Entwicklung zu widmen, führt dazu, Lernprozesse eigenständig eingehen zu können und zum Erfolg zu führen (Klopsch/Sliwka im Erscheinen). Dies beschreibt die Auseinandersetzung mit Voice. Genau wie bei der Wahlfreiheit (Choice) erfordert auch Voice, die Lernenden in ihrer Individualität wahrzunehmen, um sie nicht zu überfordern, sondern gezielt darin zu begleiten, selbstbewusste Lernende zu werden (vgl. Abb. 8).

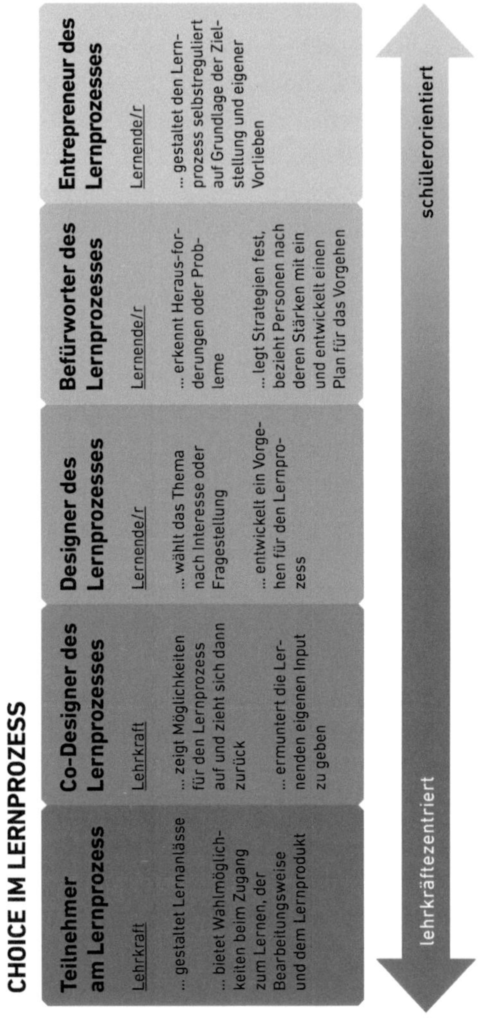

Abb. 7: *Wahlfreiheit im Lernprozess ermöglichen (nach Bray/McClaskey 2015a)*

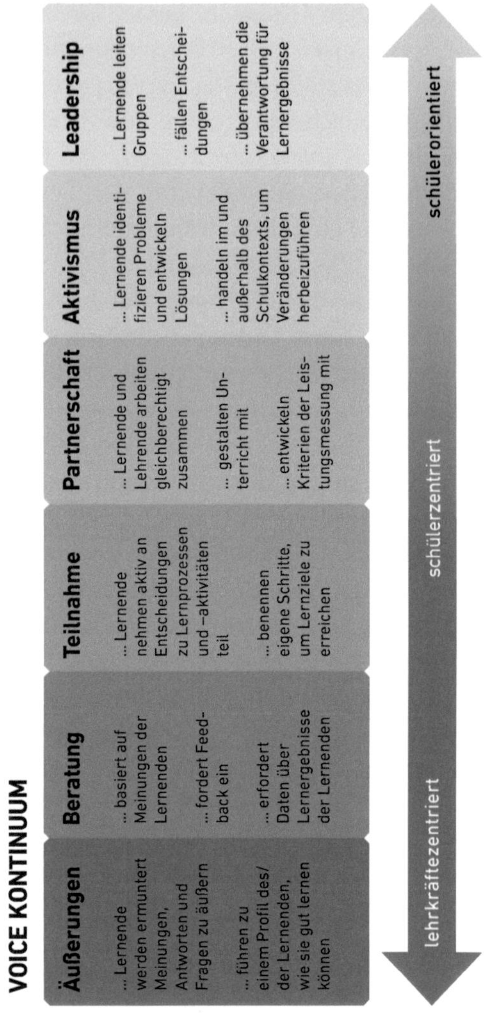

Abb. 8: *Die eigene Stimme im Lernprozess finden (nach Bray/McClaskey 2016)*

Traditionell beschränkt sich Voice im Unterricht auf die Möglichkeit, als Schülerin oder Schüler die eigene Meinung zu vertreten (Toshalis/Nakkula 2012). Ausgangspunkt des Einbeziehens der Lernenden ist hier, nicht für oder über Schülerinnen und Schüler zu sprechen, sondern mit ihnen (Cook-Sather 2006, S. 6ff.). Die maximal schülerzentrierte Ausprägung von Voice, das Leadership der Schülerinnnen und Schüler, bei dem diese nicht nur Entscheidungen treffen, sondern ihre Lernprozesse in Eigenregie führen (Mitra 2006, S. 10), ist demgegenüber sehr selten zu finden. Je mehr das Handeln im Unterricht von der Lehrkraftzentrierung zur Schülerorientierung verschoben wird, desto mehr wächst der Einfluss der Lernenden. Ihre Verantwortung steigt und Entscheidungen bezüglich des Lernens werden ihnen stärker übertragen. Gleichzeitig müssen die Lehrenden den Schülerinnen und Schülern mehr vertrauen, wenn Voice und Choice erfolgreich sein soll (Toshalis/Nakkula 2012, S. 30; Philips 2019).

Für Lernprozesse in Deeper Learning-Unterrichtssequenzen kann Voice und Choice als Antrieb dienen. Es fördert Kompetenzerleben, Autonomie und emotionale Zugehörigkeit und legt damit die Grundlagen für eine selbstbestimmte Lernmotivation (Deci/Ryan 1993) und die Entwicklung der Identität.

Identität entwickelt sich im Lernprozess sowohl durch das eigene Aneignen, Tun, Erschaffen und Reflektieren als auch durch die Möglichkeit, mit anderen Schülerinnen und Schülern zusammenzuarbeiten und das wahrzunehmen, was andere sich aneignen, tun und erschaffen. Die »eigene« Identität im Lernprozess durch Voice und Choice herauszuarbeiten wird zu einer Ressource, die Lernende befähigen soll, in einer komplexen Zukunft mit einem Kompass in der Hand zu navigieren (Mehta/Fine 2015b, S. 3). Denn zu den vielschichtigen Lernprozessen im Verlauf von Deeper Learning-Sequenzen gehört auch dazu, flexibel zu sein und doch sein Ziel im Blick zu halten, Mehrdeutigkeit auszuhalten, Frustrationstoleranz zu entwickeln, seine Zeit gut zu managen und Enttäuschungen sowie Triumphe zu akzeptieren (Mehta/Fine 2012, S. 34). Bildlich gesprochen entwickeln sich Schülerinnen und Schüler idealerweise aus Teilnehmenden an der Peripherie von Unterricht zu Kapitäninnen und Kapitänen des eigenen Lernens mit dem Steuer fest in der Hand, auch wenn Stürme und Klippen auftauchen.

Identität entwickelt sich dabei im Zusammenspiel von Erfahrung und ihrer sozialen Interpretation. Nicht alles, was den Schülerinnen und Schülern im Prozess des Deeper Learning begegnet, wird subjektiv für sie bedeutsam, doch zentrale pädagogische Elemente des Deeper Learning geben ihnen Handlungsmöglichkeiten an die Hand, die die subjektive Bedeutung des Lernens stärken. Durch Voice und Choice können die Schülerinnen und Schüler im Prozess des Lernens eigene Entscheidungen treffen: in Phase I beispielweise die Entscheidung, auf welchem Schwierigkeitsgrad sie sich einem Thema nähern möchten; in Phase II, mit wem sie woran arbeiten möchten, um in Phase III eine authentische Leistung vorzulegen, die das widerspiegelt, was in ihrer Persönlichkeit an Potenzial steckt.

Leistungsbewertung ist beim Deeper Learning nicht die traditionelle »Einbahnstraße« des Notengebens durch Lehrkräfte und Empfangens durch Schülerinnen und Schüler. Formatives Feedback ersetzt die Logik des summativen Bewertens (Black/Wiliam 1998; vgl. Kapitel 5). Es ist immer dialogisch gedacht und gibt den Lernenden Raum, sich selbst einzuschätzen und Fremdeinschätzungen zu hinterfragen. Identität entsteht dabei im Spannungs- und Aushandlungsverhältnis zwischen dem individuellen Engagement der Schülerinnen und Schüler und verschiedenen Formen der Zugehörigkeit (Wenger 1999, S. 188). Identität wird so zum Treibstoff des Deeper Learning, denn letztlich ist es unmöglich, etwas tiefgreifend zu lernen, ohne sich damit zu identifizieren (Mehta/Fine 2019, S. 299). Wenn Schülerinnen und Schüler in der Lage sind, sich Wissen und Fertigkeiten anzueignen und diese beherrschen (Mastery), und wenn sie durch Voice und Choice eine persönliche Verbindung zum Gegenstand des Lernens herstellen (Identität), dann befinden sie sich an einem Punkt, an dem es möglich wird, sich etwas Neues nicht nur vorzustellen, sondern es auch zu erschaffen – durch Kreativität (Mehta/Fine 2019, S. 366).

Kreativität

Kreativität gilt im 21. Jahrhundert als Schlüsselqualifikation (Vollmer 2020, S. 3). Sie beschreibt den Wandel vom passiven Empfangen des gesammelten Wissens über ein Wissensgebiet hin zur Fähigkeit, innerhalb dieses Feldes aktiv zu handeln bzw. etwas Schöpferisches zu tun (Metha/Fine 2015b, S. 6; 2019, S. 16; Guilford 1968). Kreativität ist eine Grundfähigkeit, die mit menschlicher Intelligenz einhergeht (Baer/Kaufman 2005, S.169; National Advisory Committee on Creative and Cultural Education (NACCCE) 1999, S. 37; Urban 2004). Sie kann in allen Bereichen des menschlichen Lebens vorkommen, in Kunst und Kultur, in Handwerk und Wissenschaft, in Arbeitsprozessen unterschiedlichster Firmen, aber eben auch dort, wo Kinder beim Spielen die Freiheit haben, Dinge selbst zu entscheiden (NACCCE 1999, S. 6). Wenn sie die Möglichkeit dazu erhalten, können alle Menschen kreativ sein, in unterschiedlichem Maße und in ganz unterschiedlichen Bereichen (Agars/Kaufman/Locke 2008; Kaufman/Beghetto 2009; Richards et al. 1988).

In seinem weltberühmten und von über 60 Millionen Menschen digital abgerufenen TED-Talk ›Do schools kill creativity?‹ forderte der inzwischen verstorbene britische Wissenschaftler Sir Ken Robinson, der Entwicklung von Kreativität an Schulen ähnlich viel Raum zu geben wie dem Erlernen der basalen Kulturtechniken, das heißt Lesen, Schreiben und Rechnen (Robinson 2006). Um die Gesellschaft weiterentwickeln und mitgestalten zu können, sei die Förderung von Kreativität ausschlaggebend und nicht die Erziehung des Menschen zu einem in der Gesellschaft funktionierenden Wesen, wie dies in vielen Schulreformen verfolgt wird (Robinson 2011; Robinson/Aronica 2015), die sich intensiv mit der Aneignung von Basiskompetenzen und der bloßen Rezeption von Wissen beschäftigen (Mehta/Fine 2015b, S. 2; Vollmer 2020, S. 46). Die Entfaltung und Entwicklung von Kreativität ist für die menschliche Entwicklung kein herausfordernder Lernschritt. Sie kann unmittelbar an das Kleinkindalter anschließen. Kleinkinder zeigen im freien Spiel deutlich, welches kreative Potenzial den Menschen innewohnt. Sie probieren sich angstfrei aus, machen dabei Fehler und nutzen diese auf individuelle Weise im weiteren Prozess als Lernanlass. Viele Schulen bremsen diese kreative individuelle Entfaltung (Robinson 2006; Torrance 1968; Kreienbaum/Urbaniak 2006). Dies liegt unter anderem daran, dass Fehler an Schulen sanktioniert werden, sodass Kinder und Jugendliche den Mut verlieren, frei zu denken und Dinge zu probieren, auch wenn diese möglicherweise nicht funktionieren: »If you're not prepared to be wrong, you'll never come up with anything original. And by the time they get to be adults, most kids have lost that capacity. They have become frightened of being wrong«, sagte Ken Robinson (2006).

Kreativität zu entwickeln und kreative Herangehensweisen an Fragestellungen, Probleme oder Herausforderungen heranzutragen, ist wichtig, nicht nur um individuelle Lernprozesse zu unterstützen, sondern auch um im Berufsleben der heutigen Wissensgesellschaft zu bestehen (Robinson 2006; Kreienbaum/Urbaniak 2006) oder gar das Überleben der Menschheit zu sichern (Craft/Jeffrey/Leibling 2001, S. 18; Robinson 2011). Die digitale Technologie kann dabei sowohl als Werkzeug (Grant/Basye 2014) als auch als Zugang zum Wissen dieser Welt (Robinson 2006) genutzt werden. Sie weitet potenzielle Denk- und Handlungsräume aus und damit auch die Vielzahl an Inspirationen, die das kreative Denken und Handeln befruchten (Robinson 2006; Schaumburg/Prasse 2019; Moyer-Packenhamm/Westenskow 2013). Doch wie genau lässt sich Kreativität fassen?

Der Ausgangspunkt der Kreativität liegt auf der Ebene des Individuums im Zusammenspiel von unterschiedlichen Teilbereichen (Amabile 1996; Beghetto 2010, S. 452f., QCA 2004, S. 19). Diese sind zunächst fachspezifische Fähigkeiten, wie Wissen, technische bzw. praktische Fähigkeiten und fachbezogene Begabungen. Hinzu kommt die Motivation, sich mit der entsprechenden Aufgabe bzw. dem Fachgebiet auseinanderzusetzen, sowie sogenannte »kreativitätsrelevante Kompetenzen« (Kaufmann/Beghetto 2009, S. 3; Sternberg/Lubart 1991). Hierzu gehört die Ambiguitätstoleranz, Selbstdisziplin, die Bereitschaft Risiken einzugehen, Durchhaltevermögen bei auftretenden Herausforderungen und die Freude, sich auf unterschiedliche Art und Weise auszudrücken.

Ausgehend von diesen Einstellungen, Kompetenzen und Fähigkeiten wird Kreativität definiert als »das Zusammenwirken von Fähigkeiten, Prozess und Umgebung, durch die ein Individuum oder eine Gruppe ein wahrnehmbares Produkt entwickelt, das gleichermaßen neuartig und nützlich in einem definierten sozialen Kontext ist« (Plucker et al. 2004, S. 90, Übersetzung durch die Autorinnen). Kreativität ist folglich kein ausschließlich individueller Prozess, sondern eingebettet in einen fachlichen, sozialen und kulturellen Kontext (Lindström 2006, S. 63), der durch die Umwelt der beteiligten Personen gerahmt und unterstützt wird. Eine kreative Leistung einer Person ist damit nicht gleichzusetzen mit der kreativen Leistung einer anderen Person, sondern muss individuell betrachtet werden. So kann die kreative Leistung anerkannter Genies wie beispielsweise Albert Einstein, Marie Curie, Virgina Woolf oder Charles Darwin nicht im direkten Vergleich mit der kreativen Leistung eines Kleinkindes stehen, das sich ein neues Lebensfeld erschließt – wenngleich beides höchst kreativ und im Kontext äußerst relevant sein kann.

Zur Kategorisierung unterschiedlicher Ausprägungen von Kreativität und deren Entwicklung im schulischen Kontext soll im Folgenden das 4K-Modell der Kreativität (Kaufman/Beghetto 2009) herangezogen werden (vgl. Abb. 9).

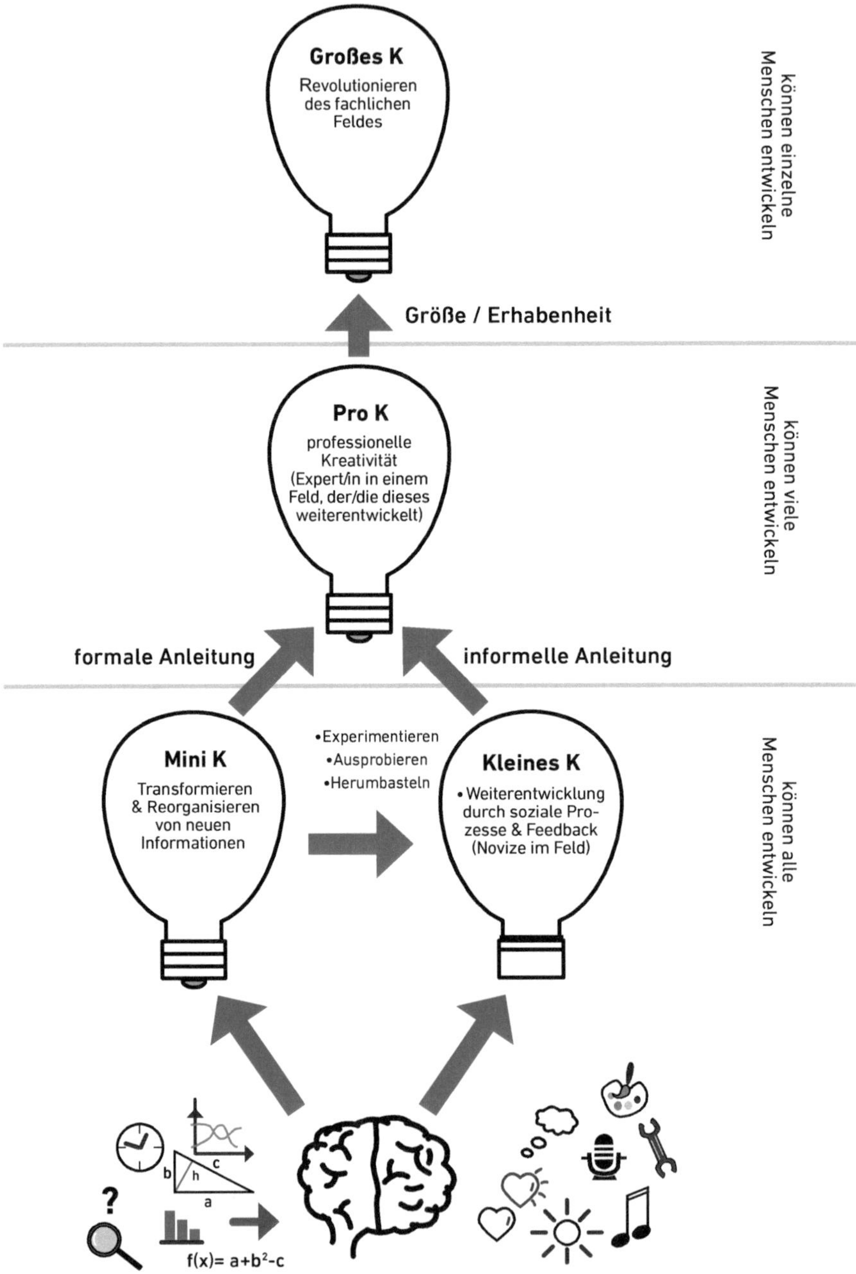

Abb. 9: *Vom »mini k« zum »großen K«*

Die kreative Leistung des bzw. der Einzelnen beginnt dabei mit der kleinsten Ausprägung der Kreativität, dem »mini k« (Kaufman/Beghetto 2009, S. 2). Das »mini k« umfasst persönliche, individuelle (Vykotsky 1967; Runco 2004; Niu/Sternberg 2006) wie auch entwicklungsbezogene Aspekte (Cohen 1989; Beghetto/Plucker 2006) der Kreativität. Es lässt sich definieren als ein dynamischer Prozess, der neuartige und persönlich sinnvolle Interpretationen von Erfahrungen, Handlungen, Erkenntnissen und Ereignissen hervorbringt (Kaufmann/Beghetto 2007; 2009). Neue Information wird dabei transformiert und in bestehende Wissensstrukturen integriert bzw. diese reorganisiert (Moran/John-Steiner 2003, S. 63). Dabei ist nicht entscheidend, ob das dabei Entstehende als tatsächliches Produkt oder als mentales oder emotionales Konstrukt der Person, die es entwickelt hat, erscheint (Vygotsky 1967).

Im schulischen Kontext entsteht »mini k«, wenn die Schülerinnen und Schüler neues Wissen bewusst aufnehmen, ihre mentalen Modelle in bestimmten Wissensbereichen integrieren und diese dadurch auch verändern. Lernen, das über das reine Auswendiglernen hinausgeht, kann damit schon in Ansätzen kreativ sein. Unterschiedliche Studien zeigen, dass Kreativität bereits auf dieser Stufe in Schulen angeregt werden kann: Wenn Schülerinnen und Schüler auf Themenfelder neugierig gemacht werden, eigene Entscheidungen treffen dürfen, Dinge erforschen und ausprobieren dürfen und mit ihren Meinungen respektiert werden, entsteht die Offenheit, kreativ mit Wissen umzugehen (Harrington/Block/Block 1987; Kaufman/Beghetto 2009). Im Prozess des Deeper Learning ist das »mini k« hauptsächlich in der Instruktions- und Aneignungsphase (Phase I) (vgl. Kapitel 4.2.) zu verorten, wenngleich es auch in der ko-konstruktiven und ko-kreativen Phase (Phase II) (Kapitel 4.3.) bei leistungsschwächeren und zurückhaltenden Schülerinnen und Schülern sichtbar wird.

Die aktiv handelnde Auseinandersetzung mit vorhandenem (neu kreativ entwickeltem) Wissen führt zur zweiten Ausprägungsstufe der Kreativität. Sie wird als »kleines k« beschrieben (Kaufman/Beghetto 2009). Die kreative Schaffenskraft und die Entwicklung von Neuem oder das Kombinieren von bereits Bekanntem zeigt sich nun in der Erarbeitung eines Produkts oder auch einer Performanz (Dubs 2009, S. 213; QCA 2004, S. 8). Die Stufe des »kleinen k« lässt sich mit dem Entwicklungsstand eines Novizen vergleichen (vgl. Kapitel 3.2) und wird auch als »Alltagskreativität« (Richards 1990) bezeichnet. Auf dieser Stufe wird die Kreativität einzelner Personen oder Gruppen sichtbar. Die fachlich-analytische Leistung tritt in der Wahrnehmung dabei eher in den Hintergrund, während Eigenschaften wie die Unkonventionalität der Herangehensweise, die Verbindung von Altem mit Neuem, fantasievolles Imaginieren neuer Realitäten, Flexibilität und Schönheit der Darstellung in den Vordergrund treten (Niu/Sternberg 2002; Robinson/Aronica 2015, S. 18), ohne eine gewisse Zielrichtung und Zielorientierung zu vernachlässigen. Im Alltag zeigt sich diese Form der Kreativität beispielsweise, wenn Menschen ohne Rezept kochen.

Im schulischen Kontext findet Kreativität auch auf dieser Stufe häufig noch in der individuellen Auseinandersetzung statt, wenngleich die kreative Leistung durch soziale Prozesse (beispielsweise Peer-Feedback oder Zusammenarbeit an Themen) und Reflexionen an Gehalt gewinnen kann (Moran/Joh-Steiner 2003). Ko-Kreation gilt als noch häufig ungenutzte Ressource im schulischen Lernen (Burow 2015; Sawyer 2007), auch wenn sie dazu beiträgt, dass »in kreativer Zusammenarbeit [...] Potenziale entfaltet [werden]; Stärken und Schwächen [einander] ergänzen [...] und [...] zu ungeahnten Ergebnissen« (Vollmer 2020, S. 2) führen.

Hier setzt das Deeper Learning an, indem die Schülerinnen und Schüler bewusst Zeit für kreatives Handeln erhalten. Sie können ihre besonderen Interessen und Talente entdecken, vertiefen und in den gemeinsamen Prozess einspeisen (QCA 2004, S. 9). Quelle des kreativen Handelns ist das Wissen, das sich die Lernenden jeweils situativ passend aneignen. Wenn es den Schülerinnen und Schülern dabei gelingt, ungewöhnliche Verknüpfungen zwischen den Dingen herzustellen und querzudenken (QCA 2004, S. 10; Urban 2004), Forschungs- und Gestaltungspotenziale zu erkennen (Vollmer 2020, S. 330; QCA 2004, S. 11), mit Unsicherheit und Ambivalenz produktiv umzugehen (QCA 2004, S. 12; Amabile 1996) und ihre eigene Arbeit nicht nur auf Qualität, sondern auch auf Originalität hin zu prüfen (QCA 2004, S. 13; Martindale 1999), lernen sie kreativer und im Sinne eines Deeper Learning eben auch tiefer.

Ein einfaches Beispiel des »kleinen k« im schulischen Alltag wäre, wenn Schülerinnen und Schüler eigene Gedichte schreiben. Diese können im schulischen Kontext als sehr kreativ wahrgenommen werden und dort sogar mit einem Preis ausgezeichnet werden. In einem Gedichtwettbewerb außerhalb der Schule würde das ausgezeichnete Gedicht unter Umständen als nicht sehr kreativ angesehen werden (Richards 2010). Hier zeigt sich der Unterschied zur nächsten Stufe, dem »Pro K« (Kaufmann/Beghetto 2009), das als »professionelle Kreativität« bezeichnet wird. Kreativität wird nun als Ausprägung auf der Ebene von Expertinnen und Experten sichtbar. Wenngleich sich auf dieser Stufe in der Regel nur Personen im beruflichen Kontext befinden, die dort schon eine längere Zeit tätig sind, können auch einzelne besonders interessierte und begabte Personen außerhalb des jeweiligen Berufsstandes hinzukommen. Dies betrifft beispielsweise Schülerinnen und Schüler, die bereits Fachexpertinnen und -experten in einem bestimmten Gebiet sind und Erkenntnisse entwickeln, die auch in Fachkreisen wahrgenommen werden. Gleichermaßen könnten sich hier Personen finden, die passioniert einem Hobby nachgehen und sich dort herausragende Expertise angeeignet haben.

In der Regel basiert »Pro K« jedoch auf einer formalen Ausbildung und führt zu einem soliden professionellen und kreativen Beitrag im entsprechenden thematischen Feld (Sternberg/Lubart 1991). Dieser Beitrag lässt sich in einem Kontinuum ansiedeln, das nach der »Antriebstheorie kreativer Beiträge« (Sternberg/Kaufman/Pretz 2004) die folgenden sieben Schritte umfasst (Sternberg/Kaufman/Pretz 2004, S. 79):

1) Reproduzieren und Stärken des vorhandenen fachlichen Feldes
2) Neudefinieren des Feldes, indem neue Perspektiven einbezogen werden
3) Voranschreiten in einem Teilbereich des Feldes
4) Voranschreiten in mehreren Teilbereichen des Feldes
5) Umleiten des Feldes in neue Richtungen
6) Anstoßen, das fachliche Feld in ein neues Feld zu überführen
7) Integrieren zweier Themenfelder in ein Neues.

Wenngleich schulisches Lernen in »Pro K« nicht angesiedelt ist, kann es bei Deeper Learning dennoch auftreten, da hier die Leistung nicht gedeckelt wird (vgl. Kapitel 4). Schülerinnen und Schüler mit bereits tiefem Fachwissen und praktischen Fähigkeiten können im Zusammenhang mit Deeper Learning das fachliche Feld reproduzieren, stärken und in Bereichen eventuell sogar durch neue Perspektiven erweitern.

Lediglich die höchste Ausprägung der Kreativität, das »große K« (Kaufman/Beghetto 2009), kann von Schülerinnen und Schülern wie auch von fast allen Expertinnen und Experten im Berufsleben nicht erreicht werden. Das »große K« verdeutlicht die kreative Leistung einzelner Persönlichkeiten, die ihr berufliches Feld revolutioniert haben. Ihre Leistung wird nicht innerhalb einer kurzen Zeit erreicht, sondern umfasst oftmals Zeitabschnitte, die über ein Jahrzehnt hinaus gehen. Beispiele wären hier Hannah Arendt, Leonardo da Vinci oder auch Johann Wolfgang von Goethe.

Forschungsbefunde zeigen, dass die pädagogische Entwicklung von Kreativität Rückenwind dadurch erhält, dass kreatives Denken und Schaffen explizit als Wert schulischer Bildung gesehen und kommuniziert werden (QCA 2004, S. 19; KMK 2016). In den nordischen Schulsystemen Norwegens, Dänemarks und Schwedens ist dies bereits der Fall. So gelten zum Beispiel in Schweden die Stimulierung von Kreativität und Neugierde sowie die Ermutigung, kreative Ideen in die Tat umzusetzen, als offizielle Bildungsziele (Skolverket 2018, S. 8). Dahinter steckt auch die demokratische Vorstellung, dass Kreativität kein Elitenprojekt ist, sondern dass alle Schulen Orte zur Förderung von Kreativität sein können (Shaheen 2010, S. 167). Ausschlaggebend dafür könnte sein, dass sich Lehrkräfte über unterschiedliche Ausprägungsformen der Kreativität klar werden und diese gezielt anleiten und zulassen. Der Wert der kreativen Auseinandersetzung liegt dabei nicht nur in dem handelnden Umgang und der damit verbundenen vertieften Wissensaneignung, sondern auch darin, dass durchschnittlich begabte Personen – in der für sie passenden Umgebung – zu herausragenden Leistungen beitragen können: »Personen mit bescheidenen schulischen Leistungen, häufig auch Schulabbrecherinnen und -abbrecher, können zu überragenden Leistungen in der Lage sind, wenn es ihnen gelingt, passende Partnerinnen und Partner mit unterschiedlichen Fähigkeiten zu finden, die einander in kreativer Konkurrenz herausfordern und sich synergetisch ergänzen« (Burow 2017, S. 29). Entscheidend dafür ist das soziale Umfeld, in dem eine Leistung zustande kommt (Plucker et al. 2004). Dieses kann als »kreatives Feld« (Burow 1999, o. S.) wirken und dazu beitragen, dass individuelle Anregungen, Ideen und Wissen zusammengefasst und zu einem kreativen Ergebnis geführt werden, zu dem eine einzelne Person nicht in der Lage gewesen wäre. Der Lernforscher Keith Sawyer (2007) nennt dies ›Group Genius‹ (Gruppengenialität).

Vor allem Kindern und Jugendlichen aus sozio-ökonomisch benachteiligten Familien sowie bildungsfernen Familien bleibt kreativitätsfördernde Bildung häufig verwehrt – sei es aus Kostengründen, außerschulische kreative Angebote wahrzunehmen, oder der Unwissenheit über die Wichtigkeit der Gestaltung kreativitätsanregender häuslicher Umwelten (Baer/Kaufman 2005, S. 160). Gerade diese Schülerinnen und Schüler können in ihrem Selbstwertgefühl enorm davon profitieren, in einem kreativen Feld tätig zu werden und die kreative Seite ihrer Identität zu entwickeln, denn sie eröffnet ihnen auch jenseits der Schule Möglichkeiten, ihre Anliegen gesellschaftlich sichtbar zu machen und ihre Persönlichkeit voll zu entwickeln (NACCCE 1999, S. 6; QCA 2004, S. 9).

Kreativität ist nicht nur die Quelle von Kultur, sondern auch ein Schlüssel zum Lösen von Problemen und zum Schaffen des Neuen in Bildung, Wissenschaft, Wirtschaft und Verwaltung. Wenn Kinder und Jugendliche in ihren schulischen Lernprozessen nichts selbst entscheiden dürfen, fehlt der Raum für kreatives Ausprobieren und Handeln. Nur durch Voice und Choice (Bray/McClaskey 2015; 2016) können sie Agency erleben – sitzen also selbst am Steuerrad ihres Lernens.

3.3 Grundbedingung von tiefgreifendem Fachwissen, Kreativität und Identität: Agency und ein dynamisches Selbstkonzept

In der Auseinandersetzung mit Lernkonzepten, die sich im 21. Jahrhundert entwickelten, spielen die beiden Begriffe Agency und Co-Agency eine wichtige Rolle. In der großen Fülle an Wissenschaftsdisziplinen, in denen Agency-Konzepte Anwendung finden, scheint kein allgemeiner Konsens über die Definition von Agency vorzuliegen. Einigkeit besteht jedoch in der Auffassung, dass mithilfe von Agency beschrieben wird, wer oder was über welche Art von Handlungsmächtigkeit verfügt und wessen Wirkung wem zugeschrieben werden kann (Helfferich 2012, S. 10; Abiko 2017). Agency wird dabei häufig mit diversen Begriffen wie Individualität, Motivation, Wille, Zielstrebigkeit, Intentionalität, Wahl, Initiative, Unabhängigkeit und Kreativität in Verbindung gebracht (Abiko 2017; Hitlin/Elder 2007).

Ganz allgemein lässt sich unter Agency die Überzeugung eines Individuums verstehen, mit seiner Umgebung selbstbestimmt zu interagieren und sich aktiv am eigenen Lernen und an der eigenen Entwicklung zu beteiligen (Haste 2001). Die Grundvoraussetzung einer solchen Überzeugung ist die Auffassung, dass der Mensch an die Gestaltung und Wirksamkeit seines Handelns glaubt. Der Begriff Agency stammt vom englischen Begriff ›agent‹ ab, »dem selbstständig handelnden Menschen innerhalb bestimmter Strukturen« (Glöckler 2011, S. 17), der aktiv handelt und selbstbbestimmt Entscheidungen trifft. Ins Deutsche übersetzt kann Agency Handlungsmächtigkeit, Handlungsbefähigung, Handlungsfähigkeit oder Handeln allgemein beschreiben (Raithelhuber 2008). Was Agency im Kern ausmacht, ist das eigene Kompetenzerleben sowie das kontinuierliche Verfolgen eigener Ziele (Helfferich 2012). Das Gegenteil von Agency wäre demnach am ehesten Hilfslosigkeit oder Ohnmacht, ein Ausgesetztsein von Zuständen, die man nicht selbst beeinflussen kann (Talreja 2017). Wir gehen davon aus, dass genau dieses Ohnmachtserleben durchaus bis heute die Schulerfahrungen vieler Schülerinnen und Schüler prägt.

Auf einer übergeordneten Ebene lässt sich Agency als eine subjektive Zuschreibung von Handlungsmächtigkeit beschreiben (Helfferich 2012). Im schulischen Kontext geht es folglich nicht nur darum, dass Schülerinnen und Schüler Möglichkeiten zur Selbstbestimmung erhalten. Es geht auch darum, dass sie sich als aktive, selbstbewusste und selbstbestimmte Gestalterinnen und Gestalter ihres eigenen Lernens verstehen. Lernen wird dabei als Form der Lebensbewältigung verstanden. Selbstwirksamkeit, Selbstbestimmung und Autonomie sind zentrale Konzepte, die Agency ausmachen (Settersten/Gannon 2009). Schülerinnen und Schüler, die in der Schule Agency erleben, nehmen sich als handlungsfähig wahr und erhalten durch eigene Entscheidungen die Möglichkeit, ihr Lernen mitzugestalten und als bedeutungsvoll zu erleben (Zeiser/Scholz/Cirks 2018).

Agency ist sowohl Lernziel als auch Lernprozess (Salmela-Aro 2017, S. 19). Es zielt darauf ab, dass Schülerinnen und Schüler Lernen als sinnhaft empfinden, dass sie dazu in der Lage sind, auch über die Schulzeit hinaus persönliche Lernziele zu formulieren und diejenigen Schritte und Maßnahmen zu ergreifen, die sie brauchen, um ihre Ziele zu erreichen (Haste 2001). Persönliche Ziele und die daraus resultierenden Aktivitäten bilden das Fundament für selbstgesteuertes Handeln (Brunstein/Maier 2002; Salmela-Aro 2017). Ihr Zusammenhang macht den Kern der Selbstregulation aus. Er wird in psychologischen Modellen wie dem Rubikon-Modell verdeutlicht, das darstellt, wie Ziele, Motivation und Handlungen zusammenhängen (Heckhausen/Gollwitzer 1987; Achtziger/Gollwitzer 2009). Das Rubikon-Modell besteht aus den Schritten Abwägen – Planen – Handeln – Bewerten (Heckhausen/Gollwitzer 1987). Der Name des Modells wurde Julius Cäsars Entscheidung am Fluss Rubikon entlehnt. Er entschloss sich nach längeren Phasen des Abwägens und Planens, den Fluss zu überqueren (Heckhausen/Gollwitzer/Weinert 1987). Das Modell steht hier für die Entschlossenheit, die nächsten Schritte zu gehen, um ein ins Auge gefasstes Ziel zu erreichen. Agency kann dazu beitragen, diese Motivation und Entschlossenheit anzuregen, um Lernprozesse gelingen zu lassen. Agency in diesem Sinne ist das Lernziel. Es kann erreicht werden, wenn Lernende beispielsweise die Möglichkeit erhalten, selbst (mit-) zu entscheiden, was und wie sie lernen, wodurch sich ihre Lernmotivation erhöht, was sich wiederum positiv auf die Freude am Lernen jenseits der institutionalisierten Schule auswirken soll (OECD 2020).

Der OECD Lernkompass 2030 greift dies auf und formuliert Agency mit Blick auf Schülerinnen und Schüler als Student Agency. Dieses wird definiert als »die Überzeugung, dass Schülerinnen und Schüler den Willen und die Fähigkeit haben, ihr eigenes Leben und die Welt um sie herum positiv zu beeinflussen, sowie die Kapazität [der Schülerinnen und Schüler], sich ein Ziel zu setzen, zu reflektieren und verantwortlich zu handeln, um Veränderungen herbeizuführen« (OECD 2020, S. 20; Prakasha et al. 2020).

Es ist wichtig zu verstehen, dass Student Agency sich damit klar von traditionellen Modellen der Schülerinnen- und Schülerpartizipation abgrenzt, denn es geht nicht um punktuelle Mitbestimmung in einem Klassenrat oder im Rahmen der Schülerinnen- und Schülervertretung. Es geht darum, dass Schülerinnen und Schüler sich im Unterricht als dem Kerngeschäft von Schule als handelnde Akteurinnen und Akteure ihres eigenen Lernens verstehen. Hier knüpft der Begriff der Agency unmittelbar an einen anderen zentralen Begriff des Deeper Learning an, den der Identität. Identität entspringt in diesem Zusammenhang der »Theorie des Selbst als einem vernünftig handelnden Subjekt« (Berk 2011, S. 526), das sich seines eigenen Handelns bewusst ist und Verantwortung dafür übernimmt.

Das Erleben von Agency ist eng verknüpft mit der Entwicklung einer eigenen, stabilen Identität. Diese Identitätsentwicklung, verbunden mit positiven Selbstwirksamkeitsüberzeugungen, ist eine zentrale Entwicklungsaufgabe in der Adoleszenzphase (Dreher/Dreher 1985) und ein wichtiger Schritt hin zu einem selbstbestimmten und zugleich zur Gesellschaft beitragenden Leben (Sliwka 2018). Zur Entwicklung einer stabilen Identität ist es wichtig, sich selbst kennenzulernen, eigene Interessen, Begabungen und Motive zu verstehen und zu explorieren – auch in Abgrenzung zu anderen Menschen. Es geht letztlich darum herauszufinden, was der eigene Beitrag zur Gesellschaft und damit zum größeren Ganzen der menschlichen Geschichte sein kann. Um sich allerdings eine Identität selbst erarbeiten zu können, sind im schulischen oder familiären Rahmen Gelegenheitsstrukturen zur Selbstdefinition erforderlich. Schülerinnen und Schüler benötigen die Möglichkeit, Entscheidungen zu treffen und sich zu erproben (siehe Voice-und-Choice-Konzept, vgl. Kapitel 3.2) sowie im positiven Sinne Risiken einzugehen, sich im Denken und Handeln in noch unbekanntes Terrain zu wagen, Fehler zu machen und aus ihnen zu lernen. Heranwachsende, die in Schule und Familie die Gelegenheit erhalten, sich aktiv eine Identität zu erarbeiten, zeigen ein besseres Selbstwertgefühl und erhalten Anreize, sich auch metakognitiv und kritisch mit dem eigenen Leben auseinanderzusetzen (Berk 2011).

Deeper Learning verfolgt den Anspruch, Student Agency systematisch zuzulassen und zu fördern. Durch die Möglichkeit, bereits in Phase I unterschiedliche Wissenszugänge zu wählen und in Phase II ko-kreativ und ko-konstruktiv zu arbeiten und dabei eigene Entscheidungen über Wege und Mittel des Lernens zu fällen, gibt die Pädagogik des Deeper Learning Schülerinnen und Schülern Orientierungswerkzeuge für die selbstständige Entfaltung des eigenen Lebens an die Hand. Das entspricht dem Postulat des OECD Lernkompass 2030, Heranwachsende dahin zu führen, »selbstständig durch für sie unbekanntes Terrain zu navigieren und ihren Weg auf sinnvolle und verantwortungsbewusste Weise zu finden, anstatt einfach nur festgelegte Anleitungen oder Anweisungen ihrer Lehrpersonen zu befolgen« (OECD 2020, S. 26). Die Möglichkeit zu mehr Student Agency soll Schülerinnen und Schüler dazu befähigen, die Verantwortung des Lernens nicht mehr bei den Lehrkräften zu sehen, sondern zu begreifen, dass sie selbst für den eigenen Lernprozess verantwortlich sind. Darin liegt auch ein Potenzial zur Steigerung akademischer Leistungen in der Schule, da es Heranwachsende stärker motiviert, ihr eigenes Lernen zu steuern, das angeeignete Wissen unmittelbar handelnd einzusetzen und dabei in neue Kontexte zu transferieren (Pellegrino/Hilton 2012). Das Steuer beim Lernen selbst in der Hand zu halten und die Richtung maßgeblich mitzubestimmen, ermöglicht das Erleben von Selbstwirksamkeit in Kombination mit dem realen Erleben von Autonomie (Deci/Ryan 1993; Salmela-Aro 2017). Nach Albert Bandura gehören Erfahrungen von Selbstwirksamkeit zu den wichtigsten Einflussfaktoren auf das menschliche Handeln. »Motivation, Gefühle und Handlungen von Menschen resultieren in stärkerem Maße daraus, woran sie glauben oder wovon sie überzeugt sind, und weniger daraus, was objektiv der Fall ist« (Bandura 1977, S. 71). Sich selbst als wirksam zu erleben beeinflusst die Wahrnehmung, die Motivation und die Leistung von Lernenden auf positive Weise (Bandura 1977). Mit der Selbstwirksamkeitsüberzeugung wächst auch die Zuversicht, Ziele aus eigener Kraft erreichen und Situationen durch eigenes Handeln beeinflussen zu können, was sich wiederum positiv auf die Anstrengungsbereitschaft von Lernenden auswirkt (Deci/Ryan 1993).

Lernen in Gemeinschaft: Co-Agency

Lernen findet nicht nur individuell statt. Lernen ist vielmehr ein sozialer Prozess, bei dem Schülerinnen und Schüler sich wechselseitig in ihrer Leistung anregen, motivieren und beflügeln können. Empirische Studien zeigen regelmäßig hohe Effektstärken für soziale Komponenten von Lernprozessen. So liegen in der Hattie-Studie (Hattie 2018) eine ganze Reihe sozialer Unterrichtspraktiken vor, die nachhaltige Effekte auf Lernprozesse versprechen. Hierzu gehören beispielsweise aufgabenbezogenes Lernen in Kleingruppen (d= 0.45), kooperatives Lernen (d= 0.47), der Klassenzusammenhalt (d= 0.53), Peer-Einflüsse (d= 0.53), kooperatives Lernen im Vergleich zu kompetitivem Lernen (d= 0.58), kooperatives versus individuelles Lernen (d= 0.62) und das sogenannte Gruppenpuzzle (d= 1.20). Deeper Learning-Sequenzen bieten vor allem in den Phasen II und III einen idealen pädagogischen Rahmen, um die soziale Komponente von Lernprozessen gezielt zur Steigerung von Lern- und Leistungsmotivation zu nutzen. Aus Agency wird Co-Agency.

Co-Agency bezieht sich auf den Grundgedanken, dass zusätzlich zur individuellen Agency auch die Interaktion mit anderen (Gleichaltrigen, Lehrkräften, schulischen und außerschulischen Bildungspartnerinnen und -partnern) für die Persönlichkeitsentwicklung und das individuelle Wohlbefinden entscheidend ist. Kinder und Jugendliche brauchen angemessene Unterstützung, um Agency ausüben zu können (Talreja 2017). Oftmals wird deshalb auch von Agency als »beziehungsorientiertem Prozess« (OECD 2020, S. 35) gesprochen. Co-Agency stärkt dabei die eigene Handlungsfähigkeit durch gegenseitiges Unterstützen und Bereichern (OECD 2020; Starkey 2017; Jääskela et al. 2017). Co-Agency ist keine Einbahnstraße: Nicht nur Lehrerkräfte und Peers beeinflussen die Schülerinnen und Schüler, sondern diese üben auch Einfluss auf Lehrkräfte und ihre Peer-Gruppe aus. Man könnte sagen: Je mehr Co-Agency eine Lehrkraft zulässt, desto mehr kann sie selbst im Prozess von ihren Schülerinnen und Schülern lernen. Dazu ist ein Habitus erforderlich, der sich von der traditionellen, transmissiven Lehrkräfterolle unterscheidet (vgl. Kapitel 5). Wenn Lehrkräfte ihren Schülerinnen und Schülern vertrauen, empathisch sind und keine Angst vor dem Scheitern haben, können sie transformative Erfahrungen nicht nur für ihre Schülerinnen und Schüler, sondern auch für sich selbst schaffen. Die Schülerinnen und Schüler übernehmen Verantwortung für ihre Entwicklung im Sinne einer Co-Agency, indem sie ihre Ziele und ihr Verhalten im sozialen Kontext regulieren, also in der Aushandlung mit und im Rückbezug auf andere. Dabei kommt es zu Prozessen der Ko-Konstruktion bzw. der Ko-Kreativität, in denen sich das Wissen, Verstehen und Können der Lernenden nicht nur komplementär ergänzt, sondern auch synergetisch zu Neuem kombiniert. Vor allem im Jugendalter entspricht die enge Zusammenarbeit mit anderen jugendlichen Peers in einem Setting, das gemeinsame Entscheidungen ermöglicht, den Bedürfnissen dieser Entwicklungsphase. So ist die Adoleszenz für die meisten Jugendlichen durch den Wunsch gekennzeichnet, sich in die Gruppe der Gleichaltrigen zu integrieren (King 2004; Corsaro/Eder 1990). Selbst bei Jugendlichen, deren Entwicklung beispielsweise aufgrund von Hochbegabungen asynchron verläuft (Reinders 2014), bietet das Deeper Learning in Phase II sehr gute Möglichkeiten der Vernetzung mit kompetenteren älteren Jugendlichen oder Erwachsenen, sodass auch für diese Jugendlichen soziale Bedürfnisse gedeckt werden können. Gerade in Hinblick auf die Förderung von analytischen, kommunikativen und kreativen Kompetenzen ist Co-Agency gewinnbringend. Die Möglichkeiten zur Mitgestaltung des Lernprozesses stärken das Autonomiegefühl und die Teamarbeit (Gafney/Varma-Nelson 2007).

Doch Student Agency ist in einer traditionellen »Grammatik der Schule« (Tyack/Tobin 1994) kein Selbstläufer. Da Ansätze des Deeper Learning für viele Lernende noch ungewohnt sind, müssen sie durchaus ermutigt werden, ihr Lernen selbst in die Hand zu nehmen. Lehrkräfte und außerschulische Expertinnen und Experten spielen eine Schlüsselrolle dabei, Student Agency zu fördern (Calvert 2016; Talreja 2017). Vor allem für Schülerinnen und Schüler aus bildungsbenachteiligten Familien oder solchen mit knappen zeitlichen Ressourcen ist die Schule häufig der einzige Ort, an dem Kinder und Jugendliche Agency und Co-Agency erleben und Selbstwirksamkeitserfahrungen machen können. Im deutschsprachigen Kontext sind Studien zur Entwicklung von Agency im Unterricht noch selten. Aus Nordamerika liegen hingegen empirische Studien vor. Eine Harvard-Studie mit 300 000 Schülerinnen und Schülern der Klassen 6 bis 9 untersuchte, welche Komponenten des Unterrichts die Entwicklung und Ausprägung von Student Agency beeinflussen (Ferguson et al. 2015). Besonders wichtig für die Entwicklung von Student Agency bei Schülerinnen und Schülern ist die Förderung eines dynamischen Selbstkonzepts (Dweck 2006) im Sinne von »Du wirst es schaffen, wenn du dich anstrengst«, die Stärkung von Selbstwirksamkeitsüberzeugungen (»Schaut mal, was euch schon gelungen ist! Darauf könnt ihr gut aufbauen«) und die Zukunftsorientierung des Lernens (»Was ihr hier leistet, trägt dazu bei, die Schule/den Ort/die Welt besser zu machen«).

Die Ergebnisse legen nahe, dass Student Agency für die Erfolge der Schulbildung genauso entscheidend sein können wie grundlegende Kompetenzen (etwa Lesen, Schreiben, Rechnen) (Ferguson et al. 2015, S. 6). Positiv auf die Entwicklung von Student Agency wirkt sich laut einer Studie von Simone Titus und Nicolette Roman (2019) zudem eine positive Lernenden-Lehrenden-Beziehung sowie das Scaffolding durch Lehrkräfte (passende Lerngerüste und Unterstützungsmaßnahmen, vgl. Kapitel 5) aus. Päivikki Jääskelä et al. (2017) zeigten anhand einer quantitativen Studie elf Aspekte auf, die das Agency-Erleben von Lernenden positiv beeinflussen (vgl. Abb. 10). Sie unterteilen das anspruchsvolle Konstrukt Student Agency in persönliche Ressourcen, beziehungsbezogene Ressourcen und partizipative Ressourcen. Dies ermöglicht Lehrkräften, das abstrakte Konzept Student Agency in ihrer Praxis aufzugreifen (vgl. Abb. 10).

Abb. 10: *Student Agency*

Im Kern der Student Agency stehen die persönlichen Ressourcen. Sie umfassen beispielsweise die Selbstwirksamkeit, das Interesse am Fachwissen oder die metakognitive Selbstregulation. Die persönlichen Ressourcen werden durch beziehungsorientierte Ressourcen, wie Vertrauen oder eine gleichrangige Behandlung aller Beteiligten, sowie partizipative Ressourcen, wie beispielsweise Wahlmöglichkeiten, unterstützt und angetrieben. Agency entwickelt sich in der Interaktion mit anderen Menschen und ist somit erlernbar und wandelbar (Schoon 2018). Student Agency hängt eng mit der Konzeption des dynamischen Selbstkonzepts (Growth Mindset) zusammen, das durch die Forschung der US-Psychologin Carol Dweck bekannt geworden ist. Die Entwicklung eines dynamischen Selbstkonzepts und Agency verstärken sich gegenseitig. Dies liegt daran, dass Schülerinnen und Schüler mit einem dynamischen Selbstbild ihr Lernen eher auf das Erreichen von Mastery-Zielen (tiefgreifendes Fachwissen) ausrichten. Dies bedeutet, dass sie lernen, um der Qualität willen und nicht nur für sich eine bestimmte Note zu erreichen (Cury et al. 2006; Elliot et al. 1999). Eine solche Haltung wird beim Deeper Learning gefördert, da am Ende von Phase III nicht die Klassenarbeit mit der Note steht, sondern die authentische Leistung (einer Gruppe oder einzelner Schülerinnen und Schüler), die für andere und in der Lebenswelt sichtbar und wirksam wird. Doch wie lässt sich in Deeper Learning-Sequenzen die Entwicklung eines dynamischen Selbstkonzepts bei Schülerinnen und Schülern fördern und warum können selbst Schwierigkeiten auf dem Weg des Lernens dazu beitragen?

Das dynamische Selbstkonzept als Treiber des Lernens

Beim Deeper Learning geht es nicht nur um fachliches Wissen und fachliches Lernen (vgl. Kapitel 4). In der Wissensarchitektur des Deeper Learning spielt das Lernen über das Lernen, die sogenannte Metakognition (Flavell/Wellmann 1977; Anderson/Krathwohl 2001) eine wichtige Rolle. Schülerinnen und Schüler sollen lernen, sich selbst etwas zuzutrauen, aus ihrer Komfortzone hinauszutreten und Aufgaben auszuwählen, die sie herausfordern. In diesem Zusammenhang spielt das Konzept des Growth Mindset (Dweck 2006), das am besten mit »dynamisches Selbstkonzept« übersetzt werden kann, eine Schlüsselrolle. Der Begriff wurde in Abgrenzung zum Gegenbegriff, dem sogenannten statischen Selbstkonzept (Fixed Mindset), entwickelt. Carol Dweck stellte in ihrer Forschung fest, dass einige Lernende bei der Bearbeitung herausfordernder Aufgaben mehr Durchhaltevermögen zeigten, während andere schneller aufgaben (Dweck 2006, S. 3 f.). Die Erklärung hierfür liegt aus ihrer Sicht in der unterschiedlichen Sichtweise auf die eigene Lernfähigkeit. Während Lernende mit einem statischen Selbstkonzept ihre Fähigkeiten, Fertigkeiten und Talente für unveränderbar halten, gehen Lernende mit einem dynamischen Selbstkonzept davon aus, deutlich über sich selbst hinauswachsen zu können, wenn sie herausfordernde Aufgaben wählen und sich anstrengen. Deeper Learning bietet einen pädagogischen Raum, um genau diese Form der Metakognition bei Lernenden systematisch zu entwickeln. Dazu ist es wichtig, dass Lehrkräfte Schülerinnen und Schüler ermutigen, sich bei der Wahl der Lernmedien in Phase I, der Wahl der Aufgaben in Phase II und der Wahl des Produkts oder der Performanz in Phase III jeweils an ihrer »Zone der nächsten Entwicklung« (Vygotsky 1978) zu orientieren. Die Lernenden wählen dabei Lernmedien, Aufgaben und Produkte des eigenen Lernens so, dass sie leicht überfordert sind und es ihnen im Rahmen von Co-Agency gelingt, ihr aktuelles Leistungsniveau zu überschreiten. Es wird deutlich, wie eng Mastery (das Erreichen fachlicher Tiefe) und Identitätsentwicklung hier zusammenhängen: Durch ein dynamisches Selbstkonzept ist die individuelle Identität der Lernenden eben nicht statisch festgelegt, sondern dynamisch entwickelbar. Sie können für sich selbst im Prozess des Deeper Learning den Schwierigkeitsgrad erhöhen, neue Themen und Fragen erschließen, neue Kompetenzen entwickeln und Leistungen erbringen, die sie in unerschlossenes Terrain führen. Durch die tiefgreifende fachliche Auseinandersetzung entwickelt sich Identität – aber eben nur dann, wenn Schülerinnen und Schüler individuell und als Team bereit sind, über ihre Komfortzone der Dinge, die sie bereits wissen oder können, hinauszublicken und den logischen nächsten Schritt im Lernprozess zu bewältigen.

Die Unterstützung und Anleitung durch Lehrkräfte muss immer von der Annahme ausgehen, dass grundlegende Fähigkeiten, Fertigkeiten und Talente durch Anstrengungsbereitschaft entwickelt werden können und veränderbar sind (Dweck 2006, S. 7). Der Fokus der Anstrengung sollte nicht auf den bereits existierenden Fähigkeiten, sondern auf dem Lernen selbst liegen. Lernen bedeutet, sich Herausforderungen zu stellen. Es bedeutet, Misserfolge als Gelegenheit zum Lernen und zur eigenen Weiterentwicklung zu betrachten, anstatt diese als Rückschläge wahrzunehmen (Dweck 2014a, S. 10). Wer sich vor Anstrengung und Misserfolg scheut, wird beim Deeper Learning weniger lernen als derjenige, der bereit ist sich auszuprobieren. Doch ob Lernende eher ein statisches oder ein dynamisches Selbstkonzept an den Tag legen, ist situationsabhängig und vor allem veränder- und erlernbar (Dweck 2014a, S. 207 ff.). Lehrkräfte können Schülerinnen und Schülern deutlich machen, dass sie die Wahl haben, sich aktiv für ein dynamisches Selbstkonzept zu entscheiden, aus Fehlern zu lernen und einen erneuten Versuch zu wagen (Dweck 2014a, S. 15). Carol Dweck nennt die damit verbundene Einstellung »the power of yet« (Dweck 2014b, o. S.). Dahinter steckt der Grundgedanke, dass Lehrkräfte ihren Schülerinnen und Schülern durch formative Leistungsrückmeldung (Black/Wiliam 1998) vermitteln können, dass sie bestimmte Fähigkeiten oder Lerninhalte noch nicht beherrschen (englisch ›not yet‹), diese aber durch Anstrengungsbereitschaft und investierte Zeit sehr wohl entwickeln können.

Am besten unterstützen Lehrkräfte diese Haltung bei Lernenden, wenn sie den Fokus ihres formativen Feedbacks auf den Arbeitsprozess der Schülerinnen und Schüler legen (vgl. Kapitel 5): Anerkennung sollten sie vor allem dann aussprechen, wenn sie sehen, dass Lernende sich aus ihrer Komfortzone herausbewegen und echte Herausforderungen suchen, ohne sich deutlich zu überschätzen. Es gilt dabei vor allem Anstrengungsbereitschaft, fokussierte und konzentrierte Arbeit, Zielorientierung und auch Frustrationstoleranz bei Schwierigkeiten explizit anzuerkennen und zu fördern (Dweck 2014a, S. 10).

Lehrkräfte beeinflussen durch ihr kommunikatives Handeln das Selbstkonzept ihrer Schülerinnen und Schüler (Klopsch/Sliwka/Gutbrod 2021). Sie können dabei mitsteuern, wie die Lernenden ihre Erfahrungen und Probleme bewerten und welche Bedeutung sie ihnen beimessen (OECD 2018). Das Selbstkonzept entwickelt sich im Laufe des Lebens einer Person und verändert sich bis ins Erwachsenenalter. Es bildet sich auf der Grundlage von Überzeugungen, (Selbst-)Erfahrungen, (Selbst-)Beobachtung und sozialen Einflüssen (OECD 2018). Durch präzise, realistische, aber eben zugleich optimistische und wachstumsorientierte Rückmeldungen können Lehrkräfte individuellen Lernenden dabei helfen, ihr statisches Selbstkonzept Schritt für Schritt in ein dynamisches Selbstkonzept zu verwandeln, sich also mehr zuzutrauen beim Lernen.

Konkret bedeutet das für die Phasen des Deeper Learning: In der Aneignung (Phase I) sollten Lehrkräfte Lernende ermutigen, sich auch mithilfe von Experteninputs, Medien und Materialien Wissen anzueignen, das zunächst etwas schwieriger erscheint als das Gewohnte. Also statt des kurzen Textes im Schulbuch den etwas längeren Fachtext zu lesen oder zusätzlich zum einfachen Erklärvideo auch ein komplexeres zu wählen oder auch in einer Fremdsprache mediale Ressourcen zu nutzen.

In der ko-konstruktiven und ko-kreativen Phase (Phase II) sollten Lehrkräfte ihre Schülerinnen und Schüler dazu anregen, eine Aufgabe auszuwählen oder eine Aufgabe aktiv zu suchen, die nicht nur eigenen Interessen und Fähigkeiten entspricht, sondern auch dazu beiträgt, Interessen deutlich weiterzuentwickeln und praktische Fähigkeiten gezielt auf ein höheres Niveau zu führen. Oftmals müssen die Schülerinnen und Schüler explizit dazu aufgefordert werden, etwas auszuprobieren, das noch unvertraut oder unbekannt erscheint, also gezielt positive Risiken beim Lernen einzugehen und ins kalte Wasser zu springen. Gerade Phase II bietet durch die potenzielle Wahl der Personen, mit denen jemand zusammenarbeitet, die Vielfalt der möglichen Arbeitsprozesse und die Unterstützung durch viele unterschiedliche Anregungsquellen hervorragende Möglichkeiten dazu. Deeper Learning eignet sich besonders gut, um ein dynamisches Selbstkonzept zu fördern. In der Phase der Ko-Konstruktion und Ko-Kreation (Phase II) erhalten die Schülerinnen und Schüler mittels Voice und Choice die Möglichkeit, eigene Lernzugänge zu einer Thematik oder Problematik zu bestimmen. Dabei sollten sie ihre Komfortzone verlassen und in der »Zone der nächsten Entwicklung« (Vygotsky 1978) arbeiten. In einer solchen Situation können die Schülerinnen und Schüler nur begrenzt auf ihr Vorwissen und bereits sicher beherrschte Fähigkeiten zurückgreifen und müssen sich daher flexibel neues Wissen und neue Kompetenzen aneignen. Die Möglichkeiten dazu waren noch nie so gut wie heute, da Wissen und sogar Tutorials zur Aneignung praktischer Fähigkeiten flexibel abrufbar im Internet zur Verfügung stehen. Lernende können sich somit auch adaptiv neue Lösungswege erarbeiten. Dabei stoßen sie zwangsläufig an Barrieren und Schwierigkeiten. Fehler und Umwege werden Teil des Weges zur Lösung und damit Bausteine für metakognitives Wissen – Wissen darüber, wie man Barrieren aus dem Weg räumt und Probleme bearbeitet.

Das Spektrum an Möglichkeiten der Persönlichkeitsentwicklung führt die Phase der authentischen Leistungserbringung (Phase III) fort. Die Schülerinnen und Schüler stellen ihr erarbeitetes authentisches Produkt oder ihre Performanz vor. Ganz im Sinne der pädagogischen Ziele, tiefgreifendes Fachwissen zu erarbeiten, Identität und Kreativität zu entwickeln, kann gerade in Phase II und III das wunderschöne Gedicht des US-amerikanischen Poeten Robert Frost (1916) ein guter Wegweiser sein:
»[…] Two roads diverged in a wood, and I—
I took the one less traveled by,
And that has made all the difference.«

Wenn wir das dynamische Selbstkonzept unserer Lernenden fördern möchten, dann sollten wir sie durchaus dazu ermutigen, den Weg zu wählen, der noch nicht ausgetreten ist und daher ihr ganz eigener Weg zu Lernen und Leistung sein kann›the road less traveled‹, die den Unterschied macht. Konkret heißt das: den eigenen Instinkten folgen, die eigenen Talente in die Waagschale werfen, Risiken eingehen und daran wachsen. Wenn Schule Menschen ihren individuellen Weg zur Persönlichkeitsentwicklung eröffnen will, müssen in Zukunft mehr Wege ins noch unbekannte Terrain des Lernens führen. Wie dies konkret bei Deeper Learning angeregt werden kann, zeigt das nächste Kapitel.

4 Wie ist eine gelingende Deeper Learning-Einheit aufgebaut?

Eine Deeper Learning-Einheit besteht aus einem dreiphasigen Ablauf, der die Schülerinnen und Schüler darin unterstützt, zu aktiv handelnden Lernenden zu werden und dadurch Wissen tiefgreifend zu verankern. Dieses Kapitel erläutert die einzelnen Phasen und verbindet dabei die zugrunde liegenden theoretischen Konstrukte mit der konkreten Praxis. Unterschiedliche Beispiele sollen zusätzlich verdeutlichen, wie eine Deeper Learning-Unterrichtseinheit aussehen kann. Bevor die einzelnen Phasen erläutert werden, stehen zunächst grundsätzliche Überlegungen im Vordergrund, die die gesamte Einheit rahmen.

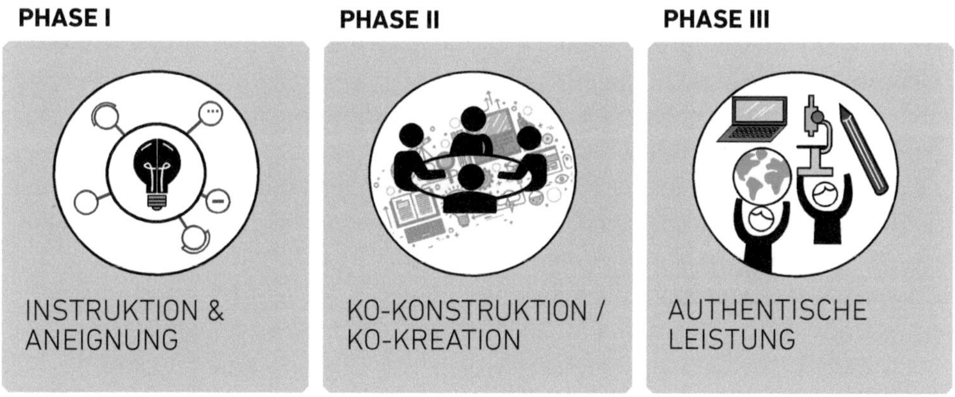

Abb. 11: *Phasenverlauf des Deeper Learning*

4.1 Grundlegendes zur Deeper Learning-Einheit

Deeper Learning ist komplex. Um die Übersicht über die individuellen und gemeinsamen Lernprozesse nicht zu verlieren und jedem einzelnen und jeder einzelnen Lernenden zu ermöglichen, sein bzw. ihr aktuelles Potenzial auszuschöpfen und sich im Idealfall sogar darüber hinaus zu entwickeln, sollten vor Beginn einer Deeper Learning-Einheit bestimmte Dinge durchdacht werden, die die spätere Strukturierung des Vorgehens erleichtern. Dabei helfen die folgenden strukturierenden Qualitätsstandards des Deeper Learning, die später im Buch noch vertieft werden:

- Der Wissensaufbau im Deeper Learning zeichnet sich durch eine innere Kohärenz aus, die die Aneignung von 21st Century Skills einbezieht.
- Die Lernprozesse sind nicht willkürlich, sondern entwickeln sich entlang einer gestuften Taxonomie (SOLO), die dialogische Rückmeldung und Qualitätsentwicklung ermöglicht.
- Deeper Learning findet in hybriden Lernumgebungen statt, die die traditionelle schulische Lernumgebung erweitern, indem außerschulische Lernumgebungen und die digitale Welt hinzugezogen werden.
- Deeper Learning lässt Zeitfenster zu, innerhalb derer sich Lernende vertieft mit einer Thematik auseinandersetzen können.

4.1.1 Die Wissensarchitektur des Deeper Learning

Deeper Learning ist eine Pädagogik für die digitale Wissensgesellschaft. Wissensaneignung steht daher im Zentrum von Deeper Learning: Jede Deeper Learning-Unterrichtseinheit ist in eine Wissensarchitektur eingebettet, die dazu beiträgt, Wissen nicht einfach nur auswendig zu lernen, sondern tiefgreifend zu verankern, indem es kreativ handelnd genutzt wird. Diese Wissensarchitektur zeichnet sich durch eine innere Kohärenz aus, bei der die Aneignung von 21st Century Skills (Trilling/Fadel 2009) natürlicher Teil des Prozesses ist.

Das dem Deeper Learning zugrunde liegende Verständnis von Wissen unterscheidet sich vom Wissensbegriff des traditionellen transmissiven Unterrichtsmodells (Voss et al. 2011). Dieses fokussiert auf die Instruktion konzeptuellen und deklarativen Wissens durch die Lehrkraft und deren Aneignung durch die Schülerinnen und Schüler (Kunter et al. 2005; Doyle 1992), während das Deeper Learning weitere Wissensdimensionen mit einbezieht. Die Wissensarchitektur des hier vorgestellten Modells von Deeper Learning basiert auf den vier Dimensionen des Wissens nach Lorin Anderson und David Krathwohl (2001):

- Deklaratives Wissen
- Konzeptuelles Wissen
- Prozedurales Wissen und
- Metakognitives Wissen

Deklaratives Wissen kann auch als Faktenwissen bezeichnet werden. Es ist das Wissen über Sachverhalte, die eindimensional (beispielsweise Namen von Dingen oder Formeln) oder auch mehrdimensional (beispielsweise Kenntnis von Ursachen und dem Verlauf des Kalten Krieges) im Gedächtnis verankert sind. Deklaratives Wissen ist leicht zugänglich und lässt sich in einfacher Sprache wiedergeben.

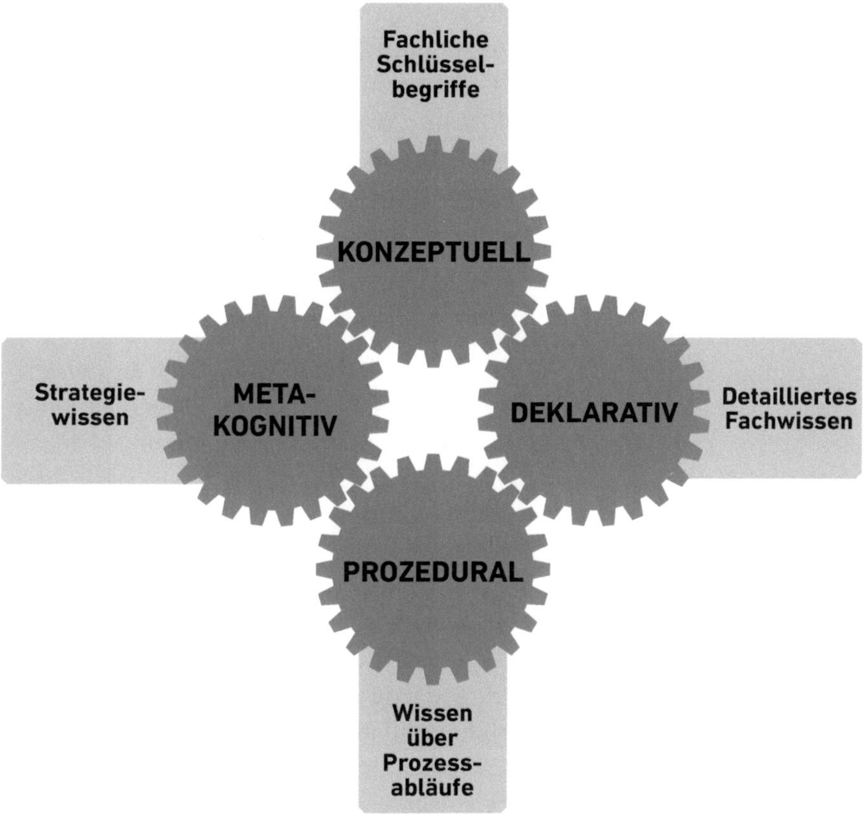

Abb. 12: *Wissensarchitektur*

Das konzeptuelle Wissen umfasst vernetztes Begriffswissen. Es kann sowohl verbalisiert als auch implizit vorliegen. Konzeptuelles Wissen ist domänenspezifisch. Es zeigt sich, wenn Klassifikationen, Prinzipien, Kategorien, Modelle oder Schemata verbalisiert werden.

Ein Konzept beschreibt damit eine mentale Kategorie, die uns hilft, die Wirklichkeit zu verstehen. In kognitiven Strukturen ist die mentale Kategorie kein genaues »Abbild« der Welt, sondern vielmehr eine mentale Konstruktion, die in Form von Begriffen zusammengefasst wird (Eckes 1991). Durch die Aneignung fachlicher Konzepte, die im Deutschen oft als »Begriffsbildung« bezeichnet wird (Hoffmann 1986), bekommen die Lernenden einen kognitiven Zugang zur Welt. Jedes Fach strukturiert sein Wissen über solche Konzepte. Die Biologie versteht man beispielsweise nicht, ohne die Konzepte »Ökologie« oder »Photosynthese« verstanden zu haben, Geschichte nicht ohne die Aneignung der Konzepte »Demokratie« oder »Revolution«.

Die Notwendigkeit des Verständnisses von Konzepten und den damit in Verbindung stehenden Begriffen bringt Immanuel Kant auf den Punkt, wenn er beschreibt, dass die bloße Anschauung nicht genügt, sondern Begriffe benötigt werden, um die Welt zu verstehen (Hoffmann 1968).

Zentrale fachliche Konzepte sind damit als tragende Eckpfeiler unserer Wissensarchitektur zu verstehen. Ein vernetztes fachliches Lernen ist ohne die Aneignung zentraler fachlicher Konzepte nicht möglich und ist wiederum die Voraussetzung für Problemlösen mithilfe fachlichen Wissens (Bruner 1956). Verbundenes konzeptuelles Wissen bildet die »kognitive Landkarte« (Aebli 1990), die Lernende benötigen, um Probleme mithilfe von Fachwissen zu lösen. Wer auf eine solche Landkarte zugreifen kann, dem wird es viel leichter fallen, sich in der Unübersichtlichkeit eines Problems oder einer zu lösenden Aufgabe zu orientieren. Nur wer sich bereits Vorwissen in Form von zentralen Konzepten eines Faches oder Themas angeeignet hat, weiß, wonach er sucht, wenn er sein Wissen erweitern möchte, und kann schnell auf das digital verfügbare kleinteilige Detailwissen zugreifen. Zentrale fachliche Konzepte sind also nicht nur Eckpfeiler der Wissensarchitektur, sondern auch Leuchtpunkte in der Dunkelheit des Noch-nicht-Wissens.

Neben dem Erwerb von Faktenwissen und fachlichen Konzepten kann prozedurales Wissen helfen, das erworbene Wissen anzuwenden, aktiv handelnd damit umzugehen und Neues zu kreieren. Prozedurales Wissen ist somit das Wissen über Prozesse und Vorgehensweisen. Es greift auf bereits vorhandenes deklaratives und konzeptuelles Wissen zurück. Prozedurales Wissen tritt oftmals als unbewusste Verarbeitungsroutine auf (beispielsweise beim Rechnen einer Rechenaufgabe oder beim Fahrradfahren). Diese Art des Wissens kann automatisiert auftreten und ist nicht immer verbal verfügbar. Es unterstützt das kreative Potenzial der Lernenden, indem es unbewusste Handlungsweisen steuert, ohne zusätzliche kognitive Speicherkapazität zu beanspruchen (Wiliam 2018).

Die vierte Wissensdimension ist das metakognitive Wissen. Es beschreibt das Wissen eines Menschen über sein eigenes Denken und Lernen (Flavell/Wellmann 1977; Anderson/Krathwohl 2001). Dazu gehört auch, dass man sich eigene Lernziele und Lerngewohnheiten bewusst machen kann. Hinzu kommt die Fähigkeit, Lernprozesse selbst zu steuern und Informationsverarbeitungsstrategien wie auch Problemlösestrategien gezielt und bewusst einzusetzen. Metakognitives Wissen kann damit auch als strategisches Handlungswissen beschrieben werden.

Der Bildungsplan von Singapur

Einen der modernsten und am klarsten an wissenschaftlichen Erkenntnissen ausgerichteten Bildungspläne hat das Land Singapur entwickelt. Für jedes Fach werden in einer ersten Spalte diejenigen fachlichen Schlüsselkonzepte dezidiert benannt und ausgewiesen, die jeder Lernende in Singapur verstanden haben muss. Durch die klare Orientierung an zentralen fachlichen Konzepten konnte Singapur seinen Bildungsplan, also den zu lehrenden Stoff, sogar reduzieren, um mehr Zeit für Deeper Learning zu schaffen – ›Teach less, learn more!‹ (MOE 2021).

Alle vier Wissensdimensionen (vgl. Abb. 12) sind gleichermaßen bedeutungsvoll, um tiefgreifendes Lernen zu ermöglichen. In den drei Phasen des Deeper Learning sind sie unterschiedlich gewichtet. Zusammengenommen eröffnen sie Lernenden einen Weg zur Entwicklung von Kompetenz, die als die »Fähigkeit [...] Wissen, Fertigkeiten und Haltungen in unterschiedlichen Kontexten selbstgesteuert anzuwenden« (Lehner 2019, S. 111) verstanden wird. Der Kompetenzbegriff beschreibt damit ein ganzheitliches Konzept, das gleichermaßen fachspezifische wie auch überfachliche Aspekte einbezieht (Weinert 2001, S. 27 f.; Bruder/Leuders/Büchter 2008, S. 13). Fachspezifische Kompetenzen beziehen sich auf »Wissens- und Fähigkeitsstrukturen« (Reusser 2021, S. 238), während überfachliche Kompetenzen beispielsweise dazu beitragen, gegenwärtige und zukünftige Probleme bewältigen zu können. Hierzu zählen insbesondere die überfachlichen Kompetenzen Kommunikation, Kooperation, Kreativität und kritisches Denken (4K), die im Zusammenhang mit den 21st Century Skills häufig genannt und als zentrale Schlüsselkompetenzen bezeichnet werden (Hofer-Krucker Valderrama/Kauffmann 2021, S. 756; vgl. Kapitel 1).

Innerhalb der unterschiedlichen Phasen des Deeper Learning werden die vier Wissensdimensionen wie auch die vier überfachlichen Schlüsselkompetenzen zu einer Einheit verwoben, in welcher sich die einzelnen Komponenten gegenseitig stärken und erweitern.

In Phase I eignen sich die Lernenden konzeptuelles und deklaratives Wissen an, das als Voraussetzung für die vertiefende Arbeit mit dem Wissen in Phase II und III gelten kann. Um in einem Wissensbereich Probleme lösen oder kreativ sein zu können, benötigen die Schülerinnen und Schüler fachliches Wissen. Zentral sind dabei die fachlichen Schlüsselkonzepte, ohne die als Eckpfeiler in der Statik menschlichen Verstehens keine Entwicklung von Expertise möglich ist. In der Vorbereitung sollten Lehrkräfte den zentralen fachlichen Konzepten des Themengebiets einer Deeper Learning-Unterrichtseinheit daher besonders viel Aufmerksamkeit widmen und genau überlegen, wie allen Lernenden die Aneignung dieser zentralen Konzepte ermöglicht werden kann. Dazu wird neben kognitiver Begriffsbildung auch die anschauliche Vermittlung von fachlichen Theorien, Modellen und Strukturen erforderlich sein.

In Phase II und III tritt die Entwicklung von prozeduralem und metakognitivem Wissen zunehmend in den Vordergrund. Im ko-konstruktiven und ko-kreativen Arbeiten greifen die Lernenden digital und analog immer wieder flexibel auf Wissen zurück, im Fokus steht jedoch die Arbeit mit dem Wissen. Sie erwerben und vertiefen praktische, kooperative und kommunikative Fähigkeiten, Prozess- und Arbeitsschritte, Techniken und Methoden sowie Kriterien, die ihnen helfen zu entscheiden, was zu tun ist, um ihr Arbeitsziel zu erreichen.

Doch für den Lernerfolg und das erarbeitete Lernprodukt reicht dies nicht aus. Essenziell wird jetzt das metakognitive Wissen: das Wissen über Lernen, Denken und Planen – also strategisches Handlungswissen. Hierzu gehört auch Wissen über sich selbst, über eigene Wissensbestände, über Lernvorlieben, Stärken und Schwächen: Was kann ich schon gut? Was muss ich dazulernen und üben? Was kann ich schon sicher? Wo soll ich meine Komfortzone verlassen, mir etwas zutrauen und zumuten, damit ich mich weiterentwickeln kann? Wo stehen wir im Arbeitsprozess und wo müssen wir nachsteuern, um unser Ziel zu erreichen?

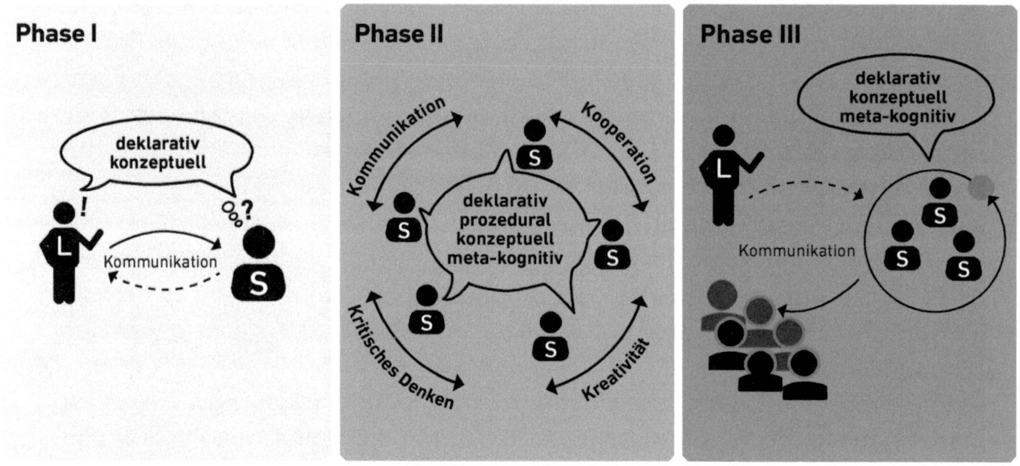

Abb. 13: *Wissen und Kompetenzen in den drei Phasen des Deeper Learning*

Die Wissensarchitektur unseres Modells von Deeper Learning bringt konzeptuelles und deklaratives Wissen in eine ausgewogene Balance mit prozeduralem und metakognitivem Wissen, um nicht nur reine Wissensaneignung, sondern nachhaltige Kompetenzentwicklung zu erreichen. Diese wird ermöglicht, indem die Schülerinnen und Schüler ihr konzeptuelles und deklaratives Wissen aus Phase I durch prozedurales und metakognitives Wissen in den Phasen II und III systematisch anwenden und vertiefen. Die Wissensdimensionen wirken so zusammen und verstärken sich gegenseitig.

Die Auseinandersetzung mit Wissen wird in allen drei Phasen von den überfachlichen Kompetenzen flankiert (vgl. Abb. 13). In der ersten Phase steht hauptsächlich die Kommunikation im Vordergrund. Die Lehrkräfte nutzen Kommunikation, damit sich die Schülerinnen und Schüler konzeptuelles und deklaratives Wissen aneignen können. Die Lernenden wiederum geben ihren Lehrkräften Rückmeldungen, ob sie Sachverhalte verstanden haben, und formulieren Nachfragen (Beste 2019, S. 249 f.). Die Kommunikation über die Lerninhalte geht dabei hauptsächlich von den Lehrkräften in Richtung der Schülerinnen und Schüler. Die Lernenden nehmen Konzepte und Inhalte wahr und fragen nach.

In Phase II ändert sich die Qualität der Kommunikation auf der Seite der Lernenden. Die Schülerinnen und Schüler kommunizieren nun, um gemeinsam Fragestellungen zu erörtern, eigene Sichtweisen einzubringen und im gemeinsamen Arbeitsprozess Schwerpunkte zu setzen. Die Kommunikation unterstützt dabei die Kooperation, die durch sie zur Ko-Konstruktion werden kann (Kerres 2013, S. 233). Kritisches Denken und Kreativität tragen darüber hinaus dazu bei, die eigenen Fragestellungen unkonventionell zu betrachten und zu neuen Handlungen und Ideen zu gelangen.

Während der authentischen Leistungsdarstellung in Phase III nutzen die Lernenden Kommunikation als Medium, ihre Wissensbestände in die Öffentlichkeit zu transportieren (Watzlawick/Beavin/Jackson 1974). Die gewonnenen Erkenntnisse manifestieren sich in authentischen Leistungen und werden aus dem Kreis des kooperierenden Teams in die Großgruppe der Klasse oder einer authentischen Zielgruppe verbreitet. Die kommunikative Beteiligung der Schülerinnen und Schüler wird beim Deeper Learning konsequent über alle Phasen mitgedacht und produktiv als »zentrales Medium« (Becker-Mrotzek 2012, S. 104) für den gesamten Lernprozess genutzt.

4.1.2 Die (über-)fachliche Leistung im Deeper Learning-Prozess

Genau wie die Beschäftigung mit unterschiedlichen Wissensdimensionen und überfachlichen Kompetenzbereichen im Prozess des Deeper Learning zieht sich auch die Beschäftigung mit der fachlichen Leistung durch den gesamten Prozess – von der ersten gedanklichen Auseinandersetzung mit der Deeper Learning-Einheit durch die Lehrkräfte bis hin zur authentischen Leistungspräsentation der Schülerinnen und Schüler ganz am Ende.

Wenngleich das Konzept der Authentizität der Leistung und deren Gestaltung in der Erläuterung zu Phase III, der authentischen Leistungserbringung (vgl. Kapitel 4.4), detailliert vorgestellt werden, soll hier kurz darauf verwiesen werden, auf welcher Grundlage sich Leistungen im Deeper Learning entwickeln.

Die dialogische Leistungsentwicklung wird durch den folgenden Qualitätsstandard umrissen: Die Lernprozesse sind nicht willkürlich, sondern entwickeln sich entlang einer gestuften Taxonomie (SOLO), die dialogische Rückmeldung und Qualitätsentwicklung ermöglicht. So lässt sich die Offenheit der möglichen Lernergebnisse mit einem hohen Qualitätsanspruch verbinden.

Lernergebnisse lassen sich verstehen als Nachweise darüber, was ein Lernender oder eine Lernende am Ende eines Lernprozesses weiß, versteht und in der Lage ist zu tun (Moon 2002). In der bildungswissenschaftlichen Auseinandersetzung wurden zur qualitativen Eingruppierung von Lernergebnissen Taxonomien verfasst, die es Lehrkräften ermöglichen, die sichtbare Leistung von Lernenden auf unterschiedlichen Durchdringungstiefen und in unterschiedlichen Stufen der Komplexität einzuschätzen.

Eine der weit verbreitetsten Taxonomien ist wahrscheinlich die Lernzieltaxonomie von Benjamin Bloom (1965), die David Krathwohl (2002) überarbeitet hat. Sie weist unterschiedliche kognitive Prozesse aus, die Lernende aufeinander aufbauend vollziehen müssen, um zu einem tiefen Verständnis des Lerngegenstandes und dessen flexibler Anwendung zu kommen.

Der Wissensaufbau findet jedoch oftmals nicht linear statt. Er gleicht vielmehr »einem nicht kontinuierlich verlaufenden Prozess der Optimierung von Netzwerken aus deklarativem und prozeduralem Wissen« (Stern/Schalk/Schumacher 2005, S. 114). Kognitiv aktivierende Aufgaben, wie sie das Deeper Learning vorsieht, ermöglichen den Schülerinnen und Schülern, sich eine flexibel nutzbare Wissensbasis anzueignen, die einerseits gebündeltes Faktenwissen enthält, andererseits aber auch Konzepte verdeutlicht und automatisierte Handlungen erfordert.

Eine solche Beschäftigung mit Wissen von einer oberflächlichen bis hin zu einer tiefgreifenden Ebene findet sich in der SOLO-Taxonomie von John Biggs und Kevin Collis (1982). Sie beschreibt die Struktur des beobachtbaren Lernergebnisses (Structure of Observed Learning Outcome) und weist Lernenden wie Lehrenden den Weg in Richtung eines tiefgreifenden und komplexen Lernprozesses (vgl. Kapitel 4.4). Die beiden Autoren benennen dabei die unterschiedlichen Durchdringungsstufen als vorstrukturell, unistrukturell, multistrukturell, relational und erweitert abstrakt (Biggs/Collis 1987). Die erste Stufe verweist darauf, dass Lernende noch nicht über Vorwissen zum Thema verfügen. Die beiden folgenden Stufen verdeutlichen auf einer quantitativen Ebene einen Wissenszuwachs (Hook 2015).

Zeigen Lernende auf der zweiten Stufe einzelne, noch unzusammenhängende Aspekte des fachlichen Wissens (unistrukturell), so sind ihnen auf der dritten Stufe (multistrukturell) schon mehrere Aspekte bekannt. Erst auf der vierten Stufe erfolgt ein qualitativer Lernprozess. Die Schülerinnen und Schüler können nun einzelne Dinge miteinander in Beziehung setzen und analysieren (relational). Auf der kognitiv anspruchsvollsten Stufe (erweitert abstrakt) können sie komplexe Zusammenhänge aufdecken, erläutern und mit anderen Themenfeldern in Beziehung setzen (Biggs/Collis 1982; 1987).

Im Unterricht nach dem Deeper Learning-Modell kann die SOLO-Taxonomie Lehrkräften und Lernenden Orientierung geben. Egal, welches Themenfeld durch Deeper Learning erschlossen werden soll, werden sich in jeder Klasse Schülerinnen und Schüler finden, die kaum Vorwissen zum Themenfeld haben, bereits einige Dinge darüber wissen oder sogar schon komplexe Zusammenhänge im Themenfeld verstehen. Im Rückbezug auf die Taxonomie können Lehrkräfte die Schülerinnen und Schüler dabei unterstützen, ihre Ausgangsposition festzulegen, und die individuellen Lernprozesse dann von der jeweiligen Stufe aus anleiten. Dies ermöglicht nicht nur, jeden einzelnen Lernenden und jede einzelne Lernende in ihrer Kompetenz wahrzunehmen, sondern auch, den Lernzuwachs bei allen Schülerinnen und Schülern zu fördern – ganz gleich, wie viel Vorwissen sie mitbringen und unabhängig davon, in welchem Grad sie kognitiv leistungsfähig sind. Allen Lernenden kann mithilfe der SOLO-Taxonomie aufgezeigt werden, wo sie stehen und welche Art der Auseinandersetzung mit dem fachlichen Wissen auf der nächsten Stufe notwendig wird.

Um alle Lernenden dazu anzuregen, aktiv am fachlichen Lernzuwachs zu arbeiten und dabei über sich selbst hinauszuwachsen, ist das Deeper Learning so angelegt, dass die Lernenden nicht isoliert, sondern ko-konstruktiv in kleinen Gruppen arbeiten. Die Schülerinnen und Schüler können auf diese Weise miteinander und voneinander lernen und sich überfachliche Kompetenzen aneignen. Ihre Leistung wird damit über das rein Fachliche hinaus auch in ihrer Fähigkeit zu kommunizieren, zu kooperieren, kritisch zu denken und kreativ, das heißt aktiv handelnd mit Wissen umzugehen und Neues zu gestalten, geprägt.

Ein Unterrichtsangebot in dieser Komplexität zu gestalten erfordert einerseits viel Fachwissen von Lehrkräften, andererseits aber auch die methodisch-didaktische und diagnostische Fähigkeit, kontinuierlich individuell und adaptiv Lernprozesse anzuleiten und zu unterstützen. Aspekte, auf die in Kapitel 5 noch näher eingegangen wird, wenn die Rolle der Lehrkräfte im Deeper Learning im Vordergrund steht.

4.1.3 Die Vorbereitung der Lernumgebung

Beim Deeper Learning können die Lernenden in einem gewissen Rahmen eigene Entscheidungen über ihre Lernwege treffen. Die Anpassung des Lernens an die unterschiedlichen Lernwege und Leistungsentwicklungen erfordert eine umfassend vorbereitete Lernumgebung. Die Vorbereitung ist dabei einerseits auf die räumliche Unterstützung der Lernprozesse bezogen, umfasst andererseits aber auch den zeitlichen Gestaltungsrahmen. Dies verdeutlichen die folgenden beiden Qualitätsstandards:

- Deeper Learning findet in einer hybriden Lernumgebung statt, die die traditionelle schulische Lernumgebung erweitert, indem außerschulische Lernorte und die digitale Welt hinzugezogen werden.
- Deeper Learning lässt Zeitfenster zu, innerhalb derer sich Lernende vertieft mit einer Thematik auseinandersetzen können.

Die räumliche Gestaltung einer hybriden Lernumgebung wird in Kapitel 5 näher erläutert. Dort wird auch auf die Möglichkeit der Unterstützung von Lernprozessen durch die Entwicklung eines multifunktionalen Lernzentrums tiefer eingegangen. Hier stehen deshalb nur diejenigen Aspekte im Vordergrund, die Lehrkräfte in der Vorbereitung der Lernumgebung berücksichtigen sollten.

Die Grundlage der Entwicklung einer hybriden Lernumgebung besteht darin, alle Lebens-, Arbeits-, und Lernbereiche der Schülerinnen und Schüler wie auch der Lehrkräfte als Chance zur ganzheitlichen Gestaltung von Lernprozessen wahrzunehmen. Dazu gehört, nicht nur die konkrete Umwelt der Beteiligten, sondern auch die digitale Transformation (Vial 2019) mitzudenken.

Eine hybride Lernumgebung entsteht durch die systematische Nutzung digitaler Möglichkeiten sowie das Hinzuziehen außerschulischer Bildungsorte und Expertinnen und Experten. Lehrkräfte und Lernende erweitern den traditionellen Lernraum und gestalten beim Deeper Learning eine »Schule ohne Wände« (Sliwka/Klopsch 2020, S. 225), indem sie vielfältige digitale und außerschulische Möglichkeiten mitdenken und nach Bedarf einbeziehen. Dies kann zum Beispiel bedeuten, dass ein Fachexperte oder eine Fachexpertin in Phase I oder Phase II einer Deeper Learning-Einheit digital in den schulischen Lernraum zugeschaltet wird oder dass die Schülerinnen und Schüler eine örtliche Bibliothek als zusätzliche räumliche Ressource nutzen. Kontakte zu den jeweiligen Einrichtungen und Personen können die Lehrkräfte schon vor Beginn der Lerneinheit knüpfen. Dies gilt auch, wenn die jeweiligen Ressourcen noch nicht in der Aneignungsphase benötigt werden, sondern gegebenenfalls erst von einzelnen Schülerinnen- und Schülergruppen im Laufe der ko-konstruktiven Phase.

Nicht nur in der ersten Phase der geleiteten oder eigeninitiierten Aneignung von deklarativem oder konzeptuellen Wissen kann die digitale Welt den Lernraum deutlich erweitern. Die Lernprozesse aller drei Phasen des Deeper Learning sollten mithilfe einer von den Lehrkräften vorbereiteten digitalen Lernplattform unterstützt werden. Eine Lernplattform dient beim Deeper Learning als »Informations- und Kommunikationssystem« (Breiter/Zeising/Stoplmann 2015, S. 178). Das Ziel ihrer Nutzung ist »die gesamte Lernkultur in Richtung Selbstbestimmung, Kooperation, Praxis- und Projektorientierung« (Muuß-Merholz 2010, o. S.) weiterzuentwickeln.

Noch bevor die Schülerinnen und Schüler in die Deeper Learning-Unterrichtseinheit einsteigen, können die Lehrkräfte auf einer digitalen Lernplattform jeder Deeper Learning-Sequenz eine Struktur und Gestalt geben. Die Lernplattform dient den Lehrkräften und den Lernenden als »Wissensmanagement« (Breiter 2021, S. 570). Der Vorteil dabei ist nicht nur, dass alle Lehrkräfte auch dezentral, also zum Beispiel von zu Hause aus, die Inhalte einpflegen und gestalten können, sondern auch, dass eine einmal durchgeführte Deeper Learning-Sequenz digital abgebildet ist und auf dieser Grundlage verbessert, erweitert und umgestaltet werden kann. In den nachfolgenden Schuljahren wird die Arbeit also etwas einfacher und neue Lehrkräfte können problemlos auf die digital abgebildeten Vorarbeiten zurückgreifen. Auf diese Weise kann sich eine »knowledge building community« (Brägger/Koch 2021, S. 147), das heißt eine professionelle Lern- und Arbeitsgemeinschaft von Lehrkräften bilden, die gemeinsam ein langfristiges Repertoire aufbaut.

Für eine gute Organisation der ko-kreativen Phase bietet es sich an, auf digitale Projektmanagementmethoden, wie beispielsweise Zeitmanagement, SCRUM-Meetings oder Kanban-Boards, zurückzugreifen. In Zukunft werden digitale Lernmanagementsysteme diese Möglichkeiten in einer Plattform zusammenführen, sodass das heute noch übliche Jonglieren mit unterschiedlichen digitalen Anwendungen zugunsten einer viel nutzerfreundlicheren digitalen Umgebung überwunden werden wird.

Ein Beispiel für digital gestützte Kooperation findet sich im sogenannten agilen Projektmanagement. Projektorientierte Phasen werden dabei digital abgebildet und in kurze zeitliche Einheiten, den sogenannten Sprints, unterteilt. Die Dauer der Einheiten beträgt zwei bis maximal vier Wochen und diese Phasen folgen einer festen Struktur, die den im Projekt arbeitenden Personen (in unserem Kontext Schülerinnen und Schüler und ihre Lehrkräfte) Orientierung verschafft. Nach dem Ende einer solchen Phase erfolgt ein Sprint Review, in dem das entstandene Ergebnis betrachtet wird, mögliche Änderungen besprochen werden und die Lernenden ein Feedback (zum Beispiel durch Lehrkräfte und außerschulische Partner) erhalten. Dieses formativ ausgerichtete Feedback können die Lernenden daraufhin im nächsten Sprint berücksichtigen.

Bei Scrum wird zum Beispiel ein digitales Board genutzt, um die Aufgaben während des Sprints visuell zu ordnen. Die visuelle Aufgabenverteilung schafft

Klarheit und Orientierung darüber, wo sich die Lernenden im Prozess befinden, und ist damit ein ihre Selbstorganisation stützendes digitales Tool. Daneben finden regelmäßig kurze Treffen in den Lernteams und teilweise auch mit den Lehrkräften statt, um sich innerhalb des Teams über den Fortschritt der bearbeiteten Aufgaben und Arbeitsschritte auf den neuesten Stand zu bringen. Innerhalb von Scrum an der Schule arbeiten die Lernenden in Teams in einem bestimmten Rhythmus an ihren Aufgaben. Die Lernenden planen und bestimmen dabei die einzelnen Arbeitsschritte selbst und legen sie im digitalen System an. Die Lehrkräfte stehen den Teams während ihrer Arbeit zur Seite und übernehmen die Rolle von Coaches, die den Lernenden dabei helfen, ihre Lernziele festzulegen. Die Schülerinnen und Schüler lernen durch die digitale Strukturierung, ihr kooperatives Arbeiten im Team aufeinander abzustimmen, ihre Arbeitsprozesse gut zu strukturieren und zu planen, regelmäßig zu reflektieren und sich gegenseitig Feedback zu geben und Feedback von den Lehrkräften zu erhalten. Digitale Projektmanagementtools (wie z. B. Kanban oder Scrum) unterstützen Lernende dabei, den Prozess des Erwerbs von Schlüsselkompetenzen wie Kommunikation, Kooperation, Kreativität und kritisches Denken zu strukturieren.

International sind solche digital strukturierten und projektorientierten Arbeitsprozesse an Schulen bereits recht weit verbreitet, so zum Beispiel an den High Tech High Schulen in Kalifornien oder an der Australian Science und Mathematics School. Die internationalen Erfahrungen unterstreichen den Vorteil einer langfristig angelegten und intensiv genutzten Lernplattform. Sie zeigen, dass Deeper Learning-Sequenzen davon profitieren, (mit unterschiedlichen Schülerinnen- und Schülerkohorten) wiederholt durchgeführt zu werden, denn dann lohnt sich der Planungsaufwand für die Lehrkräfte. Von einer Deeper Learning-Einheit zur nächsten lernen die Lehrkräfte dazu und werden immer professioneller.

In der Vorbereitung des Deeper Learning müssen nicht nur virtuell-räumliche Aspekte berücksichtigt werden. Auch zeitliche Aspekte, wie beispielsweise, dass längere Zeitfenster als die traditionellen 45-Minuten-Unterrichtstunden für eine tiefgreifende Auseinandersetzung mit Themen notwendig sind, erfordern eine vorausschauende Planung. Im Folgenden soll zunächst erklärt werden, warum längere Zeitblöcke für Deeper Learning-Einheiten wichtig sind. Im Anschluss daran wird zusätzlich die Notwendigkeit der inhaltlichen Vorstrukturierung der Lernumgebung erläutert.

Deeper Learning basiert auf Lernprozessen, die den Schülerinnen und Schülern ermöglichen, tiefgreifend in ein Themenfeld einzutauchen, sich mit ihrer Aufgabe und der damit zusammenhängenden Fragestellung zu identifizieren und kreativ mit ihrem Wissen umzugehen, um Neues zu gestalten. Um Motivation und die daraus resultierende Leistungsbereitschaft zu fördern, gilt es als Lehrkraft, den Fokus immer wieder auf das Ziel des Lernprozesses, die authentische Leistung (Phase III), zu richten. Je mehr die Lernenden die Orientierung am reinen Teilnehmen an der Schule durch Anwesenheit (Willms/Friesen/Milton 2009), also dem bloßen Funktionieren in der Schule, durch die Freude an der Erarbeitung einer authentischen Leistung ersetzen, desto fokussierter und tiefer werden sie sich auf die Lernprozesse einlassen und im besten Fall sogar ›flow‹ (Csíkszentmihályi 2000) erleben. Dann ist der pädagogische Zustand eingetreten, den die Schule im Idealfall erreicht: Statt nach 45 überwiegend passiv verbrachten Minuten mit dem Ertönen des Schulgongs erleichtert aus dem Raum zu stürmen, vergessen die Schülerinnen und Schüler Zeit und Raum und arbeiten nicht selten sogar nach der Unterrichtszeit freudig und konzentriert weiter an »ihrem Werk«.

Für die Arbeit in der Schule bedeutet dies, dass Deeper Learning nicht in mehreren 45-minütigen Blöcken »unterrichtet« werden sollte. Die Lernenden sollten die Gelegenheit erhalten, tief in ihre Aufgabe einzutauchen und über einen längeren Zeitraum intensiv an ihrem Lernprozess zu arbeiten (Westlund 2007). International haben sich daher mehrere längere Zeiteinheiten (90 bis 100 Minuten oder halbe Projekttage) für die ko-konstruktiven und ko-kreativen Arbeitsprozesse in Phase II bewährt.

Hochwertige Lernergebnisse können nur dann erfolgen, wenn alle Lernenden die Möglichkeiten haben, in fachlich und überfachlich herausfordernde Lernprozesse einzutauchen, dabei kontinuierlich im für sie richtigen Maß unterstützt werden und eine klare Vorstellung darüber entwickeln, wohin sie ihr Lernprozess führt. Die Qualität von Deeper Learning lebt folglich von einer guten Vorbereitung durch Lehrkräfte. Im Rahmen der Vorbereitung sollten die Lehrkräfte darauf achten,

- keine »Monokultur des Unterrichts« (Stebler/Pauli/Reusser 2021, S. 422) zu entwickeln, sondern unterschiedliche Ziele, Aktivitätsformen und Anforderungen zuzulassen, die die individuellen Lernvoraussetzungen berücksichtigen.
- die Schülerinnen und Schüler gleichermaßen fachlich wie auch überfachlich zu fördern und zu fordern.
- selbstgesteuerte und selbstregulierte Lernprozesse zuzulassen, indem die Lernenden »angemessene Autonomiespielräume und Mitgestaltungsmöglichkeiten« (Stebler/Pauli/Reusser 2021, S. 420; Bray/McClaskey 2017) erhalten.
- den Blick zu weiten und nach Möglichkeit digitale Quellen sowie außerschulische Bildungsorte und weitere Expertinnen und Experten einzubeziehen.

Diese Anforderungen bedeuten nicht, dass im Sinne von »viel hilft viel« ein möglichst umfassendes Angebot geschaffen werden soll, bei dem die Schülerinnen und Schüler ein Maximalmaß an Arbeitsformen und Wissensangeboten bekommen. Der Unterricht nach dem Deeper Learning-Modell muss genau wie jeder andere gute Unterricht situationsspezifische und individuenspezifische Angebote bereithalten, die die Lernprozesse einzelner Lernender optimal unterstützen. Dazu muss die »Tiefenqualität des Lernens« (Reusser 2021, S. 253) in den Betrachtungsmittelpunkt rücken. Tiefenqualität wird erreicht, wenn Schülerinnen und Schüler sich nicht nur fachlich, sondern auch in ihrer Persönlichkeit weiterentwickeln (Stebler/Pauli/Reusser 2021, S. 420). Lernsituationen, die das passende Maß an Selbstständigkeit ermöglichen, qualitätsvolle Lernaufgaben bereithalten und kontinuierlich von Lehrkräften adaptiv begleitet werden, unterstützen dies. Dabei gilt, wie für jeden anderen lernwirksamen Unterricht auch, dass alle Lernenden kognitiv aktiviert, konstruktiv unterstützt und durch eine effektive Klassenführung entlastet werden müssen (Kunter/Trautwein 2019; vgl. Kapitel 2).

Ein solch reichhaltiges Lernangebot zu gestalten gelingt am besten, wenn Lehrkräfte nicht individuell versuchen, die Komplexität des Deeper Learning zu bewältigen, sondern in Teams arbeiten und sich gemeinsam als Designerinnen und Designer von Unterricht verstehen. Das Selbstverständnis als Designerin oder Designer von Lernprozessen ermöglicht es Lehrkräften, gemeinsam Unterrichtssequenzen zu entwickeln, die vom herkömmlichen Unterricht der beteiligten Lehrkräfte deutlich abweichen. Ausgangspunkt des Lerndesigns ist es, die Haltung eines Anfängers bzw. einer Anfängerin im Lernprozess, also die Rolle des Schülers bzw. der Schülerin einzunehmen. Aus dessen oder deren Sicht wird nun gemeinsam überlegt, wie die Lernprozesse im Idealfall aussehen sollten, welches Vorwissen und welche Fähigkeiten die einzelnen Schülerinnen und Schüler mitbringen (Krummeck 2021). Dieser Perspektivwechsel ermöglicht es den Lehrkräften, im Team deutlich offener als gewohnt an der Gestaltung von Lernen zu arbeiten, ohne bereits die Antworten vorwegzunehmen, wie das Themenfeld am besten unterrichtet wird.

Im Idealfall wird der Deeper Learning-Unterricht dann sowohl vom fachlichen Wissen und den überfachlichen Fertigkeiten her als auch von den Bedürfnissen der Schülerinnen und Schüler ausgehend geplant, ohne die traditionelle Gestaltung von Schule als Reglementierung mitzudenken (Burgsthaler 2008; Sliwka/Klopsch 2020a). Zunächst ist alles denkbar: Zusammenlegung mehrerer Schulklassen; keine Klassenzuteilung, sondern individuelle Teams als Lerngruppen; unterschiedlichste Ressourcen zur Unterstützung des Lernens (digital und analog, in der Schule und außerhalb der Schule); unterschiedlichste Lernergebnisse, die in unterschiedlichen authentischen Leistungsformen präsentiert werden können (Kalantzis/Cope 2010, S. 202 f.).

Erst wenn das Lehrkräfteteam in einem Brainstorming viele Ideen generiert hat, ohne diese direkt zu bewerten, und im Idealfall auch zusätzliche Personen in das Lerndesign einbezogen hat, wird der Ideenfindungsprozess abgeschlossen. Auch externe Expertinnen und Experten sowie Schülerinnen und Schüler können den Lehrkräften in dieser ersten Designphase wichtige Impulse für die Entwicklung hochwertiger Deeper Learning-Einheiten liefern. Wichtig ist, dass fachlich anspruchsvolle Inhalte sich verbinden mit Aufgabenstellungen, die Schülerinnen und Schülern die Möglichkeit bieten, eigene Schwerpunkte zu setzen und herausfordernde Lernprozesse zu erleben.

Die Komplexität der Vorbereitung führt dazu, dass Schulen, wie die Australian Science and Mathematics School in Adelaide oder die High Tech High Schulen in Südkalifornien, den Designprozess von Deeper Learning-Einheiten schon Monate vor Beginn der eigentlichen Unterrichtsvorhaben beginnen.[1] Obgleich sich dies nach einem erheblichen Aufwand anhört, ist das Gegenteil der Fall: Wenn Lehrkräfte beim Design von Deeper Learning in Teams arbeiten, je nach Ausrichtung der Deeper Learning-Sequenz Fachteams oder interdisziplinäre Teams, und sich für das Design die notwendige Zeit nehmen, dann bietet das deutliche Synergieeffekte. Die Lehrkräfte ergänzen sich in ihren Expertisen komplementär, sie erleben beim Planen und Vorbereiten der Unterrichtseinheiten selbst Co-Agency (Kapitel 3) und wenden beim Design des Lernens die 4K der 21st Century Skills an: Kommunikation, Kooperation, kritisches Denken und Kreativität.

Im Folgenden werden die einzelnen Phasen einer Deeper Learning-Unterrichtseinheit detailliert vorgestellt. Konkrete Beispiele aus unserer Arbeit mit Schulen dienen dabei als Folie für ein besseres Verständnis, worauf es ankommt, damit Deeper Learning gelingt.

4.2 Phase I – Instruktion und Aneignung: Fokussiert Wissen aufbauen

Schlossblickschule – Mathematik Klasse 10 – Deeper Learning-Einheit »Exponentialfunktionen«

Herr Müller und Frau Sacher unterrichten Mathematik in Klasse 10. Sie haben eine Deeper Learning-Einheit zum exponentiellen Wachstum bzw. zur Exponentialfunktion entwickelt, um dieses komplexe mathematische Thema so zu vermitteln, dass alle Schülerinnen und Schüler einen für sie passenden Zugang finden. Eine Herausforderung ist die große Heterogenität ihrer Klassen. In Phase I des Deeper Learning holen sie beide Klassen zu einem Einstieg ins Auditorium der Schule. Dort führen sie ihre gemeinsam entwickelte Show zu exponentiellem Wachstum vor. Das ist ein sehr spannendes Thema und macht trotzdem vielen Jugendlichen Angst. Ziel ist, allen Schülerinnen und Schülern deutlich zu machen, wie interessant dieses Thema ist und welche Bereiche der Lebenswelt sie besser verstehen können, wenn sie sich mit exponentiellem Wachstum auskennen. Nach der 45-minütigen interaktiven Show gibt es ein erstes digitales Quiz, das die Schülerinnen und Schüler bearbeiten. Gleich danach bekommen sie ihre Ergebnisse zurückgespiegelt. Sie erfahren, auf welcher Stufe der SOLO-Taxonomie sie sich befinden und wie ihre nächsten Lernschritte aussehen. Bis

---

1 Diese Erkenntnis findet sich für die Fallstudie zur High Tech High bei Mehta und Fine (2019) und wurde durch eigene Forschungsinterviews an der Australian Science and Mathematics School bestätigt.

zur kommenden Woche können die Lernenden sich nun selbstständig während ihrer Mathematikstunden und Hausaufgaben tiefer in die Materie einarbeiten. Dazu haben Herr Müller und Frau Sacher Erklärvideos auf unterschiedlichen Schwierigkeitsstufen auf der Lernplattform bereitgestellt. Für besonders Begabte/Interessierte gibt es dort auch schon Erklärvideos zur Exponentialfunktion, die eigentlich erst in der 11. Klasse unterrichtet wird. Zu jedem Niveau gibt es passende Übungsblätter als Download. Die Schülerinnen und Schüler können ihre Aufgaben eigenständig bearbeiten, werden in den Mathematikstunden aber zusätzlich individuell unterstützt, wenn sie Hilfestellungen brauchen. So kann es gelingen, Schülerinnen und Schüler mit unterschiedlichem Vorwissen und Begabungen jeweils in der »Zone der nächsten Entwicklung« an das Thema heranzuführen.

Friedrich-Ebert-Schule – Englisch Klasse 8 – Deeper Learning-Einheit »Australien«

Die Englischlehrkräfte der 8. Jahrgangsstufe widmeten sich gemeinsam einem Thema aus dem Bildungsplan: Australien. Frau Tschappe (Englisch/Biologie), Herr Bartel (Politik/Geografie/Englisch) und Frau Roskocz (Deutsch/Englisch/Theater) konzipierten dazu eine möglichst authentische Lerneinheit.

Für den Einstieg arbeiteten sie mit Lehrkräften einer 8. Klassenstufe in Australien zusammen, die sie über eine Internetplattform gefunden haben. Die australischen Schülerinnen und Schüler bereiteten zu unterschiedlichen Themenbereichen, wie geografische Besonderheiten, das Leben in Australien, die Kultur der australischen Ureinwohner oder auch die Natur Australiens, kurze Impulsvorträge vor, die jeweils auch Fragerunden enthielten. Ihre Vorträge haben die jungen Australierinnen und Australier über eine Videokonferenzplattform präsentiert und in Breakout-Rooms die einzelnen Themen jeweils Kleingruppen aus deutschen Schülerinnen und Schülern vorgestellt. Die Schülerinnen und Schüler konnten zu den Themen Fragen stellen. Die Präsentationen wurden zusätzlich auf der digitalen Lernplattform beider Schulen abgelegt, sodass jederzeit darauf zugegriffen werden kann. Jeder Schüler bzw. jede Schülerin enthielt Einblicke in jedes Thema und füllte dazu ein kleines Heft aus, in dem Kernaspekte festgehalten werden konnten. Nach dem Treffen mit den Australierinnen und Australiern diskutierten die Deutschen unterschiedliche Aspekte mit Herrn Bartel, der selbst schon einige Zeit auf dem Kontinent gelebt hat. Neben Herrn Bartel war auch einer der Schüler Experte der australischen Kultur, da seine Familie und er einige Jahre in Sydney gelebt haben.

Um zu überprüfen, ob sich die Schülerinnen und Schüler das nötige Grundwissen (Wissensfundament) angeeignet haben, um in die nächste Phase überzugehen, wurde in Kleingruppen PowerPoint-Karaoke gespielt. Die Lehrkräfte erstellten dafür PowerPoint-Folien, zu denen die Schülerinnen und Schüler einen spontanen Vortrag halten mussten, ohne die Folien zuvor gesehen zu haben.

Goethe-Schule – MINT-Fächer Klasse 9 – Deeper Learning-Einheit »Klimawandel«

Mehrere Lehrkräfte haben sich zusammengeschlossen, um das Thema Klimawandel in der 9. Klasse in einer Deeper Learning-Einheit interdisziplinär in naturwissenschaftlicher Perspektive zu unterrichten. In der Vorbereitungsphase haben die Lehrkräfte auf einer Lernplattform eine Reihe passender Lernmedien zusammengestellt und diese nach Schwierigkeitsgrad gestuft. Hierfür haben sie sich an den Stufen der SOLO-Taxonomie orientiert. Im Rahmen der Einführung in das Themenfeld konnten die Schülerinnen und Schüler wählen, ob sie eine Mindmap zeichnen oder einen Input von maximal drei Minuten über das Thema Klimawandel halten, um ihr Vorwissen zu verdeutlichen. Das führte den Lernenden vor Augen, wie tief sie bereits ins Themenfeld eingedrungen waren. Anhand der Lernmedien auf der Lernplattform arbeiteten die Schülerinnen und Schüler nun auf ihrem individuellen Niveau, um sich ein bestimmtes Grundwissen (Wissensfundament) anzueignen und ihren Wissensstand weiterzuentwickeln.

Jonas und Anna stehen noch ganz am Anfang. Sie haben entschieden, sich das Thema systematisch zu erschließen, da sie noch nicht so viel Vorwissen über den Klimawandel, seine Ursachen und Ansätze zur Bekämpfung des Klimawandels haben. Sie fangen mit den Medien auf der niedrigsten Schwierigkeitsstufe an und schauen sich zunächst das Video zum Klimawandel aus den Logo-Kindernachrichten an. Jannis und Ayla sind bei »Fridays for Future« aktiv und kennen sich mit dem Thema schon gut aus. Sie steigen auf Stufe 3 der SOLO-Taxonomie ein und schauen eine naturwissenschaftliche Dokumentation zu erneuerbaren Energien an. Jana ist ein Physik-Freak. Sie liebt komplexe physikalische Zusammenhänge. Vor diesem Hintergrund möchte sie den Klimawandel, zu dem sie schon viel Vorwissen hat, besser verstehen: Sie schaut sich die englischsprachige Vorlesung einer Klimawissenschaftlerin an, die die physikalischen und chemischen Zusammenhänge des Klimawandels erklärt.

Zur Überprüfung ihres jeweiligen Wissenszuwachses erstellen die Lernenden am Ende dieser Phase erneut eine Mindmap oder halten einen maximal dreiminütigen Vortrag – nun auf einer vertieften fachlichen Ebene.

Elbsteinschule – Gesellschaftswissenschaften, Sprachen, Mathematik Klasse 11 – Deeper Learning-Einheit »Soziale Ungleichheit – sozialer Zusammenhalt«

Nach einer ersten Einführung in das Themenfeld »Soziale Ungleichheit – sozialer Zusammenhalt«, die Herr Holzapfel (Deutsch/Religion), Frau Weiß (Mathematik/Sozialkunde) und Frau Petit (Französisch/Geschichte) zusammen vorgetragen haben, erhalten die Schülerinnen und Schüler der 11. Jahrgangsstufe die Möglichkeit, an außerschulische Lernorte zu gehen, um sich einen noch tieferen Einblick in die Thematik zu verschaffen. Die Lehrkräfte erarbeiten dazu mit den Lernenden unter-

schiedliche Fragen, die beantwortet werden sollen. Hanna, Jale und Tom sprechen mit der Leiterin des lokalen Caritas-Büros über Kinderarmut und erfahren dabei, wie sich Armut auf das Leben der Kinder in ihrer Stadt auswirkt. Morris, Jan und Hammoud haben sich entschieden, zum Mieterbund zu gehen. Dort erfahren sie, dass die steigenden Mieten in den letzten Jahren viele Familien, besonders Alleinerziehende, in schwierige Situationen gebracht haben. Nach den Gesprächen teilen die Jugendlichen ihre Erkenntnisse auf der Lernplattform, sodass auch die anderen Schülerinnen und Schüler erfahren, was die außerschulischen Bildungspartner über ihre Sichtweise mitgeteilt haben. Darüber hinaus vertiefen die Lernenden ihr Wissen über soziale und politische Hintergründe mithilfe der Informationen der jeweils anderen Gruppen und der Medien und Materialien, die von den Lehrkräften auf der Lernplattform zusammengestellt wurden. Um festzustellen, ob das von den Lehrkräften festgelegte Wissensfundament erreicht wurde, machen die Schülerinnen und Schüler am Ende der Phase I ein digitales Quiz, bei dem sie mindestens 80 Prozent der Fragen richtig beantworten müssen. Wer dies nicht schafft, geht mit den Lehrkräften die einzelnen Inhalte nochmal durch und erhält dabei die Möglichkeit, sich zentrale fachliche Konzepte und Wissen zum gemeinsamen Thema anzueignen.

Der Beginn der Deeper Learning-Unterrichtseinheit besteht aus der Instruktions- und Aneignungsphase (Phase I), in der das Wissensfundament, auf dem die Einheit aufbaut, vermittelt wird. Die Wissensaneignung durch die Schülerinnen und Schüler bildet hierbei den Ausgangspunkt, der eine Basis schafft, um die weiteren Phasen des Deeper Learning durchlaufen zu können. Die Lehrkräfte sind dabei in einer Führungsrolle. Sie gestalten den Einstieg in das Deeper Learning möglichst interessant und anschaulich und schaffen so einen gemeinsamen Rahmen und einen »Advance Organizer« (bpb 2012), das heißt eine strukturierte Übersicht über das inhaltliche Feld des Lernens für alle Schülerinnen und Schüler in der Lerngruppe.

4.2.1 Empirische Grundlagen der Phase I

Ursprung der gesamten Deeper Learning-Einheit ist die kognitionspsychologische Erkenntnis, dass Lernen einem kontinuierlichen Aufbau von Wissens- und Denkstrukturen entspringt (Aebli 1990). Pointiert lässt sich formulieren: Wissen ist der Rohstoff des Lernens. Der Verständnis- und Wissensaufbau entspringt dabei nicht auf einem leeren Blatt, sondern auf der Grundlage des bereits vorhandenen bereichsspezifischen Vorwissens (Reusser 2021, S. 243). Erfolgreiche Lernprozesse können folglich nur dann stattfinden, wenn der Unterricht das Vorwissen der Lernenden ernst nimmt, dieses erweitert und umstrukturiert. Die Aneignung von deklarativem und prozeduralem Wissen ist dabei keine Eigenkonstruktion, sondern zunächst »auf weiten Strecken Nach-Konstruktion« (Reusser 2021, S. 243).

Erst wenn die Lernenden die Grundlagen verstanden haben, können sie flexibel mit dem Wissen umgehen und dieses weiterentwickeln.

Dies gilt insbesondere für komplexere Sachverhalte und den Umgang mit Herausforderungen: Wer mit anspruchsvollem Wissen kreativ oder problemlösend arbeiten möchte, braucht substanzielles fachliches Vorwissen und muss die grundlegenden Konzepte, um die es geht, erfasst und verstanden haben (Schneider/Stern 2010). Nur dann wird es möglich, eigene kognitive Wissensstrukturen zu erweitern und für neue Erkenntnisse zu nutzen.

Die Rolle des Vorwissens und der Anschlussfähigkeit des neuen Wissens wird nicht nur in der Lehr-Lern-Forschung betont, die darauf hinweist, dass vorhandenes Vorwissen sich in einer Vielzahl von Studien »als besserer Prädiktor für die Schulleistung herausgestellt [hat] als die Intelligenz« (Stern/Grabner 2012, S. 119). Auch die Expertiseforschung (beispielsweise Ericsson et al. 2006; Stern 2009) oder die Innovationsforschung (Shavinia 2003) betonen die Rolle des Vorwissens. Beide Forschungsgebiete weisen darauf hin, dass kognitive Leistungen, die für Kreativität, kritisches Denken und Problemlösen ausschlaggebend sind, nicht vom IQ oder von der Begabung der betreffenden Personen abhängen (beispielsweise Bransford/Brown/Cocking 2000; Shavinia 2003). Vielmehr kommt es auf die Breite, Tiefe und den Vernetzungsgrad des Vorwissens an.

Besonders gut erforscht wurde die Rolle des Vorwissens an Schachmeistern. Ihre überragende Problemlösefähigkeit resultiert vor allem daraus, dass sie Muster in jedem Schachzug erkennen können, da sie durch viele Stunden des Trainings Tausende von Schachstellungen im Gedächtnis gespeichert haben. Dieses Vorwissen in Form einer schnellen Mustererkennung und entsprechend flexibler Reaktionsstrategien versetzt sie in die Lage, geschickt zu agieren und Schachpartien für sich zu entscheiden (Opwis et al. 1990). Die sogenannte Aptitude-Treatment-Interaktion (Snow 1989; Astleitner/Koller 2006) besagt zudem, dass der Grad an Vorwissen, den eine Person in eine Lernsituation einbringt, in hohem Maße entscheidet, wie gut sie ein Problem lösen und wie viel sie dazulernen kann. Lernen ist also ein kumulativer Prozess, in dem neues Wissen immer an das vorhandene Vorwissen andocken können muss (Reusser 2021, S. 243).

Dabei gilt: Wer zu einem Themenfeld (einer ›domain‹) schon viel weiß, kann auch viel dazulernen; wer nichts oder wenig weiß, tut sich schwer, die Grenzen des eigenen Wissens akkurat einzuschätzen und darauf basierend gezielt Wissenslücken zu schließen. Das bedeutet im Umkehrschluss: Es muss erst von Personen, die schon mehr wissen, Neugier erzeugt und erstes Fachwissen aufgebaut werden, bevor man Lust darauf bekommt, sich selbstständig weiteres Wissen anzueignen. Die persönliche Beziehung zu motivierenden Lehrkräften ist also für Schülerinnen und Schüler mit wenig Vorwissen besonders wichtig (Rheinberg 1996; Roth 2004; 2012).

Die landläufige Einschätzung, dass Lernende sich heute angesichts der Ubiquität von Wissen in digitalen Medien kein Wissen mehr selbst aneignen müssten, ist nicht nur eine falsche Annahme, sondern in der Konsequenz sogar fahrlässig (Felten/Stern 2012). Das Gegenteil ist der Fall: Je mehr ein Mensch über bestimmte Wissensgebiete weiß, desto passgenauer kann er die unendlichen Wissens- und Bildungsressourcen des Internets für sich nutzen. Im digitalen Zeitalter verschärft sich das soziologische Matthäus-Prinzip (Stamm 2010) sogar, das nach dem Matthäus-Evangelium (Mt 25, 29: »Denn wer da hat, dem wird gegeben, dass er die Fülle habe; wer aber nicht hat, dem wird auch das genommen, was er hat«) benannt wurde. Das Prinzip besagt, dass diejenigen Schülerinnen und Schüler, die bereits gute Lernvoraussetzungen besitzen, »von gleichen Lernangeboten und Lerngelegenheiten stärker profitieren. Dies führt notwendigerweise zu Schereneffekten in der kognitiven Entwicklung, das heißt zu einer Spreizung der individuellen Leistungsunterschiede« (Weinert 2000, S. 16). »Wer hat, dem wird gegeben« gilt erst recht für das Lernen im Zeitalter der Digitalität, wenn Textverständnis, das Erkennen von Fake News und von qualitativ hochwertigen Informationen beispielsweise in Erklärvideos ausschlaggebend für die Nutzung der digitalen Informationen ist (Kulgemeyer/Peters 2016). Es ist also wichtiger denn je, die Bildungsschere zu schließen, indem in der ersten Phase des Deeper Learning zentrale fachliche Bildungsinhalte – also die wichtigsten Konzepte der jeweiligen Fachlichkeit – allen Lernenden so anschaulich und klar zugänglich gemacht werden, dass sie sie verstehen und sich nachhaltig zu eigen machen können. Erst dann werden sie in der Lage sein, im weiteren Verlauf des Deeper Learning in einem Themenfeld ko-konstruktiv und ko-kreativ tätig zu werden, das Wissen zu erweitern und Neues zu kreieren.

4.2.2 Methodisch-didaktische Grundlagen der Phase I

Die Aneignung von Wissen erfolgt in dieser Phase durch eine direkte Instruktion, deren Wirksamkeit in unterschiedlichen Studien als Erfolg versprechend nachgewiesen wurde (Fraser et al. 1987; Wong/Ito 2017; Hattie 2018). Die direkte Instruktion lässt sich dabei nicht mit dem klassischen Frontalunterricht gleichsetzen, wenn auch einige Elemente des Frontalunterrichts in der Instruktion zu finden sind. So dienen beispielsweise beide Formen der Entwicklung von Grundlagenwissen, und beide beinhalten eine kurzschrittige Vermittlung kleinerer Inhaltsbereiche eines Themenfeldes.

Der Begriff Frontalunterricht bezieht sich in der Regel auf einen »zumeist thematisch orientierte[n] und sprachlich vermittelte[n] Unterricht, in dem der Lernverband (die Klasse) gemeinsam unterrichtet wird und in dem der Lehrer – zumindest dem Anspruch nach – die Arbeits-, Interaktions- und Kommunikationsprozesse steuert und kontrolliert« (Meyer 1987, S. 138). Die damit verbundene starke Lehrkraftorientierung wird bei der direkten Instruktion zugunsten einer stärkeren Schülerorientierung verschoben: Sie beschreibt eine »hoch-strukturierte, lehrergesteuerte, lernerzentrierte, schrittweise, feedback- und redundanzreiche Förderung […], in der die zu lernenden Fähigkeiten vom Lehrer präsentiert, in Anleitung mit dem Schüler modelliert und letztendlich so lange einschleifend geübt werden, bis sich ein hoher Automatisierungsgrad zeigt« (Grosche 2011, S. 148).

Wenngleich im Frontalunterricht wie auch bei der direkten Instruktion eine Darbietung des Unterrichtsstoffes durch die Lehrkraft erfolgt, ist in der direkten Instruktion das binnendifferenzierte angeleitete Üben ein wichtiger Schritt in der Wissensaneignung. Die Lehrperson steuert in beiden Vermittlungsformen, jedoch zieht sie sich bei der Instruktion stärker zurück, wenn die Lernenden eigenständig das Themengebiet üben und vertiefen. Auch die Offenlegung der Lernziele ist bei der direkten Instruktion Teil des Lernprozesses, dem beim Frontalunterricht keine so hohe Bedeutung beigemessen wird.

Zusammengefasst lässt sich festhalten, dass der Frontalunterricht sehr lehrendengesteuert durchgeführt wird und wenig Spielraum für individuelle Übungsphasen lässt. Die starke Lehrkraftorientierung des Frontalunterrichts führt dazu, dass bei der Überprüfung des Lernzuwachses häufig der »Lehr-Lern-Kurzschluss« (Holzkamp 1996, S. 29) entstehen kann, das heißt, die Lehrkraft geht davon aus, dass ein bestimmter Lernzuwachs erfolgte, ohne diesen mit den Lernenden konkret herauszuarbeiten (Wiechmann 2011, S. 26).

Auch deshalb ist es wichtig, bei den Aneignungsphasen mit Lernenden ins Gespräch zu kommen, ihr Verständnis des Inhaltsgebiets zu überprüfen, bevor sie mit dem Üben oder Wiederholen beginnen, und durch formatives Feedback und kontinuierliches Überprüfen des Lernzuwachses festzustellen, inwieweit eine Verankerung an bereits bestehendem Wissen erfolgte. Diejenigen Schülerinnen und Schüler, die bereits einiges über das neue Themengebiet wissen, sollten dabei die Möglichkeit bekommen, sich mit Aspekten auseinanderzusetzen, die ihnen bislang wenig bekannt sind, während Lernende, die noch keinen oder einen nur sehr geringen Wissensstand haben, eine ausführlichere Hinführung benötigen, die durch Visualisierungen und Lösungsschritte kleinschrittiger verdeutlicht wird.

Eine didaktisch hochwertige Wissensvermittlung, die an das Vorwissen der Lernenden anschließt, muss folglich Ausgangspunkt des Deeper Learning sein. Nur »gedanklich durchdrungenes, verstandenes, im Vorwissen verankertes, beweglich gewordenes und vernetztes Wissen ist der Schlüssel zum Können« (Reusser 2021, S. 239) und gleichermaßen zur Entwicklung der vier überfachlichen 21st Century Skills Kommunikation, Kooperation, kritisches Denken und Kreativität.

Deeper Learning ist also explizit kein offener Unterricht (Peschel 2002), denn der Prozess der Aneignung von Wissen wird durch die Lehrkräfte professionell vorbereitet und in Abhängigkeit von der Selbstregulationsfähigkeit der Schülerinnen und Schüler auch mehr oder weniger stark gesteuert. Dabei kommt der fachlichen Expertise der Lehrkräfte eine besondere Bedeutung zu. Dank ihrer fachlichen Ausbildung und professionellen Erfahrung verfügen sie in der Regel über einen deutlichen Expertisevorsprung vor den Schülerinnen und Schülern. In Vorbereitung einer Deeper Learning-Sequenz ist es ihre Aufgabe, komplexe Wissensbestände zu sichten, zu prüfen, auszuwählen und so zu strukturieren und aufzubereiten, dass sie Schülerinnen und Schülern die wirksame und zeiteffektive Aneignung von Wissen ermöglichen. Digitale Medien können dabei auf unterschiedliche Weise genutzt werden. Mit Ruben Puenteduras SAMR Modell (2006) lassen sich die folgenden vier Felder festhalten, die in unterschiedlicher Tiefe auch die Unterrichtsgestaltung des Deeper Learning prägen können (Tschekan 2021, S. 270; Brägger/Steiner 2021, S. 644):

- **Substitution:** das Ersetzen analoger Medien (z.B. digital abgespielte Dialoge statt einer CD)
- **Augmentation:** die Erweiterung der Unterrichtsmaterialen (z.B. durch die zusätzliche Nutzung digitaler Lernmedien)
- **Modifikation:** die Veränderung von Aufgabenstrukturen (z.B. durch die Nutzung von Lernplattformen und der damit verbundenen digitalen Anwendungen)
- **Redefinition:** die Neudefinition von Unterrichtsphasen und Aufgabenformaten (z.B. durch eine umgestaltete Unterrichtsorganisation im Sinne des Flipped Classroom).

Beim Deeper Learning sollten Lehrkräfte adaptiv die gesamte Bandbreite dieser Möglichkeiten nutzen.

Im Zusammenspiel zwischen der direkten Instruktion und den Optionen, die die Digitalisierung bietet, wird es möglich, den »10-G-Unterricht« (Brägger/Koch 2021, S. 150) zu überwinden. Dieser ist dadurch charakterisiert, dass »alle gleichaltrigen Schüler zum gleichen Zeitpunkt bei der gleichen Lehrperson, im gleichen Raum, mit den gleichen Mitteln die gleichen Dinge tun, zu den gleichen Fragen die gleichen Antworten geben und das gleiche Ziel gleich gut erreicht haben« (Stadler 2016, S. 9).

Für die Aneignungsphase bedeutet dies, dass nicht mehr alle Schülerinnen und Schüler gleichzeitig einem Lehrendenvortrag lauschen müssen, der im schlimmsten Fall die einen überfordert und frustriert, die anderen unterfordert und langweilt. Dem individuell unterschiedlichen Vorwissen kann jetzt durch die Personalisierung von Lernprozessen Rechnung getragen werden. Personalisierung, so wurde in Kapitel 3 definiert, beschreibt die »optimale partizipativ erzielte Passung zwischen Lernangeboten und individuellen Nutzungsmöglichkeiten [, die] maßgeschneiderte Lernerfahrungen [...] ermöglicht« (Stebler/Pauli/Reusser 2021, S. 403). In der ersten Phase des Deeper Learning bedeutet dies, dass Lernende einen Zugang zum Themenfeld erhalten, der ihrem Vorwissen entspricht und sie von Beginn der Auseinandersetzung an kognitiv fordert.

Die Bereitstellung unterschiedlicher Lernzugänge erfolgt in Deeper Learning-Unterrichtssequenzen anhand der unterschiedlichen Stufen der SOLO-Taxonomie (Biggs/Collis 1982; vgl. Kapitel 4.4).

Strukturierung von Wissensressourcen nach der Solo-Taxonomie

Beispiel: eine Deeper Learning-Unterrichtseinheit zum Thema »Klimawandel«

vorstrukturiert: ein kurzes Erklärvideo über »Dürre« in einfacher Sprache und mit viel Illustration

einfach strukturiert: ein einfaches Erklärvideo über das Konzept »Klima«

mehrfach strukturiert: eine populärwissenschaftliche Fernsehreportage zum Klimawandel

relational: ein längerer Text zum »Klimawandel« aus einer Wissenschaftszeitschrift mit vielen anschaulichen Grafiken

erweitert abstrakt: die Vorlesung einer Klimawissenschaftlerin mit vielen komplexen Zusammenhängen aus Geografie, Physik und Mathematik

Die Schülerinnen und Schüler können entweder selbst einschätzen, auf welcher Stufe sie im konkreten Themenfeld stehen, oder auch von der Lehrkraft Impulse erhalten, wo sie sich einordnen könnten. Die unterschiedlichen Zugänge zum Themenfeld können dabei einerseits über den klassischen Lehrendenvortrag erfolgen (Neubauer/Stern 2013), andererseits aber auch über Vorträge durch Expertinnen und Experten angeboten werden, die die Lernenden (virtuell) im Klassenzimmer besuchen. Wichtig dabei ist, dass die Expertise authentisch, anschaulich und lernendenrelevant präsentiert wird. Ebenso sind Lehrgänge zu außerschulischen Bildungspartnerinnen und Bildungspartnern oder Lernorten denkbar, um einen Zugang zum Feld zu erhalten. Gleichzeitig ist es möglich, im Lernmanagementsystem unterschiedliche Videos, Podcasts, Texte, Lernsoftware und Ähnliches bereitzustellen, die auf unterschiedlichen Niveaustufen einen Zugang bieten. Auf diese Weise kann der Wissensaufbau passgenauer, authentischer und interaktiver ermöglicht werden, als es das alte Industriemodell von Schule je getan hat (Kerres 2018). Ausschlaggebend für den Lernprozess aller Schülerinnen und Schüler ist, die jeweilige (digitale) Instruktion durch eine angeleitete eigenständige Bedeutungskonstruktion zu erweitern, um transferfähiges Konzeptwissen zu erlangen (Kulgemeyer 2018). Nur wenn die Aneignung neuer Information nicht als »reine Informationsübertragung« (Wolf/Kulgemeyer 2021, S. 486) gestaltet ist, sondern mit kognitiv anregenden Aufgaben versehen wird (Kauertz/Fischer 2020), die einen Anschluss an das Vorwissen aktiv einfordern, dieses erweitern und umstrukturieren, kann das hohe Potenzial der (digitalen) Personalisierung abgerufen werden.

Unterschiedliche Zugangswege auf unterschiedlichen Niveaustufen können nicht nur während der ersten Phase des Deeper Learning die Aneignung eines Wissensfundaments unterstützen. In der zweiten Phase (Ko-Konstruktion und Ko-Kreation) können die Schülerinnen und Schüler unterschiedliche mediale Zugänge dazu nutzen, ihr Wissen passgenau zu erweitern. Dies beinhaltet auch, dass sie im Themenfeld zurückschreiten und Dinge zum Beispiel anhand eines passenden Erklärvideos noch einmal rezipieren, die noch nicht so gut beherrscht werden, wie es zunächst vermutet wurde.

Die (digitalen) Medien dienen im Rahmen der Aneignung nicht nur einer motivierenden Methodenvielfalt (Meyer 2004), sondern sind gleichzeitig »denk- und lernraumerweiternde kognitive Werkzeuge« (Reusser 2003), deren Nutzung angeleitet werden muss. Studien zeigen, dass die erhöhte Selbstregulation und Freiheit in der Lernzeitnutzung nicht von allen Schülerinnen und Schülern gleichermaßen produktiv genutzt werden kann. Wirkt sich die personalisierte Lernumgebung bei leistungsstärkeren Lernenden oftmals positiv auf die Einstellungen, auf die Motivation und das schulische Engagement aus (Zhang et al. 2020; Farber et al. 2017; Scharnagel et al. 2014), so können leistungsschwächere Schülerinnen und Schüler ohne gezielte Lernunterstützung von den digitalen Medien und der durch sie gebotenen selbstständigen Auseinandersetzung mit Lerninhalten überfordert sein (Stebler/Pauli/Reusser 2021, S. 420). Insbesondere beim personalisierten Lernen sind Lehrkräfte mehr denn je »strategische Figuren« (RAND 2014, S. 6), die ihre Schülerinnen und Schüler, deren Lernstände, Stärken und Schwächen gut kennen müssen, um angemessene Lernangebote zu unterbreiten.

Nur wenn am Ende der ersten Phase des Deeper Learning sichergestellt ist, dass die Schülerinnen und Schüler zentrale Wissensbestände (deklaratives Wissen) sowie fachliche Schlüsselkonzepte und Zusammenhänge (konzeptuelles Wissen) verstanden sowie sich angeeignet haben und daher bereits kognitive Repräsentationen zum Themenfeld vorhanden sind, können sie in der zweiten Phase neue, auch selbst gesuchte Informationen richtig interpretieren und organisiert in ihre Wissensstruktur einordnen (Schneider/Stern 2010).

Damit dies gelingt, ist es wichtig, ein Wissensfundament zu definieren, das sich möglichst alle Schülerinnen und Schüler aneignen. Über dieses Fundament hinausgehend ist nach oben alles offen. Der übliche Erwartungshorizont wird aus dem Lernprozess herausgenommen. Wer es möchte und kann, dem stehen schon in Phase I tiefgreifende Zugänge zur Wissensaneignung offen, bis hin zu sehr anspruchsvollen, universitären Zugängen zum Weltwissen.

Für die Formulierung des Wissensfundaments, also desjenigen Wissens, das sich alle auf jeden Fall aneignen müssen, bevor sie in die zweite Phase einer Deeper Learning-Sequenz übertreten können, eignet sich zum Beispiel eine sogenannte Concept Map. Wenn Lehrkräfte solche »Begriffslandkarten« erstellen, fällt es den Lernenden leichter zu verstehen, was sie wissen und verstehen müssen, um damit in Phase II arbeiten zu können. Konzeptuelles Wissen (fachliche Schlüsselbegriffe) und Zusammenhänge können in den Landkarten so ersichtlich gemacht werden, dass sie Schülerinnen und Schülern auch bei der Auswahl von Lernmedien (auf der Lernplattform) Orientierung bieten (Fürstenau 2011). Einzelne Informationen können die Lernenden so besser in den Gesamtzusammenhang einordnen, wodurch die Gedächtniskapazität vergrößert werden kann (Schuhmacher/Stern 2004). Wichtig ist auch, wie intensiv und vor allem wie häufig auf die Kernkonzepte bzw. die erstellte Begriffslandkarte (Concept Map) zurückgegriffen wird, sei es in Phase I oder Phase II. Je häufiger eine Thematik wieder aufgegriffen wird, desto stärker und nachhaltiger werden die Schlüsselkonzepte verankert (Schuhmacher/Stern 2004). Die fachlichen Schlüsselkonzepte werden so im Langzeitgedächtnis gespeichert und sind langfristig abrufbar.

Das zentrale Ziel der Aneignungsphase ist erfüllt, wenn sich alle Schülerinnen und Schüler eine zutreffende und korrekte Vorstellung von den wichtigsten fachlichen Konzepten und Prozesszusammenhängen angeeignet haben. Die Lernenden haben sich selbst – mit angemessener professioneller Unterstützung durch Lehrkräfte – in die Lage versetzt, auf einem Wissensfundament zu stehen, das es ihnen erlaubt, flexibel mit dem vorhandenen Wissen weiterzuarbeiten, das heißt weiterzudenken und es mit anderen Wissensstrukturen zu verknüpfen (Weiss 2012, S. 137). Um sicherzustellen, dass die fachlichen Schlüsselkonzepte tatsächlich vermittelt wurden, reicht es nicht aus, ein reichhaltiges Angebot zu gestalten und danach in die nächste Phase überzugehen – der Wissenszuwachs muss überprüft werden, um sicherzustellen, dass alle Schülerinnen und Schüler gut in die nächste Phase übergehen können. Lernende, die noch Wissens- oder Verständnislücken aufweisen, müssen diese erst schließen bzw. angeleitet werden, diese zu schließen, bevor sie in die nächste Phase eintreten.

Für den Abschluss dieser Phase bietet es sich an, die vorhandenen digitalen Möglichkeiten auch diagnostisch zu nutzen. Im Idealfall werden hierzu intelligente tutorielle Systeme eingesetzt, die adaptiv »mit Hilfe künstlicher Intelligenz eine differenzierte Diagnostik des Wissensstands der Lernenden vornehmen, ein Lernmodell und ein Modell des Lerninhalts generieren und den Lernstoff sowie die Rückmeldungen den Eingaben der Lernenden entsprechend anpassen« (Schaumburg 2021, S. 391).

Aber auch ohne die Nutzung dieser adaptiven Systeme kann der Lernzuwachs digital überprüft werden, beispielsweise mithilfe von einem Quiz oder einer PowerPoint-Karaoke – einer Methode, bei der die Lerndenen Begriffe spontan erläutern können, um ihren Grad an Wissen zu dokumentieren (Hofer-Krucker Valderrama/Kauffmann 2019, S. 83 f.). Daneben besteht selbstverständlich auch die Möglichkeit, den Lernzuwachs durch kleinere Posterpräsentationen, die Gestaltung einer Pinnwand, durch Mindmaps oder selbstgestaltete Interviews nachzuweisen.

Durch diese »Hürde« beim Übertritt von Phase I in Phase II, einer Art »Wissensführerschein« beim Deeper Learning, wird sichergestellt, dass alle Schülerinnen und Schüler sich das erforderliche Wissensfundament angeeignet haben, um anschließend in der Phase der Ko-Konstruktion und Ko-Kreation selbstgesteuert und aktiv handelnd ihr Wissen zu nutzen und zu erweitern.

4.3 Phase II – Ko-Konstruktion und Ko-Kreation: Aus Wissen Neues schaffen

Schlossblickschule – Mathematik Klasse 10 – Deeper Learning-Einheit »Exponentialfunktionen«
Die erste Phase war ein toller Erfolg. Fast alle Schülerinnen und Schüler haben angebissen und wollen jetzt mehr über exponentielles Wachstum in der Lebenswelt wissen. Es bilden sich Themengruppen, und die Schülerinnen und Schüler können sich zuordnen: Leyla und Finn, die sich für Geografie interessieren, entscheiden sich für die Gruppe »Exponentielles Wachstum im Kontext der Bevölkerungsentwicklung«. Nina und Jo können sich vorstellen, später bei einer Bank zu arbeiten, und wählen »Exponentielles Wachstum im Kontext der Zinseszinsrechnung«. Kazem und Lina mögen Biologie und interessieren sich für Medizin. Sie möchten noch einmal genauer verstehen, was die Pandemie mit exponentiellem Wachstum zu tun hat, und wählen die Gruppe »Exponentielles Wachstum im Zusammenhang mit Epidemien und Pandemien«. Emma und Till sind echte MINT-Fans. Für sie ist die Gruppe »Exponentielles Wachstum und radioaktiver Zerfall« perfekt. Jakob hat gehört, dass es auch bei Frequenzverhältnissen in der Musik einen Zusammenhang zur Exponentialfunktion gibt. Da er in Mathe und Musik viel Vorwissen mitbringt, schlägt er das Thema seinen Lehrkräften vor und bekommt grünes Licht, dem Zusammenhang zwischen Musik und exponentiellem Wachstum auf den Grund zu gehen. Mira hat gelesen, dass auch die Verbreitung von Kettenbriefen nach den Regeln des exponentiellen Wachstums erfolgt. Sie sucht noch Klassenkameraden, die gemeinsam mit ihr mehr darüber herausfinden möchten. Herr Müller und Frau Sacher stehen den Schülerinnen und Schülern während der gesamten Phase zur Seite. Diejenigen, die noch mehr Unterstützung brauchen, werden von ihnen intensiv begleitet, während diejenigen, die wenig Unterstützung benötigen, vorwiegend allein arbeiten dürfen.

Friedrich-Ebert-Schule – Englisch Klasse 8 – Deeper Learning-Einheit »Australien«
Zu Beginn der zweiten Phase durften die Schülerinnen und Schüler selbstständig Themenfelder auswählen und Fragen dazu entwickeln, die sie in Gruppen beantworten möchten. Die Lehrkräfte standen ihnen dabei beratend zur Seite. Da die australischen Schülerinnen und Schüler ebenfalls interdisziplinär im großen Themenfeld

Australien arbeiteten, konnten sich auch internationale Teams bilden, die gemeinsam an einem Schwerpunkt arbeiten. Krisztian, Jane, Emily und drei Australier beschäftigten sich beispielweise mit der Geschichte Australiens und insbesondere mit den Aborigines und der 2008 getätigten ›Apology Speech‹ von Kevin Rudd. Die Gruppe entschied sich dazu, den Mitschülerinnen und Mitschülern das Leben der Aborigines durch einen interaktiven Gallery Walk näherzubringen. Besondere Unterstützung erhielten sie durch eine australische Social-Studies-Lehrerin. Zwei Gruppen legten ihren Schwerpunkt auf den Klimawandel in Australien. Beide Gruppen waren international zusammengesetzt. Mila, Amina und zwei Australierinnen betrachteten das Ökosystem des Great Barrier Reefs und die mit dem Klimawandel einhergehenden Herausforderungen für das Korallenriff. Thematische Hilfestellung bot ihnen hierbei Frau Tschappe, da sie der Gruppe das nötigen Hintergrundwissen bezüglich der biologischen Aspekte der Organismen zur Verfügung stellen kann. Außerdem kontaktierte die Gruppe Organisationen vor Ort, um besser zu verstehen, was man gemeinsam – auch am anderen Ende der Welt – für den Schutz und Erhalt des Great Barrier Reefs tun kann. Die andere Gruppe legte ihren Fokus auf die Buschbrände 2020 und die Überflutungen 2021. Sie wollte herausfinden, was zu diesen Katastrophen führte, mit welchen Folgen die Tierwelt zu kämpfen hat, wie sich die Menschen in Australien besser wappnen können und mit welchen Maßnahmen solche Katastrophen in Zukunft vielleicht verhindert werden können. Da es sich hierbei um politische wie auch geopolitische Aspekte handelt, konnte Herr Bartel gemeinsam mit einem australischen Kollegen dieser Gruppe als Coach zur Verfügung stehen. Mit der Sprache und der Kultur Australiens setzten sich Thea, Rik, Johanna, Björn und Matej in Form eines Online-Theaterprojekts auseinander. Unterstützt wurden sie insbesondere von Frau Roskocz, die eine ausgebildete Theaterpädagogin ist. Die Gruppe plante, ihre Mitschülerinnen und Mitschüler mithilfe von englischsprachigen TikToks in die Sprache und Kultur Australiens einzuführen. Da sich Frieda, Robert und Saki sehr für Tiere interessieren, schlugen sie den Lehrkräften gemeinsam mit vier australischen Schülerinnen und Schülern ein weiteres Thema vor: ›Wombat, Koala & Co. – Australian animals and their habitat‹. In Anbetracht neuester Befürchtungen von Wissenschaftlerinnen und Wissenschaftlern möchte sich die Gruppe vor allem mit den vom Aussterben bedrohten Koalas beschäftigen, jedoch ebenfalls den Lebensraum weiterer typisch australischer Tiere näher betrachten. Dazu sollen australische Expertinnen und Experten, darunter auch Wildlife Ranger, interviewt werden. Ihren Mitschülerinnen und Mitschülern möchte die Gruppe die Tierwelt Australiens mit abwechslungsreichen Instagram-Storys sowie digital erstellten Plakaten erklären.

Die gemeinsame Arbeit wurde auf einer digitalen Lernplattform dokumentiert. Auf diese Weise konnten die deutschen und australischen Lehrkräfte allen Schülerinnen und Schülern Feedback geben und sie zielgerichtet unterstützen. Auch diejenigen Gruppen, die rein national zusammengesetzt waren, wurden jeweils von allen Lehrkräften betreut.

Goethe-Schule – MINT-Fächer Klasse 9 – Deeper Learning-Einheit »Klimawandel«

Nachdem die Schülerinnen und Schüler nachgewiesen haben, dass sie sich ein bestimmtes Grundwissen (Wissensfundament) angeeignet haben, dürfen sie in der zweiten Phase authentische Fragestellungen oder Aufgaben bearbeiten, die sie selbst (mit)entwickelt haben. Jonas und Anna haben sich für einen praktischen Zugang zum Thema »Klimawandel« entschieden. In Phase I haben sie verstanden, dass das Pflanzen von Bäumen und die Reduktion des Fleischkonsums dem Klimawandel entgegenwirken. Anna entscheidet zusammen mit zwei Freundinnen, auf dem Markt einen Infostand aufzubauen und dort Menschen davon zu überzeugen, für das Pflanzen von Bäumen auf dem Grünstreifen vor der Schule zu spenden. Jonas möchte in seinem Freundeskreis über den Zusammenhang zwischen Fleischkonsum und Klimawandel aufklären. Er entwirft dazu mit Torben, der sehr gut am Computer gestalten kann, eine Reihe von Instagram-Reels, mit deren Hilfe sie ihre Kumpels im Netz davon überzeugen möchten, weniger Fleisch zu essen. Jannis und Ayla sind schon längere Zeit bei »Fridays for Future« aktiv und kennen sich mit dem Thema gut aus. In Phase I wurde ihnen allerdings klar, dass sie noch nicht richtig verstanden haben, wie der Ausstieg aus der Kohlekraft in Deutschland sozialverträglich bewältigt werden kann. Sie möchten dieses Thema ganz durchdringen und auch mit Politikerinnen und Politikern unterschiedlicher Parteien darüber sprechen. Jana hat sich in Phase I tief in die physikalischen Hintergründe des Klimawandels eingearbeitet. Es gibt aber noch einige Dinge, die sie besser verstehen möchte, und sie hat entschieden, Kontakt zu einem Forschungsinstitut aufzunehmen und mit Nachwuchswissenschaftlern darüber zu sprechen. Außerdem hat sie gehört, dass es in der 12. Klasse einen Schüler gibt, der sich mit diesem Thema beschäftigt hat. Sie möchte sich mit ihm treffen, um ein Interview mit ihm zu führen.

Elbsteinschule – Gesellschaftswissenschaften, Sprachen, Mathematik Klasse 11 – Deeper Learning-Einheit »Soziale Ungleichheit – sozialer Zusammenhalt«

Am Ende von Phase I ergab sich in der Lerngruppe eine rege Diskussion über soziale Ungleichheit. Das Bewusstsein war geweckt und in der Diskussion wurde klar, dass es viele offene Fragen gibt. Das Lehrkräfteteam teilte sich auf und führte mit jedem der Lernenden ein Beratungsgespräch, das den Schülerinnen und Schülern dabei helfen sollte, ihren Zugang zum Thema zu finden.

Es bildet sich schnell ein Team, das mehr über Kinderarmut in der eigenen Stadt herausfinden möchte. Die Schülerinnen und Schüler entscheiden sich dafür, Interviews mit verschiedenen Expertinnen und Experten in der Stadt zu führen – nicht nur über die Ursachen von Kinderarmut, sondern auch über mögliche Lösungsansätze. Paula und Vincent sind im Leistungskurs Französisch. In Phase I sind sie über ein Lernvideo auf die Arbeiten des französischen Soziologen Pierre Bourdieu aufmerk-

sam geworden und finden seine Theorie der Ungleichheit interessant. Sie entscheiden sich, im französischen Original Texte von Bourdieu zum Habitus und zu den unterschiedlichen Kapitalformen, die zu sozialer Ungleichheit beitragen, zu lesen. Frau Petit, die Französisch unterrichtet, steht ihnen dabei als Coach zur Verfügung. Lukas, Maria und Cécile fanden das Erklärvideo zum Gini-Koeffizienten, dem mathematischen Maß für soziale Ungleichheit, sehr interessant. Sie möchten ihr Wissen dazu vertiefen und sich den Gini-Koeffizienten der Bundesrepublik Deutschland in seiner Entwicklung über die Zeit und im Vergleich mit dem anderer Länder weltweit anschauen. Frau Weiß wird sie dabei beraten. Julia, Miranda und Dario sind fasziniert von der »Theorie der Gerechtigkeit« des amerikanischen Philosophen John Rawls. Aus seiner Idee eines »Schleiers der Unwissenheit« würden sie gerne ein Lernspiel machen, um ihre Mitschüler spielerisch in die Lage zu versetzen, über eine gerechtere Gesellschaft nachzudenken. Das interessiert auch Herrn Holzapfel, der sich gleich bereit erklärt, sie zu unterstützen. Joris und Lisa tanzen gerne und machen das auch in ihrer Freizeit. Sie haben entschieden, eine Choreografie einzustudieren, in der sie sich tanzend mit dem Thema Armut und Ungleichheit auseinandersetzen. Dazu laden sie auch Mitschülerinnen und Mitschüler ein, die bisher noch nie Tanzunterricht hatten. So kommt eine Gruppe von acht Schülerinnen und Schülern zustande, die sich dem Thema durch den Tanz künstlerisch annehmen wird.

Die zweite Phase des Deeper Learning nimmt das grundlegende Wissen auf, das sich die Schülerinnen und Schüler in der ersten Phase angeeignet haben, um nun anspruchsvolle kognitive Prozesse anzuregen. Die entsprechenden Prozesse umfassen die Auswahl von Fragestellungen, authentische Arbeitsweisen, deren Analyse sowie das Verknüpfen von unterschiedlichen Wissensbeständen und das Durchdenken von alternativen Lösungswegen (Brand/Markowitsch 2006). Diese Prozesse, angetrieben durch die 4K – Kommunikation, Kooperation, kritisches Denken und kreatives Handeln – ermöglichen den Schülerinnen und Schülern das Erleben von Agency (Kapitel 3) und Selbstwirksamkeit.

Alle Arbeits- und Lernprozesse in Phase II sind eingebettet in eine vorbereitete hybride Lernumgebung und finden im Kontext einer Kultur der Digitalität statt. Dies bedeutet, dass die Digitalität im Deeper Learning-Unterricht nicht als besondere Herausforderung oder außerordentliches Werkzeug angesehen wird, sondern als die selbstverständliche und authentische Infrastruktur, in der Lernprozesse im 21. Jahrhundert ablaufen. Die Unterrichtsprozesse finden damit in einem sogenannten »postdigitalen Setting« (Wampfler 2021, S. 823) statt. Die zugrunde liegende Kultur der Digitalität, das heißt der natürliche Umgang mit digitalen Mitteln und Möglichkeiten, zeigt sich »handlungsleitend und gesellschaftsformend […] in Artefakten, Institutionen und Lebenswelten« (Stalder 2016, S. 16). Die authentische Arbeit, die den Kern des Lernens ausmacht, ist in eine Kultur der Digitalität eingebettet. Diese Kultur der Digitalität umfasst drei Merkmale (Stalder

2016; Wampfler 2021), die in Phase II des Deeper Learning eine besonders wichtige Rolle spielen:

(a) **Gemeinschaftlichkeit:** Nicht eine Person allein entwickelt oder produziert ein bestimmtes Werk, sondern mehrere Menschen vernetzen sich und arbeiten gemeinsam an kulturellen Produkten.
(b) **Referenzialität:** Die Texte und Produkte beziehen sich indirekt und auch direkt auf andere Texte oder Produkte, arbeiten diese um, erweitern sie und transformieren sie zu etwas Neuem, das dann weitere Impulse für andere Menschen bietet.
(c) **Algorithmizität:** Die individuelle und gemeinschaftliche Verarbeitung von Daten und Informationen, die »dynamische Ordnungen für sich rasch wandelnde Felder« (Stalder 2016, S. 185) ermöglicht.

In der Phase der Ko-Konstruktion und Ko-Kreation knüpft Deeper Learning auch an den Konnektivismus an, einen theoretischen Rahmen zum Verständnis des Lernens im Digitalen Zeitalter. Die Theorie des Konnektivismus geht unter anderem auf den kanadischen Pädagogen George Siemens zurück (2005): Durch die Ubiquität von Informationen im Internet und durch die neuen sozialen Möglichkeiten der digitalen Vernetzung und Kommunikation können Schülerinnen und Schüler auf eine Art und Weise lernen, wie es vorher nicht möglich war. Lernen findet nach der Theorie des Konnektivismus nicht mehr primär intraindividuell statt, sondern in und zwischen Netzwerken aus Personen. Das Wissen des einzelnen Individuums wird durch das Wissen der anderen (also Mitschülerinnen und Mitschüler, Lehrkräfte, andere Experten und Expertinnen) erweitert. Wissen wird dabei als Ressource verstanden, die grundsätzlich vernetzt zur Verfügung steht und von Individuen und Gruppen über Selbstregulation und Selbstorganisation genutzt und weiterentwickelt werden kann. Die Phase der Ko-Konstruktion und Ko-Kreation macht sich diese kollektive Verfügbarkeit von Wissen zunutze, indem Lernende in Teams arbeiten, digital und analog verfügbare Wissensressourcen flexibel erschließen und nutzen und auf externe Expertisen zurückgreifen, um Aufgaben und Probleme ko-konstruktiv und ko-kreativ zu bearbeiten.

Für das Deeper Learning bedeutet dies, dass Schülerinnen und Schüler gemeinsam an Fragestellungen und Ideen arbeiten, dass sie sich dabei bewusst, kritisch und kompetent mit vorhandenem Wissen und Produkten auseinandersetzen und Neues erschaffen. Das gemeinsame Handeln unter Anwendung der 21st Century Skills trägt die Lernenden durch diese wichtige Phase des Lernprozesses. Sie kooperieren und kommunizieren miteinander, mit ihren Lehrkräften und mit der sie umgebenden Welt. Sie denken kritisch über Fragen nach und arbeiten kreativ zusammen, um gemeinsam authentische Leistungen zu erarbeiten. Diese von Konnektivität geprägten Arbeitsprozesse stehen im Fokus von Phase II des Deeper Learning. Auf ihre Qualität kommt es für das Gelingen des Lernens an.

4.3.1 Kooperation: Grundlage von Ko-Konstruktion und Ko-Kreation

Ko-Konstruktion und Ko-Kreation bauen einerseits auf dem Wissen der Lernenden auf. Nur wenn in Phase I des Deeper Learning ein bestimmter Grundstock an Wissen angeeignet wurde, können die Lernenden in Phase II beginnen, damit zu arbeiten, sich neues, darauf aufbauendes Wissen anzueignen oder weiterführende Themenfelder zu erschließen. Andererseits benötigt diese Phase eine organisatorische Struktur, die es den Lernenden ermöglicht, ko-konstruktiv und ko-kreativ tätig zu werden. Auf einer rein strukturellen Ebene wird dies durch die Struktur des Lernprozesses und fachlich-inhaltlicher Impulse dazu auf der Lernplattform geboten. Auf einer handlungstheoretischen Ebene müssen die Schülerinnen und Schüler Gelegenheit zur Aneignung von Kompetenzen und Handlungsmöglichkeiten erhalten, die es ihnen ermöglichen, tatsächlich zusammenzuarbeiten.

In dieser Hinsicht ist die zweite Phase des Deeper Learning eng mit der Grundidee des kooperativen Lernens verknüpft (Green/Green 2007). Dies bedeutet, dass auch bei Deeper Learning die folgenden fünf Aspekte beachtet werden müssen, damit Lernende gut zusammenarbeiten (Johnson/Johnson 1999). Kooperatives Lernen findet statt, wenn die Schülerinnen und Schüler (1) eine positive Abhängigkeit voneinander besitzen. Die gemeinsame Aufgabe ist interdependent und kann nicht erfüllt werden, wenn nicht jeder und jede Einzelne an deren Erfolg arbeitet und mit seinen oder ihren jeweiligen Arbeitsergebnissen dazu beiträgt. Hinzu kommt die (2) individuelle Verantwortung. Alle Gruppenmitglieder sind gleichermaßen für den Arbeitserfolg verantwortlich und müssen für das Gesamtergebnis einstehen. Grundlage des Arbeitserfolgs sind (3) Sozialkompetenzen. Dies bedeutet, dass die Lernenden einander zugewandt Aufgaben erledigen, sich gegenseitig unterstützen und gemeinsam auf den Lernprozess schauen, Konflikte gemeinsam lösen und Entscheidungen treffen. Hierzu trägt die direkte Interaktion (4) bei. Die Gruppenmitglieder stehen in einem unmittelbaren Austausch und besprechen ihre Arbeitsschritte. Abgerundet wird das kooperative Lernen durch die gemeinsame Reflexion (5). Die Schülerinnen und Schüler bewerten ihren Lernprozess und formulieren Verbesserungsvorschläge für sich anschließende kooperative Lernphasen. Die Lehrkraft steht dabei stets beratend zur Seite und strukturiert die Phasen des kooperativen Lernens beispielsweise durch Rollenverteilungen in den Gruppen und Arbeitsimpulse für die Lern- und Arbeitsprozesse.

Die Grundprinzipien des kooperativen Lernens kommen in Phase II des Deeper Learning zur Anwendung. Auch hier liegt die Verantwortung für den Lernprozess bei den Lernenden, die sich gegenseitig im Team unterstützen und eine gemeinsame Aufgabe lösen. Sie stehen in engem Austausch, entwickeln sich miteinander und reflektieren dabei ihr Vorgehen und den Lernfortschritt.

Die ko-konstruktive Phase geht jedoch in mehrfacher Hinsicht über das kooperative Lernen hinaus: Zunächst obliegt bei den Lernprozessen des Deeper Learning die Gruppeneinteilung stärker den Lernenden selbst. Sie können je nach fachlichem Interesse und Vorwissen unterschiedliche Aspekte bearbeiten und sich in Teams zusammenfinden, die ihnen einen entsprechenden Lernzuwachs versprechen. Dann ist Deeper Learning eine Weiterentwicklung des kooperativen Lernens, wenn die Lernenden die vorbereitete, hybride Lernumgebung zwar nutzen, jedoch in ihren eigenen Schwerpunkten und Herangehensweisen auch selbst gestalten und erweitern. Zusätzlich überschreitet Deeper Learning das klassische kooperative Lernen, wenn die Schülerinnen und Schüler sich in eigene Fragestellungen und Herausforderungen tiefgreifend einarbeiten, sodass Lehrkräfte diese Arbeitsprozesse nicht mehr selbst durchlaufen, sondern nur begleiten. Die Lernenden werden so selbst zu Expertinnen und Experten, nutzen kooperative Methoden, jedoch auch andere flexiblere Formen der Kooperation, die über traditionelle Ansätze des kooperativen Lernens, wie zum Beispiel »Vom Ich zum Du zum Wir« (think-pair-share) (Johnson/Johnson 1999) hinausgehen. Dazu gehört beispielsweise, dass die Lernenden flexibel entscheiden dürfen, ob die Beteiligten jeweils an Teilprozessen für das Endergebnis arbeiten oder in allen Bereichen an einem Endergebnis gemeinsam arbeiten.

Die ko-konstruktive Phase des Deeper Learning erfordert von den Schülerinnen und Schülern, sich aktiv in die Lernprozesse einzubringen, ihr Wissen zu offenbaren, selbstständig zu vertiefen, neu zu vernetzen und gemeinsam Neues zu entwickeln. Diese aktive Arbeit mit konzeptuellem, deklarativem, prozeduralem oder auch metakognitivem Wissen (Anderson/Krathwohl 2001; vgl. Kapitel 4.1) erfolgt zunächst über die »mündliche Interaktion, [das heißt durch] aufeinander bezogenes Handeln zweier oder mehrerer Personen« (Hofer-Krucker Valerrama/Kauffmann 2021, S. 763). Kern der mündlichen Interaktion ist die Kommunikation, die, wenn sie dialogisch gestaltet ist und auf qualitativ hochwertiges Wissen zurückgreifen kann, zur Ko-Konstruktion führt und in anspruchsvollen Lernprozessen mündet (Dausendschön-Gay/Gühlich/Krafft 2015; Kerres 2013).

Die Herausforderung liegt dabei in der Vielfalt an Informationen, die durch das Hinzuziehen der digitalen Medien sowie die Einbeziehung außerschulischer Partner im Deeper Learning zugänglich ist. Die Schülerinnen und Schüler müssen nun fähig sein, sich »in massiv erweiterten kollektiven Informationsräumen zurecht zu finden, selbstständig problemorientiert und fokussiert auf konkrete Lernziele Informationen auszuwählen und zu nutzen, verständnistief zu verarbeiten und mündlich und schriftlich darüber zu kommunizieren« (Reusser 2021, S. 263). Es braucht kluge Anreizstrukturen, um Schülerinnen und Schüler an diese Arbeit heranzuführen, denn diese Kompetenzen können nicht vorausgesetzt werden, sondern müssen im Sinne einer adaptiven Lernumgebung gemeinsam mit den Schülerinnen und Schülern erarbeitet und geübt werden. Wie dies in der ko-konstruktiven und ko-kreativen Phase gelingen kann, soll im nächsten Kapitelteil thematisiert werden.

4.3.2 Selbstständigkeit und Metakognition als individuelle Voraussetzungen für Ko-Konstruktion und Ko-Kreation

Welche lernpsychologischen Voraussetzungen sind wichtig, um überhaupt kooperativ und ko-konstruktiv in einer Kultur der Digitalität arbeiten zu können? Wie können Schülerinnen und Schüler mit ganz unterschiedlichen Voraussetzungen zum selbstregulierten Arbeiten schrittweise an freiere Arbeitsprozesse herangeführt werden? Kurt Reusser fasst den Forschungsstand prägnant zusammen:

> »Vor allem leistungs- und konzentrationsschwache Lernende mit Defiziten in Bezug auf Vorwissen und Lernkompetenzen (wie selbstständiges Planen, Selbstdisziplin, Impulskontrolle, metakognitive Steuerung) vermögen anspruchsvollere Aufgaben nicht ohne hochwertige fachpädagogische Unterstützung zu meistern (Lipowsky 2002; Lipowsky/Lotz 2015). Beobachtungsstudien haben z. B. gezeigt, dass die aktive Lernzeit von Kindern, die dem oberen Leistungsspektrum (begabt und bildungsnah) zuzuordnen sind, sowohl in lehrpersonengesteuerten als auch in selbstständigen Lernphasen fast immer hoch war, während sie bei den leistungsschwächeren Kindern in offenen Unterrichtssettings tief war bzw. deutlich zurückging (Wacker et al. 2016). Das heißt, dass gerade Schulen mit einer erweiterten didaktischen Architektur, in denen selbstständiges Lernen und individuelle Förderung einen hohen Stellenwert haben, psychologisch-didaktisch und kommunikativ starke Lehrpersonen benötigen, die in der Lage sind, sowohl die Fach- als auch die Lernkompetenzen ihrer Schülerinnen und Schüler wirksam zu unterstützen« (2021, S. 258).

Es kommt also für die Unterstützung von selbstregulierten Lern- und Arbeitsprozessen auf die professionellen Kompetenzen von Lehrkräften an:

> »Je komplexer und anspruchsvoller eine zu erwerbende geistige Funktion oder Tätigkeit ist, desto mehr bedarf sie beim Lernen der Unterstützung durch Inputs und durch die wiederholte Modellierung von Lerntätigkeiten. Vor allem in sehr heterogenen Lerngruppen ist eine solche Lernunterstützung zentral. Insbesondere schwächere Lernende aller Bildungsstufen sind auf fachdidaktisch versierte und kommunikationsstarke Lehrpersonen angewiesen, die sie durch adaptiv gestaltete Lernhilfen und im Lerndialog fachlich gehaltvoll und wertschätzend unterstützen« (Reusser 2021, S. 244).

Aktuell gehen wir davon aus, dass die Lehrpersonenausbildung angehende Lehrkräfte noch unzureichend auf pädagogische Prozesse des Diagnostizierens und Modellierens, des Scaffolding und Coaching (vgl. Kapitel 5) vorbereitet, wie sie in Phase II des Deeper Learning erforderlich sind. Es verwundert nicht, dass der High Tech High Schulverbund in Kalifornien, dessen Schulen die Deeper Learning-Pädagogik in den Mittelpunkt stellen, seine eigene Ausbildung konzipiert hat und ein erfahrungsorientiertes professionelles Lernen in einem durch wissenschaftliche Inputs und intensive Reflexionsphasen angereicherten Praxissetting vorsieht (Mehta/Fine 2019).

Neben der Professionalisierung der Lehrkräfte können auch intelligente Anreiz- und Ausbildungsstrukturen Lernende schrittweise an mehr Selbstständigkeit heranführen. Vor allem in Phase II sollen sich die Lernenden – bildlich gesprochen – an das Steuer ihres Lernprozesses setzen und nicht nur durch Voice und Choice (vgl. Kapitel 3) die Möglichkeit erhalten, eigene Richtungsentscheidungen beim Lernen zu treffen, sondern auch durch Freiräume für selbstreguliertes Handeln allein und in Teams die Gelegenheit zur Selbststeuerung erhalten. Doch wie viel Freiheit kann man Schülerinnen und Schülern zumuten? Wie viel Verantwortung für ihr eigenes Lernen können sie überhaupt tragen? Aufgrund der Heterogenität der Lernvoraussetzungen ist diese Frage nicht pauschal zu beantworten, sondern bedarf pädagogischer Strategien zur Förderung von Selbstregulation. Ein Beispiel für ein Anreizsystem für Selbstständigkeit und Selbstregulation ist das an der innovativen Alemannenschule Wutöschingen entwickelte »Graduierungssystem« (Helling 2017, S. 167; Zylka/Ruep 2016, S. 5), ein Konzept, das direkt anschlussfähig an die Phase II des Deeper Learning ist.

In diesem Anreizsystem für mehr Selbstständigkeit können Schülerinnen und Schüler sich Schritt für Schritt das Recht erarbeiten, ihr Lernen selbst zu steuern. Die Leiter der Selbstständigkeit umfasst vier Stufen: Neustarter, Starter, Durchstarter und Lernprofi (Helling 2017; Zylka/Ruep 2016). Die vier Stufen unterscheiden sich in ihren Rechten und den mit den Rechten einhergehenden Pflichten. Die Freiheitsspielräume der Lernenden zum Beispiel bezüglich der Nutzung von Technologie und der Bewegungsfreiheit im Raum innerhalb und außerhalb der Schule werden sukzessive erweitert: Während der Neustarter sich in der sogenannten »Atelierphase«, also der freien Arbeitsphase, in der Klasse aufhalten muss, ist es dem Starter erlaubt, auch in anderen Räumen im Schulgebäude zu arbeiten. Durchstarter können sich auf dem Schulgelände frei bewegen und einen passenden Arbeitsort wählen, wohingegen Lernprofis nach Rücksprache mit der Lehrkraft sogar an außerschulische Lernorte gehen (z. B. in die Stadtbibliothek) oder von zu Hause aus arbeiten können. Ähnlich erweitern sich die Freiheitsgrade bezüglich der Medien- und Techniknutzung. Während Starter digitale Hardware nach Rücksprache mit der Lehrkraft selbstständig nutzen können, dürfen Durchstarter zusammen mit anderen, die bereits diesen Status haben, z. B. auch Messenger Apps selbstständig nutzen, um kooperativ zu arbeiten. Lernprofis erwerben zusätzlich das Recht, private Apps während der Lernzeit zu nutzen.

Jede dieser Stufen müssen sich die Lernenden durch ihr Verhalten erarbeiten. Und wer den mit der jeweiligen Stufe einhergehenden Status für sich halten möchte, muss zeigen, dass er oder sie in der Lage ist, mit dem entsprechenden Maß an Freiheit verantwortlich umzugehen. Jeder bzw. jede Lernende erhält an der Schule zunächst einen Vertrauensvorschuss und darf auf der Stufe des Startes beginnen

(Zylka/Ruep 2016, S. 5). Die Stufen sind jedoch reversibel, und ein einmal erworbener Status kann durch den Missbrauch der Freiheitsrechte auch wieder eingebüßt werden. Je höher der Status, desto mehr Rechte, aber eben auch Pflichten gesteht die Schule den Lernenden jeweils zu (Helling 2018).
Die Schülerinnen und Schüler initiieren ihre Graduierung selbst, indem sie ein Gespräch mit ihren Lernbegleiterinnen oder Lernbegleitern suchen. Wenn diese dem Schüler bzw. der Schülerin ein entsprechendes Maß an Verantwortung zutrauen, schließen sie mit ihm bzw. ihr einen entsprechenden Vertrag ab, der Rechte und Pflichten benennt. Für die Stufe des Lernprofis müssen die Schülerinnen und Schüler mindestens 16 Jahre alt sein (Zylka/Ruep 2016, S. 5). Innerhalb der ersten drei Wochen auf der neuen Stufe werden die Lernenden von den Lehrkräften besonders intensiv beobachtet, um zu prüfen, ob sie in ihrem Verhalten den Anforderungen gerecht werden. Wenn die Lernenden die Anforderungen der jeweiligen Stufe nicht erfüllen, dann kann ihnen ihr Status aberkannt werden. Die Lernenden erhalten dann den nächst niedrigeren Status. Die Degradierung wird von den Lernbegleitern und Lernbegleiterinnen unmittelbar nach Verstößen gegen den Vertrag ausgesprochen (Helling 2018, S. 7). Typischerweise kommt es zu einer Degradierung, wenn die Lernenden gegen die Lernhausordnung, die Werte im Leitbild der Schule, die Regeln zur Nutzung von Tablets und PCs oder gegen persönliche Absprachen verstoßen. Bei kleineren Verstößen kann eine Verwarnung mit vier Wochen Gültigkeit ausgesprochen werden. Wird innerhalb dieses Zeitraums noch einmal gegen die Regeln verstoßen, dann findet sicher eine Degradierung statt.

Für die pädagogische Ausgestaltung der Freiheitsspielräume in der ko-konstruktiven bzw. ko-kreativen Phase II von Deeper Learning-Sequenzen ist ein solches reversibles Graduierungssystem ideal. Es schafft transparente Spielregeln und setzt zugleich Anreize, sich als Lernender bzw. als Lernende ein hohes Maß an Bewegungs- und Handlungsfreiheit zu erarbeiten. International werden solche Anreizsysteme auch an anderen 21st Century Schools bereits genutzt,[2] denn mit einem hybriden Lernraum in einer »Schule ohne Wände« geht fast immer auch das Verständnis einher, dass es nicht darauf ankommt, wo genau das Lernen stattfindet, sondern ob Schülerinnen und Schüler kognitiv aktiviert sind, sich gut auf die Arbeit konzentrieren können und letztlich bestimmte Lernziele erreichen. Der Raum, in dem das Lernen stattfindet, wird dabei in drei Dimensionen erweitert (vgl. Kapitel 5): erstens innerhalb des Schulgebäudes durch die Schaffung von Lernateliers oder multifunktionalen Lernzentren, sogenannten Learning Commons (Loertscher/Koechlin 2014, Kincaid/Pfau 2015). Außerhalb des Schulgebäudes wird der Lernraum durch außerschulische Lernorte (Klopsch 2016) und die Einbeziehung der häuslichen Lernumgebung erweitert. In der dritten Perspektive

2 Ein ähnliches Anreizsystem nutzt das Rolleston College, eine 2016 gegründete staatliche Schule in Neuseeland, wie eigene Forschungsinterviews zeigen.

liegt die Erweiterung im digitalen Raum (Sliwka/Klopsch 2019). Dies kann sich auf die Nutzung einer Lernplattform beziehen wie auch auf den Zugang zum weltweiten Internet (Breiter/Zeising/Stoplmann 2015, S. 178).

Neben der angeleiteten Entwicklung der Selbstständigkeit ist es für gelingende ko-kreative wie ko-konstruktive Prozesse wichtig, auch die Aspekte der Ko-Kreation und Ko-Konstruktion aktiv anzuleiten und Schülerinnen und Schüler darin zu unterstützen, diese schrittweise in höherer Qualität und Intensität zu erleben und einzusetzen. Hierzu benötigen sie ein gewisses Maß an Metakognition (Flavell/Wellmann 1977; Anderson/Krathwohl 2001). Dies bedeutet, dass die Schülerinnen und Schüler sich mit eigenen kognitiven Prozessen auseinandersetzen können, das heißt, dass sie sich ihrer eigenen Gedanken bewusst sind, Einstellungen entwickeln, aufmerksam sind und kreativ mit neuen Erkenntnissen umgehen. Neben dem Aspekt des bewussten Umgangs mit Wissen gehört zur Metakognition auch die Kontrolle über die eigene Kognition, beispielsweise durch die Überwachung des eigenen Vorgehens sowie die Selbstregulierung (Flavell 1979), um gelingende Lernprozesse durchführen zu können (Konrad/Traub 2009). Dies ist insbesondere im Zusammenhang mit Deeper Learning sehr wichtig. Nur wenn Schülerinnen und Schüler dazu in der Lage sind, ihre individuellen kognitiven Kapazitäten richtig einzuschätzen, sich ihrer Stärken und Schwächen bewusst sind und erkennen können, welche Anforderungen unterschiedliche Lernaufgaben an sie stellen, wird es gelingen, individuell anschlussfähige Strategien und Ressourcen für ihren Lernprozess auszuwählen (Neuenhaus 2011; Wang/Haertel/Walberg 1990).

Für die Gestaltung von Phase II des Deeper Learning bedeutet dies, dass die Lernenden die Möglichkeit erhalten müssen, ihren eigenen Lernprozess individuell und in ihrem jeweiligen Team zu reflektieren, gelingende Handlungsmuster beizubehalten und neue Wege und Ansätze zu finden, wenn sie in eine Sackgasse geraten. Der selbstregulierte Lernprozess verläuft dabei nicht linear, sondern muss als iterativer Vorgang von (metakognitiver) Planung, Überwachung, Regulierung und (Selbst-)Bewertung angesehen werden (Konrad/Traub 2009) und geht somit direkt aus metakognitiven Kompetenzen hervor.

Durch die Zusammenarbeit in der Gruppe und den Austausch mit der Lehrkraft bzw. fachlichen Expertinnen und Experten wird der Lernprozess zum sozial eingebundenen, autonomen und authentischen Prozess, der metakognitive Kompetenz einerseits erfordert, andererseits aber auch zusätzlich stärkt. Diese Entwicklung von Metakognition und Selbstregulation gehört zu den zentralen Aufgaben der Lehrkräfte in der zweiten Phase des Deeper Learning. Manche Lernende brauchen dabei mehr Unterstützung als andere. Motivation, Emotion und Volition (der Wille, es zu tun) werden zu einem expliziten Thema in den Gesprächen zwischen den Jugendlichen und ihren Lehrkräften. Normalerweise im Verborgenen stattfindende, implizite Prozesse werden im Dialog zwischen Lehrkräften und ihren Schülerinnen und Schülern an die Oberfläche geholt und ausgesprochen.

Dies kann in Phase I beginnen, wenn mit den Lernenden thematisiert wird, welches Wissen sie bereits in einem Themenfeld besitzen. In der zweiten Stufe geht die Reflexion tiefer und ist insbesondere im Bereich der Ko-Konstruktion und Ko-Kreation durch die Dimension der gemeinsamen Arbeit erweitert. Nun steht nicht mehr im Mittelpunkt, reflektieren zu können, welches Wissen vorhanden ist. Die Schülerinnen und Schüler sollen sich ihrer Wissenslücken bewusst werden und Lösungsansätze erarbeiten, diese Wissenslücken individuell oder gemeinsam zu schließen. Nun steht aus metakognitiver Perspektive die Steuerung des Lernprozesses im Vordergrund. Die Schülerinnen und Schüler thematisieren beispielsweise, wie sie es schaffen können, eine komplexe Leistung fristgerecht zu erbringen (Barell 2010), indem alle gemeinsam ihre individuellen Lernprozesse aufeinander abstimmen.

4.3.3 Methodisch-didaktische Grundlagen

In der Phase der Ko-Konstruktion und Ko-Kreation steht ein Geflecht aus Agency, Voice und Choice, Kreativität, kritischem Denken, Kooperation, Kommunikation, Metakognition und der aktive Umgang mit Wissen im Mittelpunkt der Auseinandersetzung. Die Lernenden arbeiten in diesem Zusammenhang in einem gemeinsamen Prozess an authentische Lernleistungen. Die entsprechenden Lernleistungen können vielfältige Lernprodukte oder -performanzen sein, welche die individuellen Interessen und die tiefe Auseinandersetzung der Lernenden mit (Fach-)Inhalten widerspiegeln. Das Potenzial des Deeper Learning entfaltet sich dabei im Spannungsfeld zwischen Struktur und Freiheit, zwei Prinzipien, die es beim Design von Deeper Learning-Einheiten gut auszubalancieren gilt. Im Zentrum steht die Frage, wie viel Freiraum und Struktur die Schülerinnen und Schüler entsprechend ihrer Lernvoraussetzungen benötigen, um ihren eigenen Lernweg entdecken und gestalten zu können (Crosslin 2021). Die Lernenden müssen sich – gestützt durch die von den Lehrkräften geschaffene hybride Lernumgebung – ihren eigenen Lernpfad durch diese Phase bahnen. Die Fähigkeit von Lehrkräften zum adaptiven Handeln ist hier essenziell (vgl. Kapitel 5): Während einige Lernende sehr viel Unterstützung und auch Orientierung im Dschungel der möglichen Lernwege benötigen, sind andere bereits in der Lage, sich im offenen Terrain durch ihr Vorwissen und einen inneren Kompass gut zu orientieren. Während einige vielleicht noch gar nicht wissen, wohin der Weg sie führen könnte, haben andere bereits ein Ziel vor Augen und möchten loslaufen. Notwendig ist deshalb ein professionelles Handeln, das unterschiedlichen Lernenden ein für sie passendes Maß an Orientierung bietet, ohne sie in Antrieb, Interesse und Kreativität zu begrenzen, und ihnen gleichzeitig erlaubt, subjektiv bedeutungsvolles Lernen zu erleben.

Die vorbereitete Lernumgebung der zweiten Phase des Deeper Learning dient beidem: Einerseits skizziert sie Lernwege, an denen sich diejenigen, die Orientierung suchen, entlangarbeiten können. Andererseits bietet sie Lernenden, die eigene Ideen und Zielvorstellungen mitbringen und von diesen Interessen als Quelle ihrer persönlichen Motivation potenziell weit getragen werden, Lernwege, die nicht vorgezeichnet sind. In der Praxis erweisen sich die durch die Lehrkräfte vorskizzierten Wege für viele Schülerinnen und Schüler als Denkanstöße oder auch als Gerüste. Sie lassen sich davon inspirieren, modifizieren sie und geben ihnen eigene Akzente.

A) Methodisch-didaktische Gestaltungsansätze für Ko-Konstruktion und Ko-Kreation

Zur didaktisch-methodischen Gestaltung der zweiten Phase des Deeper Learning können verschiedene erfahrungsbasierte Ansätze genutzt werden, die den Schülerinnen und Schülern unterschiedliche Lernwege eröffnen. Im Folgenden werden sechs Ansätze vorgestellt, die sich zum Teil in ihrer Herangehensweise überlappen. Beim Design der ko-konstruktiven und ko-kreativen Phase sollen sie Lehrkräften und Lernenden als Gestaltungselemente dienen und Denkanstöße für mögliche Vorgehensweisen bieten:

1) Projektbasiertes Lernen (Project-based Learning)
2) Problembasiertes Lernen (Problem-based Learning)
3) Forschend-erkundendes Lernen (Inquiry-based Learning)
4) Lernen durch Engagement (Service Learning)
5) Designbasiertes Lernen (Design-based Learning)
6) Phänomenbasiertes Lernen (Phenomenon-based Learning)

Projektbasiertes Lernen (Project-based Learning)

Projektbasiertes Lernen (PBL) ist ein Begriff für Lernprozesse, in denen Lernende von Lehrkräften unterstützt prozessorientiert ein Produkt oder eine Performanz erarbeiten. Der Begriff ist mehr als hundert Jahre alt und geht auf die US-amerikanische progressive Pädagogik um John Dewey und William Kilpatrick zurück. Aus heutiger Sicht ist der Begriff eher als Oberbegriff für unterschiedliche Formen des erfahrungs- und produktorientierten Lernens in sozialen Settings zu verstehen. Im Kontext der digitalen Schule des 21. Jahrhunderts gewinnen Konzepte des projektorientierten Lernens neue Aufmerksamkeit. Beim projektorientierten Lernen arbeiten die Lernenden nicht nur an einem Projekt im traditionellen Sinn, sondern beschäftigen sich in Tiefe und über mehrere Wochen oder gar Monate mit spezifischen Projektthemen und lernen durch eigenes Tun (›learning by doing‹). Es kommt bei dieser Unterrichtsmethode zu einer Fokusverschiebung vom Lehren über das Thema hin zum Lernen durch das Thema, sodass das eigenaktive Handeln und Entscheiden der Lernenden in den Mittelpunkt rückt. Es geht beim klassischen projektbasierten Lernen nicht primär um die Aneignung von Wissen, sondern vor allem um die Anwendung des im traditionellen Unterricht erwor-

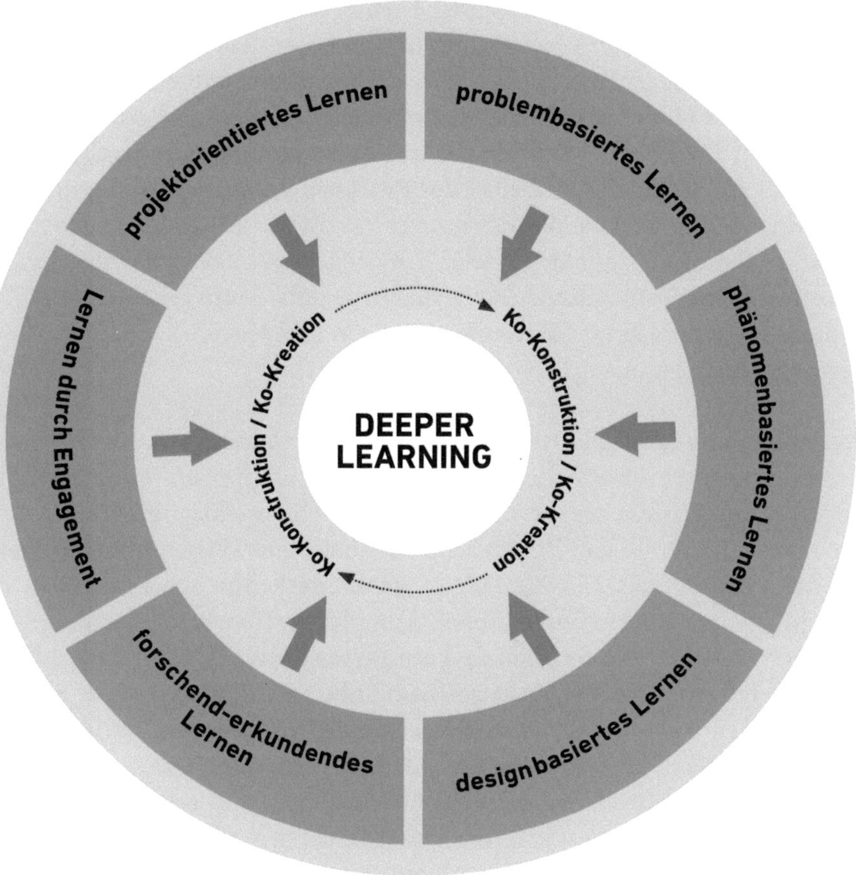

Abb. 14: *Gestaltungsansätze für Ko-Konstruktion und Ko-Kreation*

benen Wissens bei der Bearbeitung einer sinnvollen Aufgabe. In diesem Prozess gilt es Fragen zu generieren, Probleme zu lösen, Produkte zu erstellen und letztendlich die Ergebnisse zu präsentieren. Auch beim projektbasierten Lernen stehen Elemente wie Authentizität, eigenständiges Arbeiten, Reflexion und Feedback im Mittelpunkt. Deeper Learning ist als deutliche Weiterentwicklung des projektbasierten Lernens im Spannungsfeld von Digitalisierung und 21st Century Skills zu verstehen (Bell 2010; Larmer et al. 2015; Mehta/Fine 2019).

Problembasiertes Lernen (Problem-based Learning)

Das problembasierte Lernen ist ein lernendenzentrierter pädagogischer Ansatz, der komplexe Problemsituationen, die es zu lösen gilt, als Ausgangspunkt von Lernprozessen sieht. Die Lernenden durchlaufen bei der Lösungsfindung bestimmte Schritte, lernen dabei unterschiedliche Methoden des Forschens und Problemlösens kennen und fördern ihre Teamfähigkeit, da Gruppenarbeiten ein zentraler Bestandteil sind. Problembasiertes Lernen ist ein Lernen durch Erfahrungen, die sich vor allem aus der Bewältigung unmittelbarer Handlungsprobleme in einem unterstützenden pädagogischen Kontext ergeben. Authentische oder quasi-authentische Probleme verschiedener Größenordnungen und Komplexität werden bei dieser Lehr-Lern-Methode generativ und gestalterisch bearbeitet, um sie zu einer Lösung zu führen. Dabei ist der Prozess der Lösungsfindung mindestens ebenso wichtig wie die Lösung selbst, da er vor allem bezüglich des metakognitiven und strategischen Vorgehens viele Lerngelegenheiten bietet. Zudem zeigt sich, dass Lernende im problembasierten Lernen eine hohe Motivation entwickeln können, die sich aus der Herausforderung ergibt, ein Problem wirklich lösen zu wollen (Allen et al. 2011; Hung et al. 2008; Schwartz 2001).

Forschend-erkundendes Lernen (Inquiry-based Learning)
Das forschend-erkundende Lernen ist ein lernendenzentrierter pädagogischer Ansatz, der den Prozess des (gemeinsamen) Forschens pädagogisch nutzt und die Lernenden in die Rolle von Wissenschaftlerinnen und Wissenschaftlern versetzt. Der Ansatz verfolgt das Ziel, die Freude am Entdecken in den Lernenden zu wecken und sie dazu zu motivieren, einer komplexen Thematik oder Fragestellung durch explorierende und forschende Lernprozesse auf den Grund zu gehen. Das Stellen von Fragen hat dabei einen genauso hohen Stellenwert wie die Suche nach und das Finden von Antworten. Im Kreislauf des forschenden Lernens formulieren die Lernenden typischerweise eine oder mehrere Hypothesen und mutmaßen über passende Verfahren, um diese zu überprüfen. Dann setzen sie forschungsmethodische Verfahren ein, z. B. die Durchführung von wissenschaftlichen Experimenten oder die Erhebung von Daten durch Surveys. Zur Überprüfung der Hypothesen bzw. zur Beantwortung der Forschungsfragen werten sie ihre Daten strukturiert aus und bereiten sie für ein Publikum auf. Dabei stellen sie ihre Forschungsergebnisse in einen fachlichen Kontext und machen Zusammenhänge deutlich. Forschendes Lernen bedeutet, dass sich die Lernenden neue Erkenntnisse in einem Lernprozess erarbeiten, der methodisch strukturiert ist, zugleich aber ein hohes Maß an Ergebnisoffenheit mit sich bringt und dadurch das Potenzial hat, Neugier zu wecken (Mieg 2019; Sliwka 2018; Straub et al. 2020).

Lernen durch Engagement (Service Learning)
Lernen durch Engagement beschreibt Lernprozesse, bei denen das schulische Lernen mit außerschulischem, gesellschaftlichem Engagement projektartig verknüpft wird. Lernen durch Engagement ist charakterisiert durch
- einen echten Bedarf/sinnvolle, nützliche Aufgaben für die Gesellschaft
- eine Verknüpfung des Engagements mit Fachwissen
- eine Reflexion der Erfahrungen
- die Arbeit im Gemeinwesen, auch an außerschulischen Lernorten

Der Ansatz dient dazu, die Schule in die Lebenswelt zu öffnen und soziales, kulturelles und politisches Engagement in den Schulalltag der Lernenden zu integrieren. Diese Art des Lernens bereitet die Lernenden auf ihre Rolle in der Gesellschaft vor und fördert die Entwicklung ihrer demokratischen Kompetenzen. Durch die echten gesellschaftlichen Aufgaben ist das Lernen in hohem Maße authentisch. Die Lernenden können die gesellschaftliche und politische Wirkung ihres Tuns unmittelbar erleben und erhalten Resonanz und Feedback nicht nur von Lehrkräften. Dadurch hat Lernen durch Engagement ein großes Potenzial, die Lernmotivation zu stärken und Selbstwirksamkeitserfahrungen zu ermöglichen (Sliwka 2004; Reinders 2013; Sliwka/Klopsch 2020).

Designbasiertes Lernen (Design-based Learning)
Beim Designbasierten Lernen (DBL) geht es darum, durch einen meist im Team durchgeführten Designprozess maßgeschneiderte Lösungen und Produkte für Herausforderungen oder Bedarfe der realen Welt zu entwerfen. Design beschreibt dabei einen interdisziplinären Gestaltungsprozess, der die sozialen, ökonomischen, kulturellen, kognitiven, materiellen und technologischen Facetten einer Gestaltungsituation und zugleich das umgebende komplexe System berücksichtigt, das Teil einer jeden Designlösung ist. Der Lernprozess des DBL beginnt damit, dass der Innovationsanlass bzw. der Bedarf von den Lernenden identifiziert und definiert wird. Die Lernenden werden dazu motiviert, interdisziplinär und mehrperspektivisch auf die Designaufgabe zu blicken. Durch den kreativen Austausch miteinander kommen sie zu einer passenden Lösung bzw. Innovation für ihre Design-Challenge. Der Schlüssel liegt hierbei im Perspektivwechsel: Die Lernenden müssen sich in die Nutzer einer Innovation oder eines Produkts hineindenken, um dieses funktional und ästhetisch zu optimieren. Design-based Learning verlangt, dass sich Lernende während des Designprozesses flexibel zwischen sprachlichen, visuellen, technischen und mathematischen Prozesskompetenzen bewegen, um ein ganzheitliches Verständnis und somit auch ganzheitliche Lösungen für ihre Design-Challenge zu finden (Davis 1998; Raber 2015; Doppelt et al. 2008).

Phänomenbasiertes Lernen (Phenomenon-based Learning)
Phänomenbasiertes Lernen (PhenoBL) geht von der gemeinsamen Durchdringung und Analyse ganzheitlicher und komplexer Phänomene aus. Am Anfang steht also ein komplexes Thema, wie zum Beispiel »Klimawandel« oder »soziale Ungleichheit«. Die Lernenden erschließen sich das Thema mehrperspektivisch, zum Beispiel über Lektüren, Vorträge, Expertengespräche, Besuche an außerschulischen Lernorten. Anschließend arbeiten sie projektorientiert zu diesem Thema und können ihre Kompetenzen in den 21st Century Skills Kommunikation, Kooperation, kritisches Denken und Kreativität entwickeln. PhenoBL basiert dabei

nicht auf einem strengen Regelwerk. Der Ausgangspunkt für das Lernen ist immer ein ganzheitliches, realweltliches Phänomen, das mehrperspektivisch bzw. fächerübergreifend untersucht wird. Auf diese Weise sollen sich Lernende ein komplexes Thema in all seinen Dimensionen so erschließen, dass sie Zusammenhänge (auch transdiziplinär) erkennen und die Komplexität ihnen stärker bewältigbar erscheint. So knüpft das PhenoBL an das Akronym VUCA an, das die Lebenswelt des 21. Jahrhunderts als geprägt von ›volatility‹ (Volatilität), ›uncertainty‹ (Unsicherheit), ›complexity‹ (Komplexität) und ›ambiguity‹ (Mehrdeutigkeit) beschreibt. In dieser Welt sollen neue Formen des Lernens wie das Phänomenbasierte Lernen Komplexitätsbewältigung ermöglichen. Beim PhenoBL sind die Lernenden nicht mehr passive Teilnehmerinnen und Teilnehmer des Unterrichts, sondern proaktive Handelnde, die sich aktiv-gestaltend mit dem Thema auseinandersetzen (Silander 2015; Valanne et al. 2017; Wakil et al. 2019).

All diese pädagogischen Ansätze ermöglichen ein Deeper Learning im Sinne eines Lernens durch Agency. Sie sind nicht trennscharf voneinander abgrenzbar, sondern lassen sich auch kombinieren, um Lernerfahrungsräume zu gestalten, die ko-konstruktives und ko-kreatives Handeln von Schülerinnen und Schülern ermöglichen. Wir verstehen sie als Pool, aus dem Lehrkräfte in der Vorbereitung von Deeper Learning-Sequenzen, aber auch Schülerinnen und Schüler im Dialog über den für sie einzuschlagenden Weg durch die Phase II Inspiration schöpfen können. Sicher ist dies keine abgeschlossene Liste, und es werden sich mit der Weiterentwicklung von Deeper Learning neue pädagogische Ansätze zur Ausgestaltung von ko-konstruktiven und ko-kreativen Lernprozessen entwickeln.

Die Gestaltungsvarianten schaffen Raum für Co-Agency und kooperatives Lernen und Arbeiten. Das Lernsetting fördert sowohl Teamfähigkeit als auch individuelle Verantwortlichkeit durch die wechselseitige Abhängigkeit und kann so zu besseren Lernleistungen führen (Slavin 1996).

Die ko-konstruktive und ko-kreative Phase der meisten Deeper Learning-Sequenzen zeichnet sich durch einen Projektcharakter aus. Mit Beginn dieser Phase beginnt zumeist auch das projektartige Lernen, bei dem es eben nicht nur auf das Produkt am Ende ankommt, sondern vor allem der Arbeitsprozess der Schülerinnen und Schüler als zentrales Qualitätsmerkmal des Lernens im Fokus steht. Prozess- und Produktorientierung müssen sich dabei für eine hohe Lernqualität die Waage halten, denn Schülerinnen und Schüler lernen nicht nur durch die Fokussierung auf die authentische Lernleistung als Ziel des Weges, sondern mit ebenso großer Bedeutung durch die situative Aneignung von weiterem konzeptuellen und deklarativen Wissen, die Einübung von Skills als Bestandteil von prozeduralem Wissen und die Steuerung und Reflexion des eigenen Lernens und Handelns im Prozess – das im 21. Jahrhundert so wichtige metakognitive Wissen. Der Weg, der die Lernenden durch die Phase II beim Deeper Learning führt, kann mehrere Wochen dauern, und seine Prozessqualität ist ein zentrales Merkmal guter Deeper Learning-Sequenzen und daher die zentrale professionelle Aufgabe der Lehrkräfte. Auf diesem Weg sammeln die Lernenden nicht nur neue Erfahrungen, sie reflektieren diese auch, üben sich »am Steuer« ihres Lernprozesses sitzend in Selbstregulation und vorausschauender Planung und lösen ganz selbstverständlich immer wieder Probleme. Den Schülerinnen und Schülern diese Probleme als Lehrkraft komplett abzunehmen, wäre eine Verkennung der Grundidee von Deeper Learning, denn Agency entwickelt sich durch eigene, reflektierte Erfahrung, und auch eine schlechte Erfahrung kann eine gute Lernerfahrung sein, wenn wir Schülerinnen und Schülern die Möglichkeit geben, sie zu reflektieren.

B) Ko-Kreation und Ko-Konstruktion durch Interaktion

Kreativität zu entwickeln bzw. gemeinsam und individuell kreativ mit Wissen umzugehen, ist die Schlüsselkompetenz von Phase II im Deeper Learning. Die Schülerinnen und Schüler entwickeln eigene Fragestellungen, Ideen und Herangehensweisen, um ihr Wissen in Themenfeldern zu erweitern, umzustrukturieren und zu etwas Neuem zu entwickeln. Dies ist ein höchst kreativer Akt, der durch die Auseinandersetzung mit Wissen in unterschiedlicher Intensität erfolgen kann. Um die Schülerinnen und Schüler dahin zu führen, sich selbst aus ihrer Komfortzone zu bewegen und eigenverantwortlich in ihrer jeweiligen Zone der nächsten Entwicklung (Vygotsky 1979) kreativ zu arbeiten, können unterschiedliche Arbeitsweisen in Anlehnung an das 4K-Modell der Kreativität (vgl. Kapitel 3; Kaufman/Beghetto 2009) vollzogen werden. Grundannahme dabei ist, dass alle Schülerinnen und Schüler kreativ sein können (Richards et al. 1988). Für die schulische Auseinandersetzung mit Lernprozessen wird im Folgenden auf das »Große K« verzichtet, da dieses sich auf die Leistung einiger weniger Koryphäen in speziellen Fachgebieten bezieht (Simonton 1998, vgl. Kapitel 3). Auch die Stufe der professionellen Kreativität (Pro K) geht über die erwartete Leistung in Schulen hinaus. Im schulischen Umfeld liegt die Kreativität in der Regel auf einem Kontinuum zwischen den Ausprägungen »mini k« und »kleines k«. Die traditionelle Schule der Industriegesellschaft lässt sich dabei im Bereich des »mini k« ansiedeln, während eine Schule, die den Anforderungen der Wissensgesellschaft gerecht wird, im Bereich des »kleinen k« liegt (vgl. Abb. 9, S. 54).

Ausgehend von der individuellen Person macht das Modell deutlich, dass in jeder Lernleistung bereits ein Anteil von Kreativität steckt (vgl. Abb. 9). Dieser drückt sich im Modellbereich »mini k« aus. Schülerinnen und Schüler auf dieser Stufe verändern durch neue Informationen ihre bestehenden Wissensstrukturen, erweitern diese oder strukturieren sie um (Moran/John-Steiner 2003, S. 63). Die dazugehörigen mentalen Modelle sind oftmals noch nicht bewusst. Sie zeigen sich darin, dass mit Informationen gespielt wird oder auch dass eigene (neue) Ansichten über bestimmte Themenfelder kommuniziert werden (Sternberg/Lubart 1996). Im Deeper Learning findet sich diese Auseinandersetzung bereits in Phase I, wenn sich die Schülerinnen und Schüler ein Wissensfundament in einem neuen Themenfeld aneignen. In Phase II findet sie statt, wenn Lernende neue fachliche Aspekte entdecken und sich tiefer in einen Wissensbereich einarbeiten. Ausgangspunkt der Kreativität ist dabei eine Offenheit für neue Erfahrungen und Themenfelder, ein aktives Beobachten von Phänomenen sowie die Bereitschaft, sich überraschen zu lassen und Unbekanntes zu erforschen (Richards 2007). Die Intensität der kreativen Auseinandersetzung steigt im Bereich des »kleinen k« (Kaufman/Beghetto 2009, S. 3). Dieses wird oft als die Fähigkeit eines Novizen in einem Feld beschrieben. Die Lernenden entwickeln sich hier weiter, indem sie ihre Lernprozesse hinterfragen, ihre Produkte im Rahmen sozialer Prozesse und Feedback weiterentwickeln. Oftmals wird in diesem Zusammenhang von »Alltagskreativität« gesprochen, die sich beispielsweise darin zeigt, dass Personen neue Dinge beim Kochen ausprobieren und dabei bestehendes Wissen zu Neuem weiterentwickeln oder beim Musizieren eigene kleine Musikstücke komponieren. Der Übergang von »mini k« zu »kleinem k« liegt in der Verbindung von divergentem und konvergentem Denken. Dies bedeutet, sich einerseits an einem klaren Ziel auszurichten, andererseits aber auch neue Assoziationen und unübliche Herangehensweisen zuzulassen (Guilford 1972). Schülerinnen und Schüler können hierbei Dinge ausprobieren, mit ihnen experimentieren, herumbasteln, kritische Fragen stellen und kommunizieren. Der Übergang zum »kleinen k« wie auch die Kreativität auf dieser Stufe erfolgen in direkter Auseinandersetzung mit den anderen drei überfachlichen Kompetenzen Kommunikation, Kooperation und kritisches Denken. Für die Lehrkräfte bedeutet dies auf der einen Seite sich zurückzuziehen, das heißt den Schülerinnen und Schülern Raum zu geben, etwas auszuprobieren, zu diskutieren, zu scheitern und Zwischenziele zu erreichen. Andererseits müssen sie die Schülerinnen und Schüler ermutigen, kreativ zu werden, Risiken einzugehen und neue Wege zu finden sowie fachliche Ideen und Hypothesen zuzulassen, um Lernprozesse zu ermöglichen (Fasko 2001, S. 321).

Die professionelle Kreativität (Bereich »Pro K«) erfolgt, wenn die entsprechende Person sich vom Novizen bzw. von der Novizin zum Experten bzw. zur Expertin gewandelt hat (Schwartz et al. 2005; Bromme 2004; vgl. Kapitel 3.2). Die dabei vorhandene Expertise ist so tief, dass sie in der Regel über mehrere Jahre hinweg aufgebaut wurde (Kaufman/Beghetto 2009). Kreative Leistung auf dieser Ebene hat Einfluss auf das professionelle Feld, wenngleich dies von unterschiedlicher Intensität sein kann. So ist es möglich, dass die kreative Leistung sich an der Replikation eines bereits vorhandenen Produkts orientiert, mehrere Perspektiven zusammenfasst und dadurch bestimmte Dinge neu definiert, das Fachgebiet deutlich weiterentwickelt oder sogar dazu beiträgt, dass zwei unterschiedliche Fachgebiete zusammengeführt werden, um etwas Neues zu kreieren (Sternberg et al. 2002). Wenngleich dies über die reguläre schulische Leistung deutlich hinaus geht, ist Kreativität auf dieser Ebene im Deeper Learning nicht ausgeschlossen. Die Öffnung im Kontinuum der Schulgestaltung (vgl. Abb. 15) verweist darauf, dass die kreative Leistung nach oben nicht gedeckelt ist, sondern bei Schülerinnen und Schülern, die bereits tiefergehende Expertise in einem Themenfeld besitzen oder besonders interessiert sind, durchaus über den schulischen Rahmen hinausgehen kann.

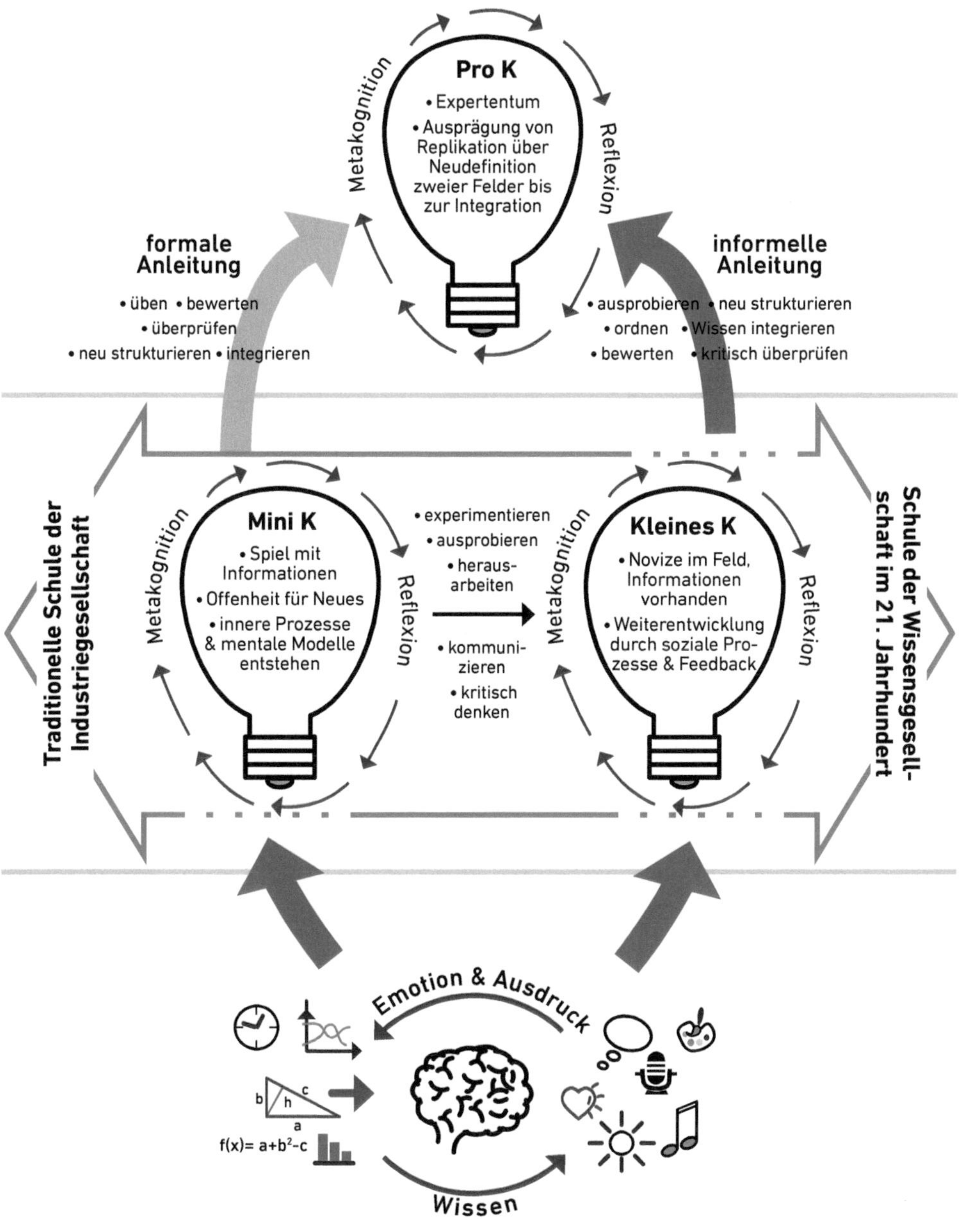

Abb. 15: *Kreativität in Schulen*

Zielstellung in Phase II des Deeper Learning ist, die Schülerinnen und Schüler möglichst authentisch kreativ arbeiten zu lassen. Dies ist bereits ab dem »kleinen k«, also dem Novizentum möglich. Die Lernenden wandeln sich auf dieser Stufe von Wissenskonsumenten und Wissenkonsumentinnen zu Wissensproduzenten und Wissensproduzentinnen. Sie können explorativ arbeiten und lernen in einer professionellen Rolle, statt lediglich Wissensinput zu erhalten. Je nach Aufgabenstellung kann dies beispielsweise die Rolle eines Forschenden, eines Autors bzw. einer Autorin, eines Künstlers oder einer Künstlerin sein. Voraussetzung einer kompetenten Rollenübernahme ist, dass Schülerinnen und Schüler sich ihres Wissenstandes bewusst sind und auf ein solides Wissensfundament zurückgreifen können.

Teil des Arbeitsprozesses ist, wie in allen Lernprozessen außerhalb der Schule und im beruflichen Kontext, in Interaktion zu gehen. Dies bedeutet, mit anderen zusammenzuarbeiten, mit ihnen gemeinsam kreativ tätig zu werden, miteinander zu reflektieren, sich Feedback zu geben, Aufgabenstellungen zu bearbeiten, Probleme zu lösen und Produkte zu entwickeln. Dies wird in Phase II des Deeper Learning durch die Ko-Konstruktion und Ko-Kreation ermöglicht.

Ko-Konstruktion heißt gemeinsam lernen und arbeiten. Probleme und Ideen können mit Mitschülerinnen und Mitschülern ausgetauscht und gemeinsam angegangen werden. Schülerinnen- und Schülerteams arbeiten parallel und sequenziell auf ein gemeinsames Ergebnis hin, wobei der Input jedes Einzelnen für den Gesamtoutput eine wichtige Rolle spielt. Häufig zeigt sich dabei, dass Herausforderungen durch unterschiedliche Arbeitsweisen bewältigt werden können. So können fachinhaltliche Informationen und Wissen sowie lernmethodische Kompetenzen ausgeweitet werden, indem kooperativ und ko-konstruktiv gearbeitet wird. Fremdwissen und Fremderfahrungen können durch Ko-Kreation in die individuellen Lernprozesse miteinfließen und reflektiert werden, um daraus Eigenerfahrung und Eigenwissen zu generieren. Durch das Einnehmen anderer (Lern-) Perspektiven können Lernende ihr Wissen neu verknüpfen und die eigene Begriffslandkarte (Concept Map) erweitern.

Durch die qualitativ hochwertige Zusammenarbeit können die Lernenden auch sozial-emotionale Kompetenzen jenseits der kognitiven Prozesse trainieren. Hierzu gehören beispielsweise Kommunikation, Empathie und die Fähigkeit, Hilfe anzubieten und anzunehmen, Kompromisse einzugehen und konfliktfähig zu agieren. Diese sozialen Aspekte des Lernens unterstützen das explorative Verstehen der Umwelt und die kognitive und soziale Entwicklung der Lernenden.

Wie in der Lebenswelt beschränkt sich die Kooperation im Deeper Learning nicht auf eine Gruppe von Schülerinnen und Schülern. Eine tiefgreifende, neuartige Wissenskonstruktion kann auch im Gespräch mit Schülerinnen und Schülern jenseits der eigenen Gruppe angeregt werden, im Austausch mit Lehrkräften, mit weiteren Expertinnen und Experten oder auch in der Interaktion mit dem Wissen selbst. Die ko-konstruktive Phase lässt sich nicht ohne die Kreativität denken, wenn sie mit Mihaly Csíkszentmihályi (1999) als Interaktion zwischen dem Fachgebiet, der Umgebung und der Person gedacht wird.

C) Handlungsweisen der Schülerinnen und Schüler in der ko-konstruktiven und ko-kreativen Phase

Ko-konstruktives und ko-kreatives Arbeiten ist voraussetzungsvoll. Nicht jede Schülerin und jeder Schüler kann in der gleichen Intensität und Qualität ko-konstruktiv und ko-kreativ tätig sein. Für die Lehrkräfte bedeutet dies, dass sie die Schülerinnen und Schüler gezielt beobachten und begleiten müssen, um ihnen einen erfolgreichen individuellen Lernprozess zu ermöglichen. Der Beginn der Phase II des Deeper Learning markiert den Übergang von der Wissensaneignung zur vertiefenden Arbeit mit dem Wissen, der bei unterschiedlichen Lernenden unterschiedlich gestaltet werden muss.

Im Deeper Learning ist es wichtig, diese Lernprozesse durch bestimmte Kernelemente zu rahmen. Dazu gehört, Voice und Choice zu ermöglichen, Agency zuzulassen, Kreativität zu integrieren und zu kritischem Denken aufzufordern – alles unter dem Hinzuziehen von Kooperation und Kommunikation (vgl. Abb. 16). Die

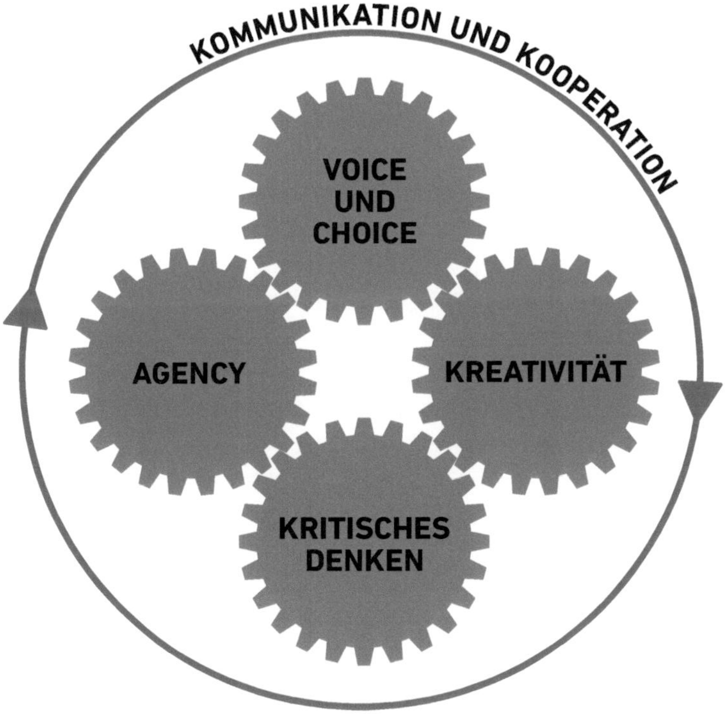

Abb. 16: *Schülerhandeln in Phase II*

unterschiedlichen Arbeitsweisen, die dabei entstehen, überlappen sich und gehen fließend ineinander über. Zur besseren Erläuterung der unterschiedlichen Herangehensweisen werden im Folgenden drei exemplarische Ausprägungsstufen geschildert, die für drei unterschiedlich leistungsstarke Lernendenteams relevant sein können. Im Sinne des ›universal design for learning‹ (Burgsthaler 2008; Sliwka/Klopsch 2020a) sind diese nicht für eine spezielle Gruppe von Lernenden konzipiert, sondern können für Personen mit unterschiedlichen Bedürfnissen flexibel genutzt werden.

Die erste Ausprägungsstufe betrifft Schülerinnen und Schüler, die in einem bestimmten Wissensgebiet völlige Anfängerinnen und Anfänger sind. Sie bringen geringe kognitive Voraussetzungen mit und sind noch ungeübt in der Selbstorganisation und Selbstregulation. Im Bereich der Agency sind die persönlichen Ressourcen der Lernenden am schwächsten ausgeprägt (vgl. Kapitel 3.3). Sie benötigen daher starke beziehungsorientierte Ressourcen (Jääskelä et al. 2017), das heißt, die Lehrkräfte müssen eine Vertrauensbasis aufbauen und eine klare strukturierte Unterstützung bieten (Titus/Roman 2019). In Bezug auf die partizipativen Ressourcen ist es wichtig, dass diese Lernenden ihre Lernprozesse durch klar aufgezeigte Wahlmöglichkeiten mitgestalten. Voice und Choice ist in diesem Szenario noch sehr lehrendengesteuert (Bray/McClaskey 2015a; 2016), wenngleich es in Richtung Schülerinnen- und Schülerzentrierung weist. Die Lernenden werden dennoch ermutigt, Co-Designerinnen und Co-Designer ihres Lernprozesses zu sein. Sie werden bestärkt, eigene Vorstellungen zu äußern und sich aktiv in Bezug auf ihre Lernprozesse beraten zu lassen. Ihre Kreativität kann als »mini k« beschrieben werden, das heißt, sie verändern durch neue Informationen ihre bestehenden Wissensstrukturen, erweitern diese oder strukturieren sie um (Moran/John-Steiner 2003, S. 63). Kritisches Denken findet bei diesen Schülerinnen und Schülern in den unteren Stufen der Lernzieltaxonomien (beispielsweise Bloom 1965; Biggs/Collis 1982) statt. Dies bedeutet, dass die Lernenden sich Dinge einprägen, einzelne Aspekte verstehen, sie anwenden können und auch auf einfache Art analysieren. Sie können ihre gewählten Aufgabenstellungen nachvollziehen und Wege finden, wie sie zu einer für sie leistbaren authentischen Leistung kommen.

Die mittlere Ausprägungsstufe von Ko-Konstruktion und Ko-Kreation betrifft Schülerinnen und Schüler, die bereits über Vorwissen in einem Themenfeld verfügen. Sie können selbstorganisiert und selbstreguliert arbeiten und reflektieren ihre Vorgehensweisen. Im Bereich der Agency sind persönliche, partizipative und beziehungsbezogene Ressourcen gleichermaßen ausgeprägt. Sie schätzen ihre Einflussmöglichkeiten, benötigen aber auch noch die Begleitung der Lehrkräfte, die bei Schwierigkeiten auf Augenhöhe in den Lernprozess eingreifen können oder die Schülerinnen und Schüler bezüglich ihres weiteren Vorgehens beraten. Voice und Choice der Lernenden befindet sich auf einer lernendenzentrierten Ebene (Bray/McClaskey 2015a; 2016). Die Lernenden sind Designerinnen und Designer ihres Lernprozesses, entwickeln eigene Vorgehensweisen, können dazugehörige Vorgehensschritte benennen und entscheiden aktiv, was sie tun. Sie beziehen die einzelnen Gruppenmitglieder mit ihren jeweiligen Stärken in den Arbeitsprozess ein. Die Kreativität kann hierbei im Bereich des »kleinen k« angesiedelt werden. Die Lernenden richten ihre Handlungen an einem klaren Ziel aus, beschreiten dabei aber nicht ihre gewohnten Wege, sondern lassen Assoziationen und unübliche Herangehensweisen zu (Guilford 1972). Das dabei benötigte kritische Denken geht über die aufgezeigten Herangehensweisen der ersten Ausprägungsstufe hinaus und integriert die Fähigkeit, Informationen, Fakten und Prozesse zu analysieren und Bestehendes durch neue Gedanken und Handlungen zu erweitern (Bloom 1965; Biggs/Collis 1982). Die Lernenden können Erkenntnisse und Inhalte interpretieren, Konzepte entwickeln, einen eigenen Standpunkt einnehmen und Auswirkungen und Konsequenzen ihrer Arbeit erkennen (Paul/Elder 2009).

Die elaborierteste Ausprägungsstufe von Ko-Konstruktion und Ko-Kreation ist in Schulen bislang eher selten zu finden. Sie betrifft Schülerinnen und Schüler, die bereits als Expertinnen und Experten in einem Themenfeld gelten können. Sie besitzen ein hohes Maß an Selbstreflexion, eine ausgeprägte Metakognition, Selbstregulation bzw. -organisation. Oftmals sind in dieser Gruppe besonders interessierte und auch hochbegabte Jugendliche zu finden. Lern- und Arbeitsprozesse erfolgen in dieser Ausprägungsstufe höchst schülerorientiert. Hinsichtlich ihrer Agency benötigen sie wenige beziehungsorientierte Ressourcen von ihren Lehrkräften. Persönliche und partizipative Ressourcen sind hingegen stark ausgeprägt (Jääskelä et al. 2017). Im Bereich des Voice und Choice nehmen diese Lernenden eine Leadership-Rolle für ihr Lernen ein (Bray/McClaskey 2015b, 2016). Sie übernehmen Verantwortung für den gesamten Lern- und Arbeitsprozess, leiten die Gruppe und gehen auf die Lehrkraft nur zu, wenn sie einen gleichrangigen Partner bzw. Partnerin zum gedanklichen Anstoß benötigen. Sie können als »Unternehmerinnen und Unternehmer« ihrer Lernprozesse bezeichnet werden. Kritisches Denken wird auf dieser Stufe nochmals ausgeprägter vollzogen und zeichnet sich durch inhaltliche und fachliche Klarheit, die Präzision der Darstellung, die Richtigkeit der Angaben, die Relevanz der gewählten Fragestellungen, die Tiefe der Bearbeitung, die Breite der integrierten Perspektiven, den logischen Aufbau der Argumentation und Darstellung sowie die Signifikanz der zentralen Ideen aus (Paul/Elder 2009).

D) Lernprozesse in der ko-konstruktiven und ko-kreativen Phase unterstützen

Die Möglichkeit für Schülerinnen und Schüler, im Deeper Learning ihre Lernprozesse so tiefgreifend wie möglich selbst zu gestalten, eigene thematische Schwerpunkte zu setzen und über das authentische Lernergebnis zu entscheiden, erfordert ein recht hohes Maß an Selbstorganisation, Reflexion und Metakognition.

Der Anfang der Phase II im Deeper Learning ist ausschlaggebend dafür, ob Schülerinnen und Schüler motiviert sind, ihr erworbenes Wissensfundament weiterzuentwickeln und eigene Lernschritte zu vollziehen. Deshalb ist es wichtig, bereits ganz zu Beginn von Phase II ›negociated learning‹ (dt. verhandeltes Lernen) (Brockington/White/Pring 1983; Knowles et al. 1998) zuzulassen. Das verhandelte Lernen kann beschrieben werden als ein dynamischer Prozess, in dem das, was gelehrt und gelernt wird, zwischen den Lernenden und den Lehrenden verhandelt und nicht einfach von der Lehrkraft vorgegeben wird (Edwards 2011, S. 144). Dies bedeutet, dass die Schülerinnen und Schüler (mit)entscheiden dürfen, welche thematischen Schwerpunkte sie innerhalb einer Deeper Learning-Unterrichtseinheit setzen und auf welche Weise sie die authentische Leistung erbringen. Empirische Studien zeigen in diesem Zusammenhang, dass das verhandelte Lernen Motivation und Selbststeuerung positiv beeinflusst und individuelle Stärken und Schwächen mehr berücksichtigt (Knowles et al. 1998) als traditioneller Unterricht. Verhandeltes Lernen räumt den Schülerinnen und Schülern mehr Kontrolle über ihre Lernprozesse ein und macht dadurch den Unterricht vielschichtiger (Breen/Littlejohn 2000).

Um Schülerinnen und Schüler dazu anzuregen, selbstständig Fragestellungen oder Aufgaben zu entwickeln beziehungsweise aus einer zur Verfügung gestellten Auswahl eine Fragestellung zu wählen, die sie in dieser Phase des Deeper Learning bearbeiten, sollten folgende Aspekte berücksichtigt werden (Schwartz 2020):

- Die Fragestellung oder Aufgabe ist für die Lernenden relevant.
- Im Rahmen der Fragestellung oder Aufgabe können die Lernenden ihr sich vertiefendes Verständnis unterschiedlich darstellen.
- Die Lernenden arbeiten in einer Gruppe (oder in begründeten Einzelfällen allein).
- Die Lernenden reflektieren kontinuierlich ihren eigenen Lernprozess.

Durch diese Aktivierung der Schülerinnen und Schüler über den gesamten Lern- und Arbeitsprozess verhandeln sie nicht nur den ersten Schritt der Aufgabenfindung, sondern setzen sich stetig mit ihrer Arbeit aktiv auseinander und verhandeln untereinander sowie mit der Lehrkraft die sich anschließenden Schritte. Voraussetzung dafür ist, dass die »Verhandlungen« über den Lernprozess so eng wie möglich an den Erfahrungen, Vorkenntnissen und Fähigkeiten der Lernenden anschließen. Dazu müssen Lehrkräfte mit einem diagnostischen Blick die Reflexion über das eigene Lernen bei den Schülerinnen und Schülern anregen und die richtigen Fragen stellen (Brockington/White/Pring 1983). Der Grundgedanke des verhandelten Lernens geht davon aus »dass Lernende grundsätzlich fähig sind, zu erkennen, wie sie am besten lernen, als Co-Designerinnen und Co-Designer des eigenen Lernens dafür Verantwortung zu übernehmen, bei der Wahl von Lernressourcen sowie beim Gestalten von Lernwegen mitzuwirken (›voice and choice about his or her learning‹) und ihr Lernen so zu steuern, dass sie bejahte Ziele erreichen können – sofern sie von versierten Lehrpersonen, die gleichzeitig ihre Lernpartner sind, kompetent unterstützt werden« (Stebler/Pauli/Reusser 2021, S. 407).

Für die Gestaltung der ko-konstruktiven und ko-kreativen Phase bedeutet dies, dass Lehrkräfte auf der Grundlage der Eigenverantwortung von Schülerinnen und Schülern mit diesen Lern- bzw. Arbeitsziele und Strategien vereinbaren. Je nach Unterstützungsbedarf der Lernenden agiert die Lehrkraft als Begleiter und Unterstützer und kann so den Freiheitsgrad der Ko-Konstruktion entsprechend der individuellen Bedürfnisse und Fähigkeiten der Lernenden regulieren. Im Sinne der Ko-Konstruktion zwischen allen Beteiligten findet diese Aushandlung auf einer gleichrangigen Ebene zwischen Lehrkräften und Lernenden statt. In Ausnahmefällen ist es bei einem starken Wissens- und Kompetenzvorsprung einzelner Lernender durch das verhandelte Lernen auch möglich, diese phasenweise alleine an ihrem eigenen Vorhaben arbeiten zu lassen.

Dennoch bedeutet ein positiver Start in die Phase II des Deeper Learning nicht, dass die Lernenden gelingende geradlinige Lernvorhaben entwickeln, die über den gesamten Lernprozess bis hin zur authentischen Leistung tragen. Auch wenn Kommunikation und Kooperation zwischen den Lehrkräften und den Lernenden in der gesamten Deeper Learning-Einheit kontinuierlich gepflegt werden und die Lehrkräfte die verhandelten Aufgabenstellungen, Themenfelder und Lernergebnisse adaptiv begleiten, bleibt die individuelle Sinnkonstruktion der einzelnen Schülerinnen und Schüler und ihre Begleitung durch die Lehrkräfte die zentrale Aufgabe der zweiten Phase. Diese »darf aber nicht als geradlinig und krisenfrei gedacht werden. Vielmehr ist Sinnstiftung für die Lernenden mit Versuch und Irrtum, mit Rückschlägen, Brüchen und neuen Aufbrüchen verbunden« (Meyer 2021, S. 218).

Ein solcher Lernweg in herausforderndes Terrain, das die Möglichkeit des Scheiterns kontinuierlich beinhaltet, wird im Modell der Lerngrube (›learning pit‹) (Nottingham 2014) anschaulich erklärt. Das Modell zeigt, dass herausfordernde Momente für den Lernprozess nicht nur normal, sondern auch notwendig sind (Challenging Learning 2021). Am Ende der Instruktions- und Aneignungsphase des Deeper Learning mögen Lernende den Eindruck haben, dass sie ein Thema verstanden haben. Durch die Arbeit in der ko-konstruktiven Phase (Phase II) fällt ihnen dann auf, dass die Fragestellung vielleicht doch nicht so einfach und eindeutig ist und Vorwissen und Fähigkeiten nicht ausreichen, um die Herausforderung zu bearbeiten. Es entsteht Verwirrung und vielleicht auch Ratlosigkeit. Die Lernenden befinden sich nun in einer unbekannten Lernsituation, in der sie sich mit unerwarteten Problemen konfrontiert sehen. Wenn sich die Schülerinnen und Schüler an diesem Punkt befinden, sind sie bildlich gesprochen in die Lerngrube gefallen und befinden sich in einer Lernkrise (vgl. Abb. 17).

Abb. 17: *Die Lerngrube (nach Nottingham 2014, Learning Challenge 2021)*

Die Lernkrise zu bewältigen werden die Lernenden zwangsläufig zunächst als schwierig und anstrengend empfinden. Ein dynamisches Selbstkonzept (Dweck 2009; vgl. Kapitel 3.3) hilft ihnen, den Weg aus der Grube hinauszufinden, da sie – ermutigt durch das formative Feedback der Lehrkräfte – die Herausforderungen durch die Wahl der richtigen Strategien und mit genügend Anstrengung erfolgreich meistern können. Ein statisches Selbstkonzept würde demgegenüber die Lösungsfindung beeinträchtigen, da es die Auffassung bekräftigen würde, das Problem »sowieso nicht lösen zu können«. Angemessenes und ermutigendes formatives Feedback durch professionell agierende Lehrkräfte unterstützt die Lernenden dabei, den Willen zur Problemlösung zu entwickeln und dadurch angespornt das Problem von unterschiedlichen Seiten zu betrachten, Beratung und Hilfe zu suchen, sich neues Wissen oder passendere Fähigkeiten anzueignen, kreative Lösungswege zu suchen und Neues auszuprobieren. Durch diese lösungsorientierte Auseinandersetzung mit dem Problem bewegen sich die Lernenden nun Stück für Stück aus der Lerngrube heraus. Auch dabei können sie auf Schwierigkeiten stoßen. In der Regel stellen sie jedoch fest, dass sie sich bereits auf dem Lösungsweg befinden und sich der Lösung mit jedem Versuch einen weiteren Schritt nähern. Dabei wachsen Zuversicht und Selbstwirksamkeitsüberzeugung, die selbstgestellte Aufgabe erfolgreich zu bearbeiten bzw. das Problem lösen zu können. Am anderen Ende der Grube wartet nicht nur die bewältigte Herausforderung, sondern auch als Erfolgserlebnis ein belohnender Heureka-Moment: »Wir haben es geschafft!«

Für die Entwicklung von komplexen Kompetenzen und metakognitiven Strategien beim Lernen sind die Erfahrungen, die Schülerinnen und Schüler beim Durchqueren einer Lerngrube machen können, von entscheidender Bedeutung. Nicht nur verhelfen sie ihnen zu einem Lernen mit Tiefgang – einem Deeper Learning –, sondern sie zeigen auch, wie erfüllend Lernen sein kann: Durch die Bewältigung von Herausforderungen entstehen Zuversicht und Motivation für zukünftige Herausforderungen (Challenging Learning 2021; Nottingham 2014; 2017).

Professionelle Unterstützung durch Lehrkräfte ist für die Schülerinnen und Schüler beim Durchqueren einer Lerngrube besonders wichtig. Zunächst geht es darum, die Lernenden individuell und in Teams so zu beraten, dass sie ihre Komfortzone verlassen und sich Lernaufgaben stellen, die in ihrer »Zone der nächsten Entwicklung« (Vygotsky 1979) liegen. Voice und Choice, die Möglichkeit, eigene Entscheidungen im Lernprozess zu treffen, sollte nie dazu führen, dass es sich die Lernenden zu leicht machen (Green et al. 2005). Gerade in der frühen Adoleszenz (zwölf bis 15 Jahre) kann das »bloß nicht zu viel arbeiten müssen« ein natürlicher Instinkt der Heranwachsenden sein (Sliwka 2018). Sie tendieren dazu, Informationen möglichst »energiesparend« zu verarbeiten. Dies bedeutet, dass sie auf vorhandene kognitive Strukturen zurückgreifen, neue Informationen möglichst passiv eingliedern, ohne sie zu reflektieren oder mit ihnen handelnd umzugehen, wodurch sich die subjektiven Erklärungsmuster bestätigen (Sheckley/Keeton 1997). Diesem Reflex entgegenzuwirken und jedem bzw. jeder Lernenden seinen oder ihren Korridor der nächsten Entwicklung aufzuzeigen, ist daher ein ganz zentraler Bestandteil des Lehrendenhandelns beim Deeper Learning. Manche benötigen hier sicher ein Anstupsen, um sich auf die Lerngrube mit ihren potenziellen Niederlagen, aber eben auch Möglichkeiten zu echtem Persönlichkeitswachstum einzulassen.

Wenn dann die ersten Herausforderungen und Schwierigkeiten auftreten, benötigen die einzelnen Schülerinnen und Schüler und die Teams Unterstützung darin, ihre Probleme zu meistern und den Weg aus der Grube zur anderen Seite des Lernens zu bewältigen. Die professionellen Werkzeuge der Lehrkräfte dafür sind Coaching (Applebee/Langer 1983), also die Hilfe zur Selbsthilfe, Scaffolding (Pallasch/Hameyer 2012) in Form passender Hilfestellungen sowie formatives, lernförderliches Feedback (Black/Wiliam 1998), das den Lernenden explizit sagt, wo sie stehen, und ihnen den Weg aufzeigt, der vor ihnen liegt, um das Ziel zu erreichen (vgl. Kapitel 5). »Du wirst es schaffen, wenn du dich konzentrierst und dich anstrengst« ist die Botschaft, die die Schülerinnen und Schüler dabei unterstützt, mit einem dynamischen Selbstkonzept an sich zu glauben und mit Erfolgszuversicht ans Werk zu gehen. Es geht darum, dass sich die Lernenden von den Herausforderungen nicht demotivieren lassen, Durststrecken durchstehen, kreative Lösungswege suchen, um individuell oder mit anderen durch die Grube zu schreiten (Nottingham 2014; 2017).

Um die Motivation und die daraus resultierende Leistungsbereitschaft zu fördern, gilt es als Lehrkraft, den Fokus immer wieder auf das Ziel des Lernprozesses, die authentische Leistung (Phase III), zu richten: Je mehr die Lernenden die reine Anwesenheit oder das bloßen Funktionieren in der Schule (›doing school‹, siehe Willms/Friesen/Milton 2009) durch die Freude an der Erarbeitung einer authentischen Leistung ersetzen, desto fokussierter und tiefer werden sie sich auf die Lernprozesse einlassen und im besten Fall sogar ›flow‹ (Csíkszentmihályi 2000) und Mastery erleben. Dann ist der pädagogische Zustand eingetreten, den wir uns von Schule wünschen: engagiertes Lernen, Konzentration auf die Sache und Orientierung an einem ambitionierten Ziel. Es ist ein explizites Ziel des Deeper Learning, wachsende Spielräume zur Selbstregulation und Partizipation bereitzustellen, um so den natürlichen (Lern-)Bedürfnissen eines Menschen insbesondere in der Lebensphase »Jugend« zu entsprechen. Der damit einhergehende graduelle und pädagogisch unterstützte Zuwachs an Eigenverantwortung ist für Jugendliche eine zentrale Quelle der Motivation, sich aktiv im Lernprozess zu engagieren, denn sie wissen: Es geht um ihre Identität und Persönlichkeit (Randi/Corno 2005; Sliwka 2018).

4.4 Phase III: Die Phase der Authentischen Leistung

Schlossblickschule – Mathematik Klasse 10 – Deeper Learning-Einheit »Exponentialfunktionen«

Am Ende der Deeper Learning-Einheit steht ein Projektnachmittag, zu dem die beiden Klassen die gleichaltrigen Schülerinnen und Schüler der Nachbarschule eingeladen haben. Sie haben in der Aula der Schule eine Ausstellung vorbereitet. Auf einem großen, am PC gestalteten Plakat präsentiert jedes Team seinen Zugang zur Thematik des exponentiellen Wachstums. Zu Beginn der Veranstaltung führen die Schülerinnen und Schüler mit der indischen Legende über den König und das Reiskorn auf dem Schachbrett in das Thema ein. Danach gehen die Jungen und Mädchen von der Nachbarschule in Kleingruppen von Stand zu Stand. Dort erklären ihnen die Schülerinnen und Schüler anschaulich, wie das mit dem exponentiellen Wachstum in der Sozialgeografie, der Physik, der Mathematik, der Biologie beziehungsweise Medizin jeweils funktioniert. Es gibt auch kleine Vorführungen und Experimente an den Ständen, z. B. zu Kettenbriefen oder zum Falten von Papier. Die Schülerinnen und Schüler der Nachbarschule notieren sich Vorgehensweisen und fragen spezifisch nach, um selbst die mathematische Grundlage des exponentiellen Wachstums besser zu verstehen. Vor der auswertenden Diskussion schreiben alle Schülerinnen und Schüler auf, was sie durch die Arbeit über sich selbst, über die Arbeit im Team und über exponentielles Wachstum gelernt haben. Die Lernenden tauschen sich darüber in ihren Gruppen aus und präsentieren als Team jeweils auf Metaplankarten ihre

Erkenntnisse. Jedes Team nutzt eine andere Farbe und alle Teams heften ihre Karten an die Stellwände. Anschließend schildern die Lehrkräfte ihre Eindrücke von der Deeper Learning-Einheit. Gemeinsam überlegen alle, wie man die Einheit für die Schülerinnen und Schüler des nächsten Jahrgangs noch verbessern könnte.

Friedrich-Ebert-Schule – Englisch Klasse 8 – Deeper Learning-Einheit »Australien«

Am Ende der Deeper Learning-Einheit präsentierten die Schülerinnen und Schüler am Australia Day, dem offiziellen australischen Nationalfeiertag (26. Januar), ihre Ergebnisse. Dazu eingeladen wurden die Schülerinnen und Schüler der Mittelstufen beider Schulen, die Lehrkräfte, weitere interessierte Personen aus dem schulischen wie außerschulischen Umfeld sowie die Expertinnen und Experten aus Australien, die die Schülerinnen und Schüler während Phase II unterstützt hatten. Alle Lernleistungen wurden online vorgestellt und auf einer Plattform dokumentiert, sodass sie immer wieder betrachtet werden können.

Die Ergebnisse waren dabei äußerst vielfältig: Frieda, Robert, Saki und ihre Gruppe beschäftigten sich mit australischen Wildtieren. Sie entwickelten verschiedene Instagram-Storys mit Informationen über die Tiere, den Lebensraum und die Gefahren, denen sie ausgesetzt sind. Neben den Storys haben die Schülerinnen und Schüler digital Plakate erstellt, die über einen längeren Zeitraum in beiden Schulhäusern aufgehängt werden und über die australische Tierwelt informieren.

Mila, Amina und ihre australischen Partnerinnen wandten sich an die Great Barrier Reef Foundation, um Informationen für ein YouTube-Erklärvideo zu sammeln. Neben dem Video konzipierte die Gruppe einen Aktionstag rund um das Korallenriff für die benachbarte deutsche Grundschule, damit bereits Kinder jungen Alters das UNESCO Weltnaturerbe kennenlernen. Thea, Rik, Johanna, Björn und Matej setzten mehrere Situationen aus dem australischen Alltag szenisch um. Diese wurden in TikToks online zur Verfügung gestellt. Neben den Alltagssituationen beschäftigten sie sich ebenfalls im Detail mit den phonetischen und lexikalischen Unterschieden innerhalb der Variationen von englischem, amerikanischem und australischem Englisch. Auch wenn hier kein australischer Schüler oder Schülerin beteiligt war, konnten sie von den australischen Lehrkräften viel lernen. Isaac und Ellie tauschten sich mit australischen Klimaschützerinnen und Klimaschützern aus und führten Interviews mit Wissenschaftlerinnen und Wissenschaftlern. Dabei lernten sie Ansätze kennen, wie Australien den aufgrund des Klimawandels hervorgerufenen Naturkatastrophen entgegenwirken kann. Am Australia Day führten die beiden gemeinsam mit vier australischen Schülern eine Podiumsdiskussion mit deutschen und australischen Klimaschützerinnen und -schützern, um die globale Herausforderung des Klimawandels zu verdeutlichen. Krisztian, Jane, Emely und ihre australischen Partner nahmen während ihrer Arbeitsphase Kontakt zu verschiedenen australischen Museen auf, um die Geschichte der Aborigines und ihren Platz in der heutigen australischen Ge-

sellschaft kennenzulernen. Dank einer Museumsdirektorin konnte Kontakt zu einem Aborigine-Stamm hergestellt werden. Aufgrund dieser besonderen Verbindung hat sich die Gruppe entschlossen, diesen Stamm in den Fokus ihres interaktiven Gallery-Walks zu stellen.

Am Ende des Australia Days konnten die Besucherinnen und Besucher den Teams Feedback geben und den Lehrkräften Ideen für den nächsten Australia Day mitteilen. Die einzelnen Gruppen reflektierten abschließend ihren Arbeitsprozess und die authentischen Lernleistungen.

Goethe-Schule – MINT-Fächer Klasse 9 – Deeper Learning-Einheit »Klimawandel«

Die Deeper Learning-Einheit steht kurz vor dem Abschluss. Die Lerngruppe hat entschieden, alle Beiträge in einer gemeinsamen Veranstaltung zusammenzuführen. Eltern, Mitschülerinnen, Mitschüler und interessierte Bürgerinnen und Bürger der Stadt sind dazu eingeladen. Das Programm ist abwechslungsreich: Anna und ihre Freundinnen erklären, warum das Pflanzen von Bäumen dem Klimawandel entgegenwirkt. Sie sprechen auch über die Problematik der Abholzung der Regenwälder und setzen sich kritisch mit Programmen auseinander, die es ermöglichen, Flugmeilen zu kompensieren, damit Bäume gepflanzt werden können. Es gelingt ihnen, die Zusammenhänge deutlich zu machen. Sie nutzen den Abend auch, um noch einmal Geld dafür zu sammeln, dass der Grünstreifen vor der Schule mit alten Obstsorten bepflanzt werden kann, und können dann stolze 138 Euro für den Kauf von Jungbäumen vorweisen. Jonas und eine Gruppe Jungen waren in Phase II darauf aufmerksam geworden, dass mehr junge Frauen sich vegetarisch ernähren als junge Männer. Sie wollten herausfinden, warum das so ist. Deshalb haben sie nach der Erstellung der Reels zu fleischloser Ernährung noch eine Befragung an ihrer Schule durchgeführt und mit einer Ernährungswissenschaftlerin darüber gesprochen. An dem Abend in der Schule zeigen sie ihre Instagram-Reels auf der großen Leinwand. Das Ergebnis ihrer Arbeit ist, dass man Jungen besser davon überzeugen kann, weniger Fleisch zu essen als ganz auf Fleisch zu verzichten.

Jannis und Ayla haben lokale Nachwuchspolitikerinnen und -politiker von vier Parteien für den Abend eingeladen. Nach einer kurzen Einführung, für die sie ein Video gedreht haben, moderieren die beiden eine 20-minütige Podiumsdiskussion mit den Jungpolitikerinnen und -politikern zu der Frage, wie Deutschland den Kohleausstieg schaffen kann.

Jana und ihr Mitschüler Nemo aus der 12. Klasse haben sich tief in die physikalischen Hintergründe des Klimawandels eingearbeitet und sich mithilfe von Texten, Studien und Videos aus dem Internet sowie digitalen Gesprächen mit Nachwuchswissenschaftlern eine Menge Expertise angeeignet. An diesem Abend haben sie es sich zum Ziel gesetzt, diese komplexen Zusammenhänge einem Laienpublikum in möglichst einfacher Sprache anschaulich zu erklären. Dazu zeigen sie ihr kurzes Er-

klärvideo, das sie auch ins Netz stellen werden, und beantworten danach die Fragen aus dem Publikum. Am Ende machen sie noch ein Quiz und verlosen ein Sachbuch, das ihnen netterweise ein Physiker vom Potsdamer Institut für Klimafolgenabschätzung geschickt hatte.

Das Lehrkräfteteam war am Abend auch mit dabei, allerdings ganz im Hintergrund. Die Schülerinnen und Schüler hatten im Vorfeld deutlich gemacht, dass sie den Abend allein gestalten. In der Folgewoche gibt es mit jedem Lernendenteam ein Rückmeldegespräch: Mithilfe der SOLO-Taxonomie und eines Kompetenzrasters zu den überfachlichen Kompetenzen sprechen die Schülerinnen und Schüler über ihre individuellen Lernprozesse, was gut gelungen ist und wo es gehakt hat.

Elbsteinschule – Gesellschaftswissenschaften, Sprachen, Mathematik Klasse 11 – Deeper Learning-Einheit »Soziale Ungleichheit – sozialer Zusammenhalt«

In Phase II haben die Schülerinnen und Schüler – je nach Interesse – ganz unterschiedliche Zugänge zum Thema gewählt. Entsprechend unterscheiden sich auch die authentischen Leistungen. Das Team, das zur Kinderarmut in der eigenen Stadt geforscht und gearbeitet hat, hat nach einem Gespräch mit der Lokalredakteurin das Angebot erhalten, eine ganze Zeitungsseite mit Texten und Reportagen dazu in der Wochenendausgabe der Lokalzeitung zu gestalten. Dafür hat es anerkennende Leserbriefe erhalten. Paula und Vincent haben sich intensiv mit dem Denken von Pierre Bourdieu zu Ungleichheit beschäftigt und dazu mit Unterstützung von Frau Petit französische Originaltexte von Bourdieu gelesen. Weil das so anspruchsvoll war und die Hürde zunächst hoch erschien, haben die beiden entschieden, ein Erklärvideo in einfacher französischer Sprache über das Denken Pierre Bourdieus zu sozialer Ungleichheit zu erstellen. Schülerinnen von der französischen Partnerschule haben sich das Skript angeschaut und Paula und Vincent in einem Videocall Feedback gegeben. Jetzt steht das Video auf dem YouTube-Kanal der Schule. Die Projektarbeit hat den beiden so viel Spaß gemacht, dass sie sich dieses Jahr am Bundeswettbewerb Fremdsprachen beteiligen möchten. Lukas, Maria und Cécile konnten im Internet viele interessante Quellen zum Gini-Koeffizienten finden. Vor allem international vergleichende Grafiken dazu fanden sie interessant: Wie sehr sich die Länder der Welt bezüglich der sozialen Ungleichheit unterscheiden! Den Zusammenhang zwischen Steuer- und Sozialpolitik und sozialer Ungleichheit haben sie nun klar erkannt und sich entschieden, exemplarisch die Steuer- und Sozialpolitik eines Landes mit hoher Ungleichheit mit der eines Landes mit einem niedrigen Gini-Koeffizienten zu vergleichen. Sie haben dazu einen anschaulichen Vortrag vorbereitet, den sie in allen Politik- und Wirtschaftskursen der Oberstufe halten konnten. Julia, Miranda und Dario hat die Idee eines »Schleiers der Unwissenheit« von John Rawls überzeugt. Sie haben ein Spiel entwickelt, bei dem die Teilnehmenden anhand von Kärtchen mit Szenarien überlegen müssen, wie sie sich eine gerechte Gesellschaft vorstellen. Erst nachdem sie die Kärtchen ausgewählt haben, dürfen sie in ein Säckchen greifen und eine Karte ziehen, auf der sie dann erfahren, in welcher Lebenslage (soziale Schicht, Vermögen, Geschlecht, Wohnort, Bildungsgrad, etc.) sie sich befinden, um dann abzugleichen, ob sie aus dieser Lebenslage heraus die gemeinsam gestaltete Gesellschaft als gerecht empfinden. Vom Rotary Club möchten sie Spenden einwerben, um das Spiel in höherer Stückzahl produzieren zu können und es Schulen in der Region zur Verfügung zu stellen. Joris, Lisa und die anderen Tänzerinnen und Tänzer habe eine fünfminütige Tanzperformance zum Thema Ungleichheit und Armut gestaltet. Die Schulleiterin lädt sie ein, ihren Tanz nicht nur bei der Schülerversammlung, sondern auch am Informationstag für die Eltern neuer Schülerinnen und Schüler aufzuführen und kurz zu erklären.

Mit jedem der Teams führen die Lehrkräfte ein abschließendes Feedback-Gespräch. Die SOLO-Taxonomie und ein Kompetenzraster zu den überfachlichen Kompetenzen bieten dabei eine hervorragende Grundlage, um das eigene Lernen zu reflektieren und im Dialog auszuloten, wie der Lernprozess abgelaufen ist und welche Erkenntnisse er für die Persönlichkeitsentwicklung der einzelnen Schülerinnen und Schüler bringt.

Deeper Learning bedeutet authentisches Arbeiten an realen Aufgaben, Problemen oder Fragestellungen. Authentisch (griechisch αὐθεντικός authentikós »echt«) bedeutet dabei, dass die Schülerinnen und Schüler keine künstlichen Aufgabenstellungen bearbeiten, die die Lehrkraft konstruiert hat und die lediglich dem Zwecke der Leistungsüberprüfung dienen. Nach der Bearbeitung von »echten« Aufgaben mündet eine Deeper Learning-Sequenz im Zeigen einer authentischen Leistung. International widmet sich die Bewegung für ›authentic assessment‹ diesem Paradigmenwechsel. Sie versteht unter einer authentischen Leistung intellektuelle Anstrengungen, die für die Lernenden selbst und für die Lebenswelt bedeutungsvoll sind (Wehlage/Newmann/Secada 1996, S. 23). Authentische Leistungen sollen dabei ein Kontrast sein zu traditionellen Leistungsformaten wie Klassenarbeiten oder Multiple-Choice-Tests, die über die Leistungsdokumentation und Leistungsüberprüfung hinaus keinen weiteren Zweck verfolgen. Leistungen gewinnen nach diesem Verständnis auch an Authentizität, wenn Schülerinnen und Schüler bei der Auswahl bzw. Klärung einer zu erbringenden Lernleistung eigene Vorstellungen, Interessen und Lernbedürfnisse berücksichtigen können (Voice und Choice) und die Leistung daher mit höherer Wahrscheinlichkeit als subjektiv bedeutsam erleben. Authentische Leistungen werden von Lernenden auch deswegen als subjektiv bedeutsam erlebt, weil sie über die Schule hinaus einen Wert haben und in der Lebenswelt sichtbar oder wirksam sind, ja sogar gestaltend in die Lebenswelt eingreifen (Scheurman/Newman 1998). Damit dies möglich wird, erfolgt die Erarbeitung und Darstellung von authentischen Leistungen in der Regel kontextualisiert, das heißt in den authentischen Settings der Lebenswelt und eben nicht in der künstlichen Prüfungssituation im Klassenzimmer. Im Englischen spricht man auch von ›performance-based assessment‹, weil Leistungen häufig in Performanz- oder Produktform erbracht werden, wobei der Prozess dabei stets so wichtig ist wie das Produkt selbst. Authentische Leistungen »spiegeln diejenigen Arten von Aufgabenstellungen und Problemlösungen, die in der Wirklichkeit außerhalb der Schule tatsächlich erforderlich sind« (Ormiston 2011, S. 2, Übersetzung durch die Autorinnen).

Beim Deeper Learning erhalten die Lernenden also Zeit und Raum, sich mit »echten« Aufgabenstellungen zu befassen, das heißt mit Dingen, die sie selbst interessieren und über die sie mehr erfahren möchten, um Phänomene und Aspekte der Welt besser nachvollziehen zu können und bei Problemstellungen benötigte Lösungsansätze selbst zu entwickeln und zu erproben. Die Anforderung, authentisch zu arbeiten, muss sich konsequenterweise auch in dem Ergebnis des Lernprozesses, in seiner Darstellung und Bewertung abbilden.

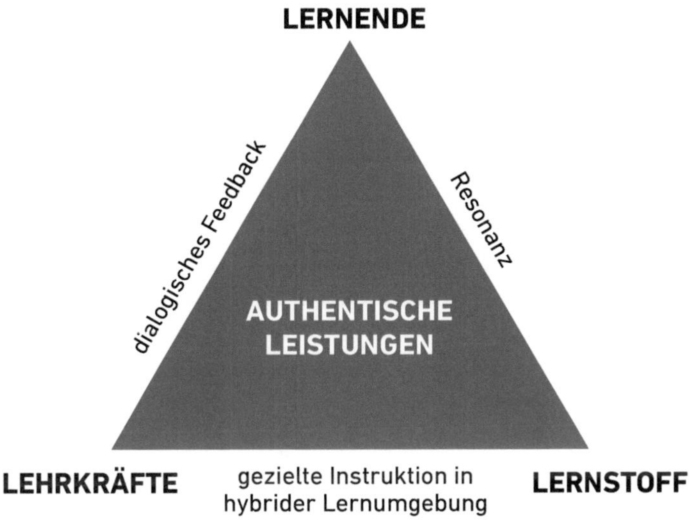

Abb. 18: *Authentische Leistung*

Wie jede schulische Leistung entspringt auch authentische Leistung dem Wechselspiel von Lernenden, Lehrkräften und den Inhalten des Lernens (vgl. Abb. 18). Der Lehrer bzw. die Lehrerin legt die Basis der fachlichen Auseinandersetzung in der Instruktions- und Aneignungsphase, in der sich die Schülerinnen und Schüler den Lernstoff in einer ihnen angemessenen Weise erarbeiten und aneignen können. Der Begriff der Resonanz (Rosa 2018) scheint uns hier bedeutungsvoll. In einer gut vorbereiteten hybriden Lernumgebung tritt der oder die Lernende mit dem Lernstoff in Resonanz, das heißt, er oder sie lässt das Themenfeld auf sich wirken, nimmt die Verbindung dazu auf, setzt sich dazu in Beziehung und geht praktisch handelnd damit um. Dabei steht der oder die Lernende kontinuierlich mit den Lehrkräften in Kontakt, spricht mit ihnen über die Lernprozesse, bekommt Rückmeldungen für das weitere Vorgehen, bis die Lernenden schließlich in Form einer authentischen Leistung einen subjektiv bedeutsamen und hochwertigen Abschluss ihres Lernens erreichen. Dieser gelingende Abschluss einer Deeper Learning-Einheit soll in diesem Kapitel im Vordergrund stehen. Zunächst wird dargestellt, wie eine authentische Leistung aussehen kann. Im Anschluss daran wird erläutert, warum die authentische Leistung für Lernende so wichtig ist und wie Lehrkräfte die Schülerinnen und Schüler in der authentischen Leistungserbringung unterstützen können.

4.4.1 Darstellungsformen authentischer Leistung

Eine authentische Leistung lässt sich auf zwei Ebenen wahrnehmen. Zum einen besteht die Authentizität darin, dass die Leistung auf authentische Weise erstellt wird. Zum anderen wird sie im Idealfall einem authentischen Publikum vorgestellt. Manchmal sind Projektpräsentationen innerhalb der Klasse angemessen. Oftmals finden arbeitsreiche Projektphasen einen besonders würdigen Abschluss, wenn über die eigene Klasse hinaus Mitschülerinnen und Mitschüler, Eltern, Verwandte oder sogar die Öffentlichkeit der Stadt oder Gemeinde zur Präsentation eingeladen werden. Es geht darum, dass Lernende zeigen können, wie sie ihre gewonnenen Erkenntnisse durch eine intensive Auseinandersetzung mit dem Themenfeld erlangt haben, wie sie ihre Erkenntnisse und ihren Wissenszuwachs produktiv umgesetzt haben, wie sie schöpferisch tätig waren und das Wissen übertragbar gestaltet haben. Übergeordnetes Ziel der Präsentation von Leistung ist, dass die Schülerinnen und Schüler sich in ihrer neu erarbeiteten Kompetenz, ihrer Fachlichkeit und Selbstwirksamkeit erleben dürfen (Sliwka 2018, S. 112; Institute for Inquiry 2017).

Je nach Themengebiet und Aufgabenstellung sind unterschiedliche Präsentationsformen möglich. Ausstellungen können geplant und durchgeführt, Literaturkritiken verfasst, Rechenmodelle erprobt, Lernvideos erstellt, Interviews geführt und analysiert werden. Auch im traditionellen Unterricht werden diese Ansätze als Projekte oder in kleineren Teilen von Einheiten in unterschiedlicher Intensität eingesetzt. Die unterschiedliche Intensität der Authentizität lässt sich durch Stufen abbilden, die fließend ineinander übergehen. Eine konstruierte Form der Intensität mit einer niedrigen Ausprägungsauthentizität besteht beispielsweise in fiktiven Gesprächen in der Fremdsprache. Eine mittlere Authentizitätsstufe beschreibt Arbeitsweisen, die reales Vorgehen imitieren. Dies bedeutet, dass sie an die Aufgaben der Lebenswelt angepasst sind, jedoch ausschließlich im traditionellen Schulsetting stattfinden. Die tiefgreifendste Authentizität ist gegeben, wenn die Schülerinnen und Schüler reale Aufgabenstellungen so bearbeiten, wie sie auch von einem

Fachmann bzw. einer Fachfrau bearbeitet werden würden. Diese Aufgaben werden nicht mehr ausschließlich innerhalb des traditionellen Unterrichts eingesetzt, sondern finden in hybriden Lernsettings statt. Dies kann das Hinzuziehen eines Experten oder einer Expertin genauso umfassen wie die Nutzung von digitalen Plattformen oder lokalen Orten, Einrichtungen oder Organisationen.

Deeper Learning-Einheiten zielen auf diese höchste Stufe der Authentizität. Je nach Zeitumfang der Einheit und der inhaltlichen Tiefe und Breite können folgende Möglichkeiten zur Leistungsdarstellung angeboten werden:

- Portfolios, Prozessdokumentationen, Protokolle
- Visualisierungen, Poster-Präsentationen oder Produkt-Präsentationen
- Darstellung von Experimenten und Forschungsbefunden
- Aufführungen (Theater, Tanz etc.)
- Rollenspiele
- Diskussionsrunden oder Podiumsdiskussionen
- Konferenzen mit Vorträgen, Symposien oder Workshops
- Science- oder Poetry-Slam
- Filme, Videos oder andere (Kurz-)Animationen
- Podcasts oder Radiosendungen
- Apps, Spiele, Wettbewerbe
- Internetseiten, Blogs, Web-Quests
- Zeitungen, Zeitschriften, Bücher, Anthologien oder einzelne Beiträge dafür
- Stadtführungen
- Präsentation über gemeinnütziges Projekt oder Engagement
- Gestaltung eines Gartens, eines Gedenk-Orts, einer Bibliothek oder einer Kampagne
- Etc.

Wichtig sind die Blickrichtung und die Rolle, aus der heraus die Lernenden agieren. Sie prägt die Identifikation mit dem Lerngegenstand und der Herangehensweise. Die Lernenden sollen nicht »wie ein Naturwissenschaftler oder eine Naturwissenschaftlerin« oder »wie ein Journalist oder eine Journalistin«, sondern »als Naturwissenschaftler und Naturwissenschaftlerin« oder »als Journalist und Journalistin« arbeiten (Metha/Fine 2019). Die dabei erlangte innere Verbundenheit mit der entsprechenden Arbeitsweise ermöglicht ihnen, Identität zu entwickeln, das heißt, »the individual's dynamic self-understandings and self-definitions used to structure, direct, give meaning to and present the self« (Schachter/Rich 2011, S. 6).

Authentische Leistungsformen auf hohem Niveau können nicht in jedem Themengebiet und in jedem Lernkontext zur Verfügung gestellt werden. Deeper Learning-Einheiten sind aufgrund ihrer mehrperspektivischen handlungsorientierten Herangehensweise jedoch dafür in besonderem Maße geeignet, eigene authentische Erfahrungen machen zu können. Aufgabe der Lehrpersonen ist es, den Lernenden dabei zur Seite zu stehen, die für sie passende Form der Leistung zu entwickeln. Um alle Schülerinnen und Schüler in die Authentizität mit einzubeziehen, auch diejenigen, die in ihrer Selbstwirksamkeit und Aktivität in Lernprozessen bislang noch sehr zurückhaltend waren, ist es empfehlenswert, den Schülerinnen und Schülern ein zweistufiges Vorgehen anzubieten. Zum einen können die Schülerinnen und Schüler aus mehreren Möglichkeiten auswählen, in welchem Teilbereich, unter welcher Fragestellung und mit welchem Arbeitsprozess sie ihre Leistung entwickeln möchten. Zum anderen können diejenigen Lernenden, die bereits dazu in der Lage sind, eigene Formate der Leistungserbringung in Abstimmung mit den Lehrkräften entwickeln. Grundgedanke jeglicher Authentizitätsausprägung muss dabei sein, Leistungen und Leistungsbeurteilungen in der Schule pluralistisch zu gestalten und unterschiedliche Formen und Formate zuzulassen.

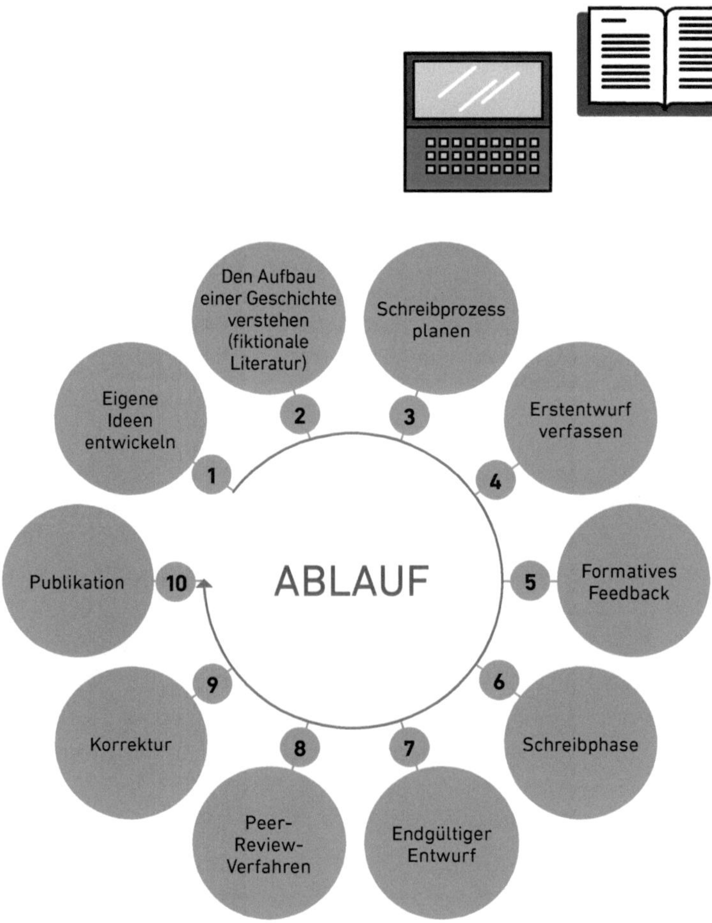

Abb. 19: *Arbeiten als Autorin und Autor*

4.4.2 Die Identifikation mit dem Arbeitsprozess und dem Arbeitsergebnis

Grundlegender Gedanke der Phase der authentischen Leistungsdarstellung ist, dass die Lernenden zeigen können, was sie geleistet haben, und dabei Anerkennung und Wertschätzung für ihre intensive Auseinandersetzung mit dem Themenfeld erhalten. Dabei soll nicht nur die am Ende an Kriterien messbare Leistung, wie sie traditionell in der Schule wahrgenommen wird, im Vordergrund stehen. Auch die Persönlichkeit der Schülerinnen und Schüler soll durch das Erleben von sich selbst als einem gestaltenden und handelnden Subjekt gestärkt werden. Dies ermöglicht, gleichermaßen fachliche und überfachliche Kompetenzen in den Blick zu nehmen und als Gewinn des Lernprozesses herauszustellen. Die Schülerinnen und Schüler erfahren herkömmlicherweise nur in klar abgegrenzten Räumen, was es bedeutet, im Rahmen der eigenen Möglichkeiten zu handeln und ihr Potenzial voll zu entfalten. Sie erleben Selbstwirksamkeit häufig nicht in der Schule, sondern bei ihren Hobbys, bei ehrenamtlichen Tätigkeiten oder im Freundeskreis.

Das Öffnen des Klassenzimmers und der Schule für den Blick von außen ist als Motivationsquelle und als Form der Resonanz nicht zu unterschätzen. Die Lernenden erhalten dadurch die Gelegenheit, innerhalb eines authentischen Rahmens ihre Leistungen für die Welt außerhalb des Klassenzimmers sichtbar zu machen und sich selbst als Fachmann oder Fachfrau zu präsentieren. Diese Übernahme der Rolle eines Fachexperten bzw. -expertin bezeichnet der Soziologe Hartmut Rosa als Anverwandlung, die er als den Prozess beschreibt, »sich eine Sache so zu eigen zu machen, dass sie mir nicht nur gehört, sondern dass sie mich existenziell berührt oder tendenziell sogar verändert« (Rosa/Endres 2016, S. 16). Diese Veränderung des Lernenden wird durch das Deeper Learning angestrebt, mit dem Ziel, dass er oder sie sich nicht nur fachlich weiterentwickelt, sondern gleichzeitig persönlich – in der handelnden Auseinandersetzung mit dem Themengebiet, mit seinen Mitschülerinnen und -schülern, den Lehrkräften, den außerschulischen Bildungspartnern und auch mit sich selbst.

Der Rahmen dieser individuellen Weiterentwicklung liegt in der Resonanz des Lerngegenstandes mit dem oder der Lernenden. Mit dem Begriff Resonanz beziehen wir uns hier auf ein sozialtheoretisches Konzept, das »eine bestimmte Art und Weise des In-Beziehung-Tretens zwischen Subjekt und Welt zu beschreiben versucht« (Rosa 2018, o. S.). Resonanz bedeutet dabei, dass die beteiligten Personen von etwas »erreicht, berührt oder bewegt werden, […] ohne [dabei] fremdbestimmt oder dominiert« (Rosa 2018, o. S.) zu sein. Resonanzerfahrungen haben damit immer einen emotionalen Aspekt, der einen Zugang zu oder auch ein Abwenden von einem Themenfeld begründen kann. Eine Resonanzerfahrung beinhaltet also eine Reaktion der Lernenden, die im Idealfall dazu führt, dass sie sich dem Themenfeld öffnen und im Themenfeld selbstwirksam, das heißt kompetent tätig werden. Die Authentizität der Lernerfahrung und des Lernergebnisses kann damit nicht erst am Ende des Deeper Learning-Prozesses eingefordert werden, sondern muss von Anfang an dahingehend angelegt sein, dass die Schülerinnen und Schüler sich angesprochen fühlen und die Möglichkeit erhalten, selbstwirksam tätig zu werden.

Diese Tätigkeit sollte zulassen, dass die Beteiligten eine Wirkung auf sich selbst erleben. Die Wirkung kann auf fachlicher, aber auch auf sozialer oder persönlicher Ebene liegen. Es geht dabei nicht darum, dass die Lernenden sich bestimmte Dinge lediglich oberflächlich aneignen, sondern dass eine Art Anverwandlung geschieht, wie sie oben angesprochen wurde. Die Lernenden begegnen der Welt und den darin liegenden Zusammenhängen nach der Auseinandersetzung im Deeper Learning anders, als dies zuvor der Fall war, da sie Expertise erwerben konnten und dadurch die Bedeutung des Themas für sich selbst und ihre Umwelt erkennen können. Diese Forderung nach einer Beziehungsaufnahme zum Themenfeld führt im Idealfall zu einer Übernahme der Expertenrolle und zu Flow-Erlebnissen im Lernprozess (Czikzentmihalyi 2000), innerhalb derer sich die Lernenden so in ihren Lernprozess vertiefen, dass sie Zeit und Raum um sich herum vergessen.

Eine Resonanzerfahrung ist jedoch ergebnisoffen und unkontrollierbar, das heißt, Resonanz lässt sich nicht instrumentell herstellen. Für die Lehrkräfte bedeutet dies, dass sie ihre Deeper Learning-Einheit so gut wie möglich für ihre entsprechende Lerngruppe vorbereiten und durchdenken können, und dennoch besteht immer die Gefahr, dass sich einige Schülerinnen und Schüler dabei zunächst nicht angesprochen fühlen. Hier gilt es dann, mit den Lernenden in einen engen Austausch zu treten und sich mit ihnen im Dialog auf die Suche zu begeben, wie ihre Lernprozesse für sie bedeutsam gemacht werden können.

Um zu erreichen, dass die Schülerinnen und Schüler sich mit ihrem Arbeitsprozess identifizieren und engagiert lernen und arbeiten, sollten Lehrkräfte die Authentizität der Aufgabe von der ersten Auseinandersetzung mit dem Themenfeld bis zu deren Abschluss mitdenken. Der Resonanzraum beginnt bereits in der Instruktions- und Aneignungsphase, denn dort sollten die Schülerinnen und Schüler verstehen, worum es geht, dort muss »der Funken überspringen«, der sich – bildlich gesprochen – in der ko-konstruktiven und ko-kreativen Phase zu einem Feuer entwickeln kann, das die Schülerinnen und Schüler dazu bringt, sich in ein Themenfeld tief einzuarbeiten, neue Erkenntnisse zu gewinnen und darauf aufbauend nicht nur ihr Fachwissen, sondern auch ihre Handlungskompetenzen zu erweitern und so ihre Persönlichkeit weiterzuentwickeln. Um diese innere Motivation nicht zunichtezumachen, muss bis zum Ende einer Deeper Learning-Einheit die Resonanz der Sache für die Lernenden erhalten bleiben. Dies bedeutet, dass die Schülerinnen und Schüler mit dem Themenfeld in Beziehung treten können und darauf aufbauend die Möglichkeit entwickeln, dass auch andere mit ihren

Ideen und Gedanken in Resonanz treten können. Damit dies gelingt, ist eine authentische Form der Leistung unumgänglich.

Authentische Leistungen lassen sich durch die folgenden Merkmale charakterisieren (vgl. Kahlhammer et al. 2018):

- Sie fordern die Lernenden heraus.
- Sie orientieren sich an Zielen und legen den Fokus auf das Wesentliche.
- Sie haben einen unmittelbaren Lebensbezug.
- Sie schaffen für alle Schülerinnen und Schüler einen Zugang zum Lernen, indem sie eigene Zugänge und unterschiedliche Ausdrucksformen zulassen.
- Sie sind mit transparenten Erwartungen verknüpft und werden durch verständliches Feedback anhand von Kriterien gefördert.

Letzteres bezieht sich nicht auf eine Notengebung, sondern postuliert, dass die Leistung von Außenstehenden eingeschätzt werden kann. Dieses Einschätzen von Leistung ist wichtig, um eine Rückmeldung geben zu können – während des Arbeitsprozesses, um diesen optimieren zu können, oder auch nach dem Arbeitsprozess, um seine Tiefe und Qualität einschätzen zu können. Für Kinder und Jugendliche ist es wichtig, eine Rückmeldung zu bekommen, wo sie stehen, weniger im Vergleich mit anderen Kinder und Jugendlichen, sondern vielmehr in Bezug zu sich selbst und in Bezug auf bestimmte Anforderungen oder Qualitätskriterien (Dickhäuser/Rheinberg 2003).

Wenngleich es in deutschen Schulen derzeit oftmals noch schwierig scheint, Gelegenheiten zu finden, den Lernenden aussagekräftige Rückmeldungen zu geben, die ihren individuellen Lernzuwachs und ihre Leistung beurteilen, ohne dabei an Noten zu denken oder diese gar zu verteilen, sollte dies im Deeper Learning doch möglich gemacht werden. Statt der Ziffernnote eine differenziertere Leistungsrückmeldung (sei das mündlich oder schriftlich) zu geben, bedeutet keineswegs, leistungsfeindlich zu sein. Im Gegenteil: Die Leistung in Deeper Learning-Einheiten wird gestützt durch formative Rückmeldungen, die in dialogischen Situationen an die Lernenden kommuniziert werden. Diese können sie für ihre individuelle Weiterentwicklung nutzen. Die fachliche, überfachliche und persönliche Entwicklung aller Lernenden soll auf diese Weise unterstützt werden.

4.4.3 Die Beurteilung von Leistung

Leistungsbeurteilungen in der Schule finden aktuell überwiegend so statt, dass das erlernte Wissen und die Kompetenzen der Lernenden durch schriftliche Klassenarbeiten geprüft werden. Durch die empirische Unterrichtsforschung wissen wir, dass die Aufgabenqualität in Schulen häufig sehr ähnlich aufgebaut ist und nur wenige Möglichkeiten zulässt, das erlernte Wissen in unterschiedlichen Situationen anzuwenden (Kunter et al. 2005) und damit zu transformieren und weiterzuentwickeln. Anspruchsvolle Prüfungsformate, die über das Wiedergeben von Informationen oder die Reproduktion von Routinen hinausgehen, werden eher selten eingesetzt, und noch immer geht es zu oft um das Abprüfen der Gedächtnisleistung. Für den Prozess des Deeper Learning greift eine solche Herangehensweise an die Leistungsmessung aus zwei Gründen zu kurz. Auf der einen Seite zeigen Studien, dass die ausschließliche Verwendung der schriftlichen Rezeption von Faktenwissen zu einer geringeren Motivation bei den Lernenden führen kann (ASCD 2011). Motivation ist bei Deeper Learning essenziell, um die ko-konstruktiven und ko-kreativen Arbeitsphasen zu gestalten und auch durchzuhalten. Auf der anderen Seite scheint problematisch für das Deeper Learning, dass durch die skizzierten traditionellen Leistungsnachweise ein Bruch im Lernprozess entsteht. Die Verknüpfung des fachlichen Wissens mit seiner Anwendung in der realen Lebenswelt durch die authentischen Aufgabenstellungen erfährt eine Zäsur, wenn die abschließende Leistungsmessung von der Authentizität Abstand nimmt und wieder primär nur die Rezeption des fachlichen Wissens abprüft. Lernprozess und Leistungsüberprüfung stehen damit in keinem kohärenten Verhältnis, und die angestrebte Wissensarchitektur aus konzeptionellem, deklarativem, prozeduralem und metakognitivem Wissen (vgl. Kapitel 4.1) bleibt unvollständig und unverbunden.

Die Kohärenz von Lernprozess und Leistungsnachweis bzw. -überprüfung erfordert die Abbildung des erfolgten Wissens- und Kompetenzzuwachses. Eine solche Verknüpfung der unterschiedlichen Wissensdimensionen und deren produktive Anbindung an die Lebenswelt kann hingegen mithilfe authentischer Leistungsbeurteilungen gelingen. Sie sind eher kompetenzorientiert und machen den gesamten Prozess der Leistungsentwicklung bis zum Ergebnis transparent und kleinschrittig nachvollziehbar. Dies unterstützt die Lernenden darin, ihren Lernprozess eigenständig durchzuführen und zu verstehen, wie sie ihr Wissen und Können vertieft haben. Die damit verbundene Wahrnehmung, selbst eigenverantwortliche Akteurinnen und Akteure des eigenen Lernens und Leistens zu sein, beeinflusst das Selbstbewusstsein und die Motivation der Jugendlichen positiv und fördert ihre Lernbereitschaft (Stiggins 2007, S. 22).

»Authentisch« im Zusammenspiel mit Leistungsmessung wird in der Literatur oftmals als »anspruchsvoll, lebensnah, herausfordernd und ergebnisoffen« (Häcker 2005, S. 3) beschrieben. Das Abprüfen von reinem (Fach-)Wissen wird durch die Bewertung der Anwendung des Wissens in Handlungssituationen ergänzt. Die authentische Leistungsbeurteilung bezieht sich deshalb nicht nur auf die fachliche Tiefe der Leistung, sondern gibt auch Rückmeldung zu denjenigen Kompetenzen, die zur Lösung entsprechender Aufgaben im alltäglichen Leben bzw. im Berufsleben erforderlich sind (Häcker 2005). Ein solch mehrdimensionaler Blick auf die erbrachte Leistung ist im Kontext einer Klassenarbeit nur schwer leistbar, selbst wenn eine Adaption der traditionellen Aufgabenstrukturen erfolgt. Authentische Deeper Learning-Einheiten zielen daher auf die Anwendung von fachlichem Wissen in komplexen Handlungssituationen. Im Deeper Learning-Prozess ist deshalb keine Klassenarbeit vorgesehen, sondern die authentische Darstellung von Leistungen, die sich kohärent aus der selbst gewählten Aufgabe ergeben.

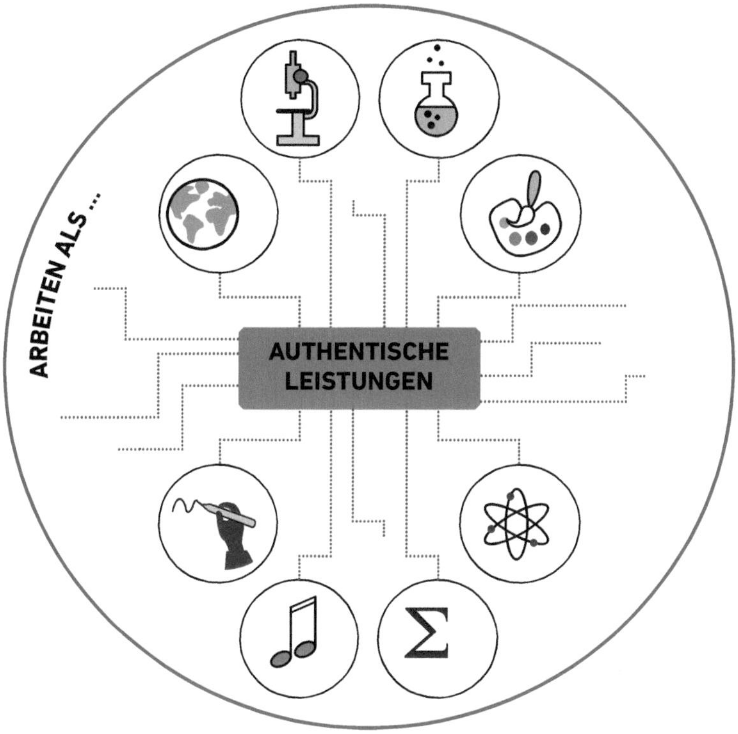

Abb. 20: *Mehrdimensionalität authentischer Leistung*

Ein Beispiel für eine authentische Lern- und Leistungssituation wäre im Bereich der Literalität (Literacy), das heißt des Lesens und Schreibens, dass die Schülerinnen und Schüler zunächst Texte lesen und dann für ein authentisches Publikum Texte verfassen. In einer Deeper Learning-Einheit haben beispielsweise Schülerinnen und Schüler der 11. Klassenstufe sich in Phase I mit dem Essay als Textgattung befasst, dazu Essays von unterschiedlichen Autorinnen und Autoren von Michel de Montaigne (16. Jahrhundert) bis Jonathan Franzen (21. Jahrhundert) gelesen und dabei die zentralen Merkmale dieser Textgattung analysiert, um dann in Phase II teilweise alleine, teilweise ko-konstruktiv eigene Essays zu schreiben und diese in Phase III nach einer ko-konstruktiven Überarbeitungsschleife in einem gemeinsamen Blog digital zu veröffentlichen. Teil des Schreibens waren dabei Rückmelde- und Überarbeitungsschleifen, wie sie auch Autorinnen und Autoren im Berufsleben erfahren. Für die Einschätzung der Lernleistung bzw. des entwickelten Produkts sind beim Deeper Learning auch die Denkprozesse und Handlungsschritte, die auf dem Weg zur Leistung ablaufen, relevant. Auch sie sollten bei der Rückmeldung zum Lernprozess berücksichtigt werden (Pearson/Valencia 1987; Wiggins 1989). Deshalb müssen Lehrkräfte schon beim Design von Aufgabenstellungen im Deeper Learning mit einplanen, wie Schülerinnen und Schüler darin unterstützt werden, auf der Metaebene über ihr eigenes Lernen nachzudenken und zu sprechen (Chun 2010). Dabei ist es wichtig, dass die Lernenden sich durch die Unterstützung der Lehrkräfte metakognitive Fähigkeiten aneignen. Dies geschieht zum Beispiel, wenn die Lehrkräfte sie dabei anleiten, in Phase II nicht nur formatives Feedback durch Lehrkräfte anzunehmen, sondern laut denkend auch in eigene Worte zu fassen, wie sie dieses Feedback für die Weiterarbeit auf dem Weg zur authentischen Leistung konkret nutzen werden. Eine solche prozessorientierte Leistungsrückmeldung legt die Lernprozesse eines Individuums oder einer Lerngruppe offen. Dies bezieht sich natürlich einerseits auf den fachlichen Lernzuwachs und die Fähigkeiten, flexibel mit Wissen umzugehen und es auf neue Kontexte anzuwenden. Gleichermaßen wichtig ist andererseits die Rückmeldung zum Lern- und Arbeitsprozess. Hier geht es beispielweise um die Effektivität der Arbeitsweise, den Grad an Selbstständigkeit, um Zielorientierung, Zeitmanagement, Teamfähigkeit, Anstrengungsbereitschaft, Methodenbewusstsein, Frustrations- und Ambiguitätstoleranz sowie Konflikt- beziehungsweise Kooperationsfähigkeit (CMS o. J.).

Die komplexen Lernprozesse einer Deeper Learning-Einheit sollten folglich nicht nur einmalig am Ende des Arbeitsprozesses rückblickend eingeschätzt werden. Sie erfordern eine kontinuierliche Leistungsrückmeldung, die die wachsende Kompetenz der Schülerinnen und Schüler beschreibt. Zusätzlich kann eine rückblickende und ganzheitliche Einschätzung des Lernens am Ende der Einheit erfolgen. Ein weiterer Vorteil der kontinuierlichen formativen Rückmeldung – neben dem Feedback zum Grad der Durchdringung des Themenfeldes – ist das zeitnahe Aufdecken von (Lern-)Schwierigkeiten, die im Dialog zwischen Lernenden und Lehrenden aktiv behoben werden können, bevor größere Probleme entstehen.

4.4.4 Leistungsrückmeldung im gesamten Prozess

Wie in jedem differenzierenden Unterricht besteht auch beim Deeper Learning eine der größten Herausforderungen darin, alle Lernenden gleichzeitig zum Lernen zu motivieren und dabei den individuellen Lernbedürfnissen jedes Einzelnen gerecht zu werden. Dafür müssen Lehrpersonen zunächst herausfinden, welcher Lernende auf welchem Wissensstand ist und mit welchen schulischen (und unter Umständen auch persönlichen) Herausforderungen sie oder er gerade zu kämpfen hat.

Die dafür notwendige fortlaufende Einschätzung des Leistungsstandes wird in der Fachliteratur mit dem Begriff des ›formativen Assessments‹ oder auch des ›assessment for learning‹ (Wiliam 2011) beschrieben. ›Assessment‹ bedeutet im Allgemeinen das Messen, Dokumentieren, Beurteilen, Bewerten von Situationen oder Prozessen und die Rückmeldung dazu. Im Kontext der Schule und des Unterrichts wird es für die systematische Erfassung der Lernbereitschaft, der erworbenen Kompetenzen oder des Lernfortschritts verwendet, in der Regel auf der Basis einer zielgerichteten, kriteriengeleiteten individuellen Beurteilung (Nölte 2017). Das ›assessment for learning‹ ist also eine Einschätzung der Lernleistung innerhalb des Lernprozesses, die sowohl die Lehrenden als auch die Lernenden in der Fortsetzung des Lernprozesses als orientierende Information nutzen können. Es unterscheidet sich damit von der traditionellen Leistungsbewertung an Schulen, die mit der summativen Form der Bewertung ein ›assessment of learning‹, also eine Bewertung des Lernergebnisses vornimmt.

Eine kontinuierliche Leistungsüberprüfung im Sinne des formativen Assessments bedeutet nicht, dass eine Vielzahl von abschließenden Einschätzungen einzelner Lernetappen gegeben wird, die alle gemeinsam in eine Gesamtnote einfließen. Die Lernenden erhalten vielmehr vorausschauend eine Rückmeldung, welche Lernschritte sie bereits erfolgreich bewältigt haben und welche noch fehlen, um bestimmte Leistungskriterien zu erfüllen. Bei dieser dialogischen Leistungsentwicklung sprechen Lehrkräfte und Schülerinnen und Schüler auch darüber, welche Form der Unterstützung die Lernenden von den Lehrpersonen brauchen, um gut weiterlernen zu können. Zudem orientiert sich die formative Rückmeldung nicht ausschließlich an einem festen Erwartungshorizont, an festen Kriterien (kriteriale Bezugsnorm) oder an dem Vergleich mit einer Lerngruppe (soziale Bezugsnorm). Ihr Ziel ist eine am individuellen Lernfortschritt orientierte Rückmeldung an einzelne Lernende bzw. Teams. Personalisierter Unterricht wird so möglich, da die Schülerinnen und Schüler innerhalb eines gemeinsamen Themenfeldes unterschiedliche Lernwege beschreiten können und dabei von den Lehrkräften unterstützt werden.

Neben dem Lernfortschritt wird durch den regelmäßigen Austausch über die Ziele der Schülerinnen und Schüler und ihr damit verbundenes Vorgehen auch ihre Reflexionsfähigkeit gefördert. So können die Lehrkräfte im Dialog mit den Lernenden deren Selbstregulation und eigenverantwortliches Lernen anbahnen und unterstützen. Leistungsbewertung im Sinne des formativen Assessments ist also nicht auf die reine Leistungsüberprüfung der Lernenden ausgerichtet, sondern zielt auf eine motivierende und personalisierte Leistungsentfaltung im Dialog. Diese dialogische Leistungsentwicklung ist im Deeper Learning-Prozess besonders wichtig, um in den ko-konstruktiven Arbeitsphasen den Lernenden sowohl individuell als auch im Team unterstützend beizustehen und dabei unterschiedliche Arbeitsformen und Leistungsergebnisse zu ermöglichen.

Das systematische Erfassen des Lernprozesses basiert nicht auf dem Einsatz aufwendiger Screening-Instrumente oder Tests (auch wenn diese potenziell im Prozess einsetzbar sind). Sein Ausgangspunkt liegt im Dialog mit den Lernenden. Diese schätzen anhand klar vereinbarter Lernziele und Leistungsetappen ihren Lernstand selbst ein. Die Lehrkraft bzw. die Lehrkräfte, die gemeinsam die Deeper Learning-Einheit begleiten, schätzen anhand der gleichen Kriterien die Schülerinnen und Schüler ebenfalls ein. Im anschließenden Gespräch vergleichen die Lernenden ihre Selbstwahrnehmung mit den Beobachtungen der Lehrkräfte und sprechen darauf aufbauend mit ihnen über das weitere produktive Vorgehen. Eine Vereinbarung über die nächsten Schritte können beide Seiten dann gemeinsam treffen, wobei die Lehrkräfte immer dann unterstützend begleiten, wenn dies Lehrkräften oder Lernenden notwendig erscheint.

Voraussetzung für formatives Assessment ist eine positive Fehlerkultur, durch die klar wird, dass Fehler nicht problematisch sind, sondern der Ausgangspunkt für neues Lernen (Black/Wiliam 1998; Greenstein 2010). Grundhaltung der gesamten Leistungseinschätzung beim Deeper Learning ist das ›not yet‹ (Dweck 2014c), das heißt die Einstellung, dass ein Schüler bzw. eine Schülerin oder ein Team etwas noch nicht kann, dies aber durch Anstrengung, Engagement und die richtige Unterstützung durchaus lernen kann. Im Prozess des Deeper Learning ist es sinnvoll, Formen des formativen Assessments bereits in der Phase der Instruktion zu nutzen. So können Lehrkräfte und Lernende gemeinsam gleich zu Beginn des Lernprozesses herausfinden, wo sich die einzelnen Lernenden im Lernprozess befinden und welches Wissen bzw. welche Unterstützung sie schon in Phase I benötigen, um ein Wissensfundament zu schaffen, mit dem sie dann in die ko-konstruktive bzw. ko-kreative Phase übergehen und ihr Wissen erweitern können.

Voraussetzung für das formative Assessment sind konstruktive Rückmeldungen, aus denen sich im Idealfall eine Rückmeldekultur an der gesamten Schule entwickelt, die alle Schülerinnen und Schüler in ihren Lernprozessen begleitet. Eine effektive Rückmeldung (Feedback) besteht aus mehreren Komponenten, die Lehrkräften und Mitschülerinnen und -schülern (im Peer-Feedback) mit zunehmender Übung immer leichter fallen:

- Sie basieren auf konkreten Beschreibungen (durch die Lernenden) und/oder Beobachtungen durch die Feedbackgeber.
- Sie haben einen angemessenen Umfang, das heißt, es werden Dinge besprochen, die auch tatsächlich verändert werden können und nicht zu komplex sind.
- Sie finden zu einem passenden Zeitpunkt statt, beispielsweise wenn ein Schüler bzw. eine Schülerin oder ein Team im Lernprozess gerade stockt, wenn sie um Rückmeldung bitten oder wenn die Lernenden an einer Lernetappe angekommen sind.
- Das Feedback enthält konkrete Hinweise zur Weiterarbeit oder entwickelt diese mit den Lernenden im Gespräch.

- Feedbackgeber und Feedbacknehmer sind sich klar über die Absicht des Feedbacks, den Lernprozess zu verbessern.
- Das Feedback ist ausgerichtet an der zu erfüllenden Aufgabe beziehungsweise am erklärten Ziel des Lernens.
- Die Rückmeldung wird so formuliert, dass die einzelnen Lernenden es verstehen können und besser verstehen, was ihre konkreten nächsten Lern- und Handlungsschritte sind. Die Schülerinnen und Schüler sind auf der Grundlage des Feedbacks in der Lage, klar zu artikulieren, was sie gehört haben, was sie verstanden haben und was sie auf dieser Grundlage nun zu tun gedenken.

Der letztgenannte Punkt ist von besonderer Bedeutung, um den Inhalt des Feedbacks den Lernenden so zu übermitteln, dass sie es verstehen und unmittelbar umsetzen können. Lehrkräfte können sich im Voraus Formulierungen überlegen, die durch eine angemessen differenzierte und sensible Sprache ein dynamisches Selbstbild (vgl. Kapitel 3.3) der Lernenden fördern. Beim Formulieren der Rückmeldungen ist es wichtig, dass nicht nur konkrete Probleme und Herausforderungen, sondern ressourcenorientiert auch vorhandene Kompetenzen und Lernerfolge offen angesprochen werden. Auf der überfachlichen Arbeitsebene kann ein Kompetenzraster (vgl. Kapitel 4.4.6) die dialogische Lernentwicklung zwischen Lernenden und Lehrenden unterstützen. Für die inhaltlich-fachliche Arbeit ist das Hinzuziehen der SOLO-Taxonomie (vgl. Kapitel 4.4.5) geeignet.

4.4.5 Authentische Leistungen fachlich begleiten: Die SOLO-Taxonomie

Die SOLO-Taxonomie ist ein Modell zur Beschreibung der Struktur des beobachtbaren Lernergebnisses (›structure of observed learning outcomes‹). Sie wurde von den australischen Bildungsforschern John Biggs und Kevin Collis in den späten 1970er Jahren entwickelt mit dem Ziel, tiefgreifende, kognitiv aktivierende und qualitätsvolle Lernprozesse zu strukturieren und für Lehrkräfte greifbar zu machen (Biggs/Collis 1982). Ihr Ausgangspunkt war die Analyse von schriftlichen Schülerinnen- und Schülerantworten auf unterschiedliche Aufgabentypen in Bezug auf die Konzepte verschiedener Schulfächer (Dudley/Baxter 2008). Die Analyse ermöglichte, Denkweisen der Schülerinnen und Schüler zu identifizieren und in einem Modell zu klassifizieren (Hattie et al. 2004).

Die Taxonomie lässt sich grundsätzlich auf unterschiedliche Lernleistungen anwenden und beschreibt auf systematische Weise, wie sich die Leistung von einzelnen Lernenden oder Teams in ihrer Komplexität steigert. Die Einteilung der beobachteten Leistung erfolgt dabei über eine Skala mit aufsteigendem Komplexitätsgrad (Biggs/Collis 1987). Die Skala weist fünf Stufen aus, die mit »vorstrukturellen Lernergebnissen« beginnen, die offenbaren, dass noch keine Information verarbeitet wurde und kein Lernergebnis erzielt werden konnte. Sie endet mit der Beschreibung »erweitert abstrakter« Lernergebnisse, die unterschiedliche fachliche Konzepte sinnvoll verknüpfen und dabei analytisch und/oder kreativ Neues schaffen (vgl. Abb. 21).

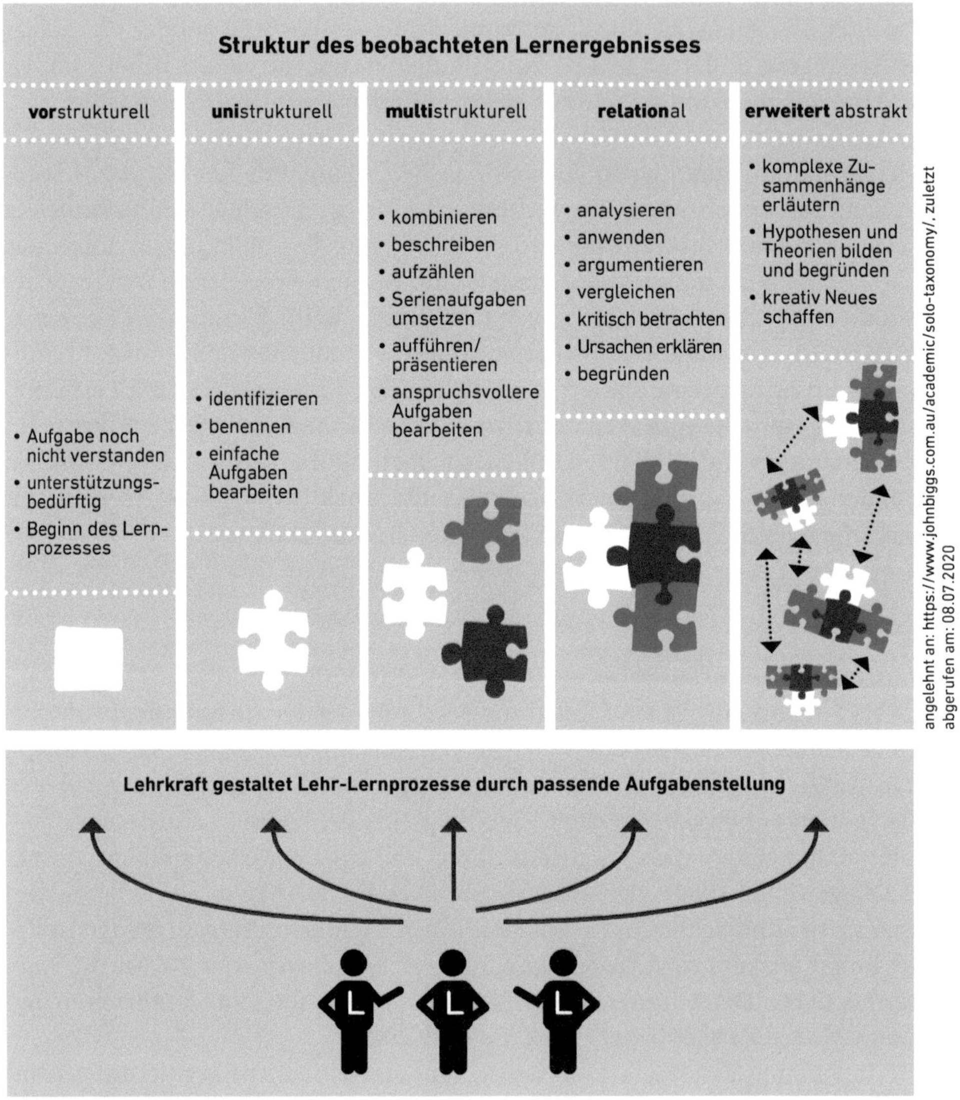

Abb. 21: *SOLO-Taxonomie*

Die einzelnen Stufen werden beschrieben als

- **vorstrukturell (Stufe 0):** Der oder die Lernende hat kein Verständnis des Themenfeldes, benennt irrelevante Dinge und weiß nicht, was er oder sie tun soll.
- **unistrukturell (Stufe 1):** Der oder die Lernende kann einen einzigen Aspekt ohne offensichtliche Verknüpfungen benennen. Ihm oder ihr gelingt es, die entsprechende Terminologie zu nennen, sich etwas zu merken oder einfache Vorgehensweisen auszuführen.
- **multistrukturell (Stufe 2):** Der oder die Lernende kann mehrere Aspekte benennen, diese stehen aber noch recht unverbunden nebeneinander. Er oder sie kann Dinge zeigen, beschreiben, klassifizieren, Methoden anwenden, strukturieren und mehrschrittige Vorgehensweisen durchführen.
- **relational (Stufe 3):** Der oder die Lernende kann Beziehungen zwischen mehreren Aspekten des Themenfeldes verstehen und erkennt, wie sie zusammengehören, um ein Ganzes zu bilden. Das Verständnis dient als Struktur, um Dinge zu vergleichen, aufeinander zu beziehen, zu analysieren, Theorien anzuwenden und im Sinne von Ursache und Wirkungen zu beschreiben.
- **erweitert abstrakt (Stufe 4):** Der oder die Lernende kann die erlernte Struktur verallgemeinern, abstrahieren, das Themenfeld aus unterschiedlichen Perspektiven analysieren und die Inhalte bzw. das Erlernte auf neue Themenfelder beziehen. Er oder sie kann Verknüpfungen herstellen, die bislang nicht thematisiert wurden, und kann kreativ und/oder analytisch Neues entwickeln und reflektieren.

Die Taxonomie lässt sich in die Bereiche des oberflächlichen Lernens (Stufe 1 und Stufe 2) sowie des tiefergreifenden Lernens (Stufe 3 und Stufe 4) einteilen (Hattie 2004). Das oberflächliche Lernen kann auch als quantitatives Lernen beschrieben werden (Hook 2015), da hier hauptsächlich Wissen angehäuft und punktuell wiedergegeben wird. Die tiefgreifenderen Stufen beschreiben das qualitative Lernen (Hook 2015). Die Schülerinnen und Schüler wägen Inhalte ab, setzten sie miteinander in Beziehung und verbinden sie zu etwas Neuem. Im Idealfall bewegen sich die Schülerinnen und Schüler innerhalb eines Lernprozesses vom quantitativen zum qualitativen Lernen, wobei sie ihr Wissen und ihre Fähigkeiten sukzessive aufeinander aufbauend erweitern.

Die Struktur der taxonomischen Stufen folgt dabei verschiedenen Kriterien. Mit aufeinander folgenden Stufen nimmt der Abstraktionsgrad zu. Auch die Anzahl an Aspekten, die kognitiv organisiert werden müssen, steigt kontinuierlich an. Gleiches gilt für die Kohärenz und den Einsatz von Organisationsprinzipien und Methoden zur Vernetzung von Inhalten (Biggs/Collis 1982; Hattie et al. 2004).

Die zunehmende Komplexität der Stufen soll im Folgenden anhand der drei Dimensionen der kognitiven Kapazität, der Vernetzung sowie der Kohärenz des gesamten Arbeitsprozesses verdeutlicht werden. Die ansteigende kognitive Kapazität über die SOLO-Stufen hinweg zeigt sich in einer erhöhten Aufmerksamkeitsspanne und einer Steigerung der Aktivität des Arbeitsgedächtnisses. Lernende müssen beispielsweise, um sich auf den Stufen »relational« oder »erweitert abstrakt« bewegen zu können, mehrere Facetten eines Fachinhaltes im Gedächtnis behalten und zugleich feststellen, wie diese zusammenhängen (Hattie et al. 2004). Deeper Learning unterstützt die kognitive Tiefe, indem die Schülerinnen und Schüler eigene mehrdimensionale Fragestellungen entwickeln können und sich diesen in der ko-konstruktiven bzw. ko-kreativen Phase widmen. Egal, ob sie allein oder im Team arbeiten, müssen sie dabei mehrere Dinge im Blick behalten, um zu einem authentischen Ergebnis zu gelangen.

Diese Vernetzung unterschiedlicher Inhalte und (Teil-)Kompetenzen ist auf den SOLO-Stufen der höheren Komplexität ausgeprägter vorhanden als in den oberflächlicheren unteren Ebenen der Taxonomie. Deeper Learning setzt hier an und erfordert einerseits durch die Teamarbeit ein vernetztes Denken. Zum anderen stellt die Instruktion in der ersten Phase bereits sicher, dass sich die Schülerinnen und Schüler grundlegende Konzepte und Fachinhalte aneignen und dadurch bereits am Ende von Phase I einfache Aufgaben bearbeiten können. Die ko-konstruktive Phase ermöglicht dann, dass sich die Lernenden mehrperspektivischer in ihr Themenfeld einarbeiten und Inhalte bewusst miteinander in Verbindung setzen. Auf diese Weise erleichtert der Deeper Learning-Prozess das Voranschreiten der Lernenden von einer oberflächlichen Auseinandersetzung hin zu einer tiefgreifenden Auseinandersetzung mit Aspekten eines Themenfeldes.

Zu Beginn des Lernprozesses auf der unistrukturellen Ebene erfolgt die Auseinandersetzung mit Fragestellungen zunächst eindimensional, durch das Benennen von einzelnen Merkmalen und Wissensinhalten, die im Gedächtnis abgerufen werden können. Setzen sich Lernende tiefgreifender mit Fachinhalten auseinander, müssen sie potenziell inkonsistente Ideen und Informationen miteinander verbinden, abwägen und Verbindungen schaffen, sodass zunächst inkohärent erscheinende Informationen zueinander in Beziehung gesetzt werden. Der oder die Lernende verliert dabei kurzzeitig die Kohärenzwahrnehmung und erfährt einen Widerspruch zwischen Fragestellung, dem erarbeiteten Material und dem Lernergebnis (Hattie et al. 2004). Erst wenn er oder sie diesen Widerspruch aufzulösen vermag, finden sich die Lernenden auf einer erweitert abstrakten Ebene wieder, die sie zu einem komplexeren Weltbild führt. Durch Deeper Learning lässt sich dieser kognitive Lernzugewinn unterstützen. Die ko-konstruktive und ko-kreative Phase profitiert von dem Miteinander der unterschiedlichen Schülerinnen und Schüler, die ihr Vorwissen zusammenführen und ihre Ideen in eine wechselseitige Dynamik bringen, dabei neue Dinge erfahren, Unsicherheiten und Lücken gegenseitig ausgleichen und gemeinsam auf eine neue, höhere Verstehensebene gelangen können.

Die Stärke der Anwendung einer Taxonomie wie der SOLO-Taxonomie für das dialogische Feedback besteht darin, dass Lehrkräfte mit ihrer Hilfe dialogisches und formatives Feedback zum Entwicklungsstand der Leistung geben, ohne die einzelnen Lernenden als Person zu klassifizieren. Es geht also darum, »was der Schüler oder die Schülerin [jetzt gerade] tut«, und nicht, »wie der Schüler oder die Schülerin ist« (Biggs/Tang 2007). So können die Lehrkräfte eine Etikettierung der Lernenden vermeiden und ihr dynamisches Selbstkonzept stärken (Dweck 2006). Dies trägt zur Motivation der Lernenden bei, ihr eigenes Lernen prozesshaft weiterzuentwickeln.

Die SOLO-Taxonomie in Deeper Learning-Einheiten einsetzen

Die SOLO-Taxonomie ermöglicht, fachliche Ziele von Deeper Learning-Einheiten in ihrer Komplexität aufzubrechen und einzelne Stufen darzustellen, die die Schülerinnen und Schüler sukzessive erklimmen können, um zu einem tiefgreifenden Verständnis eines Themenfeldes zu gelangen. Dies unterstützt die Lehrkräfte dabei, Lernprozesse ausgehend von unterschiedlichen Lernausgangslagen angemessen zu planen. Schülerinnen und Schüler unterstützt die stufenweise Darstellung darin, ihren individuellen Lernweg selbst aktiv zu beschreiten. Die stufenweise Zunahme an Komplexität des fachlichen Wissens gibt ihnen Orientierung über den Weg, auf dem sie sich befinden, und die Kriterien, anhand derer sie formative Rückmeldung erhalten.

Die fachlich neutrale Formulierung der Stufen einer SOLO-Taxonomie macht sie besonders hilfreich für die Begleitung und bewertende Einschätzung authentischer Lernergebnisse. Durch die Offenheit der Fragestellung bzw. Aufgabe, die die Schülerinnen und Schüler in ihrer ko-konstruktiven und ko-kreativen Phase wählen und bearbeiten, können die Lernenden sich für Leistungsformen entscheiden, die auf den ersten Blick für die Lehrkräfte schwierig einzuschätzen sind. So ist es bei einer Deeper Learning-Einheit zu »Sozialer Ungleichheit« möglich, dass ein Schülerteam sich entscheidet, statistische Daten aus unterschiedlichen Ländern aufzubereiten und zu analysieren, um herauszufinden, wo die Ungleichheit besonders ausgeprägt ist. Daneben könnte ein anderes Team seinen Zugang zum Thema in Form einer eigenen Choreografie eines Tanzes zur »sozialen Ungleichheit« ausdrücken. Um diese beiden sehr unterschiedlichen Wege der Annäherung an ein gemeinsames Themenfeld dennoch gleichermaßen einschätzen zu können, ist es wichtig, mit den Schülerinnen und Schülern in einen Dialog zu kommen und ihnen über die Spanne des Lernwegs in Phase II und III hinweg formative Rückmeldung zu geben, wie sie ihre Leistung weiterentwickeln können. Dieses dialogische Feedback lässt sich an den Stufen der SOLO-Taxonomie ausrichten.

Würden die Schülerinnen und Schüler zum Beispiel ausschließlich unterschiedliche Diagramme mit ländervergleichenden Daten zur sozialen Ungleichheit erstellen, so wäre diese Leistung eher auf den unteren Ebenen der Taxonomie einzuordnen. Eine Interpretation der Diagramme durch die Definition von sozialer Ungleichheit und daraus ableitend eine Bezugnahme zu entsprechenden länderspezifischen Herangehensweisen, historischen, geografischen oder nationalen Gegebenheiten, die statistische Berechnung von Zusammenhängen oder signifikanten Unterschieden wäre auf den höheren Stufen der Taxonomie angesiedelt.

Im zweiten Fall, dem Tanz, ist die Leistung im Moment der Aufführung schwierig zu erfassen. Hier wird es wichtig sein, mit den Schülerinnen und Schülern über ihre Leistung ins Gespräch zu kommen, um zu erfahren, warum und wie sie die Choreografie entwickelt haben und wie sie ihre Choreografie in Beziehung setzen zu ihrem Wissen über soziale Ungleichheit. Dies können die Lernenden durch ein Programmheft zu ihrer Aufführung oder ein Portfolio zur Entwicklung des Tanzes erläutern, um so auch eine fachliche Einschätzung und Rückmeldung durch Lehrkräfte zu ermöglichen.

Die formative Begleitung der Leistungsentwicklung lebt beim Deeper Learning davon, dass sie dialogisch angelegt ist, Lernschritte immer wieder ins Bewusstsein hebt, laut artikuliert und in ihren Teilergebnissen darlegt. Auf der Grundlage der Taxonomie können die Lernenden und die Lehrenden sich über ihre unterschiedlichen Einschätzungen austauschen. Die Taxonomie dient dabei als Spiegel, mit dessen Hilfe Schülerinnen und Schüler und Lehrkräfte einen Dialog über das weitere Voranschreiten auf dem Lernweg führen können. Das Ziel dabei ist nicht, möglichst schnell eine möglichst hohe Durchdringungstiefe zu erreichen. Auf dem Weg zur Expertise gibt es keine Abkürzungen. Es geht vielmehr darum, ausgehend vom Lernstand zu ermitteln, auf welcher Verständnisebene die Lernenden stehen, um sie dann fachlich in ihrer Zone der nächsten Entwicklung bestmöglich zu unterstützen. Diese dialogische Leistungsentwicklung können Lehrkräfte im Dialog mit einzelnen Schülerinnen und Schülern oder im Gespräch mit einer ganzen Lerngruppe unterstützen.

Fällt es Lehrkräften schwer, die von den Lernenden erbrachten Teilleistungen den SOLO-Stufen zuzuordnen, bietet es sich an, die Schülerinnen und Schüler dazu anzuleiten, ihren Arbeitsprozess in einem (digitalen) Prozessportfolio zu dokumentieren. Dieses macht die Lernprozesse nicht nur für die Lehrkräfte transparent und hilft ihnen dabei zu entscheiden, wann sie von den Schülerinnen und Schülern dialogische Reflexion einfordern und formative Rückmeldung geben. Es kann gleichermaßen die Lernenden darin unterstützen, ihre eigenen Lernprozesse besser zu verstehen und einzuordnen. Als digitales Portfolio können die Schülerinnen und Schüler es nicht nur auf der Lernplattform der Schule, sondern auch in den sozialen Medien kreativ gestalten.

4.4.6 Authentische Leistungen überfachlich begleiten: Das Kompetenzraster

Die authentische Leistung umfasst neben der fachlichen auch eine überfachliche Komponente. Während Taxonomien wie die SOLO-Taxonomie dazu beitragen, die fachliche Leistung nachzuvollziehen, bedarf es eines weiteren Instruments, das überfachliche Kompetenzen in den Blick nimmt und diese ebenfalls von einer oberflächlichen Auseinandersetzung bis hin zu einer tiefgreifenden Arbeitsweise abbildet. Dieses Instrument ist das Kompetenzraster. Die zugrunde liegende Annahme dabei ist, dass auch überfachliche Kompetenzen, wie die Fähigkeit zur Kommunikation und zur Kooperation oder die Organisation des Lern- und Arbeitsprozesses, fluide, das heißt erlern- und trainierbar sind (Klieme/Maag Merki/Hartig 2007). Die Abbildung der Kompetenzen im Raster zeigt – ähnlich der SOLO-Taxonomie – einen systematischen Weg auf, wie die Lernleistung eines Individuums oder einer Gruppe sich bezüglich eines bestimmten Aspekts entlang eines Kontinuums entwickelt. Die stufenweise Anordnung, die den Weg von einfachen Grundfähigkeiten bis hin zu komplexen Fähigkeitsstufen weist, beschreibt den jeweiligen Ausprägungsstand, um so eine formative Einschätzung und Rückmeldung an die Lernenden zu ermöglichen. Durch die Stufung wird verdeutlicht, welche Lernprozesse erforderlich sind, damit Schülerinnen und Schüler auf die nächste Stufe gelangen (Keller 2011). Grundidee dabei ist, dass sich Kompetenzen spiralförmig entwickeln, sodass die Lernenden im Wechselspiel zwischen formativem Feedback und praktischer Anwendung immer höher entwickelte Stufen einer überfachlichen Fähigkeit erreichen können (Lind 2001).

Für eine qualitativ hochwertige Anwendung überfachlicher Kompetenzen im Deeper Learning-Prozess bedeutet dies, dass Lehrkräfte die Schülerinnen und Schüler gezielt an die entsprechenden Kompetenzen heranführen. Den Lernenden muss dabei klar werden, warum bestimmte Kompetenzen (wie zum Beispiel die des aktiven Zuhörens oder der Frustrationstoleranz) einen entscheidenden Mehrwert für ihren Lernprozess haben und wie sie in unterschiedlicher Intensität eingesetzt werden können, um den Lernprozess zu verbessern.

Genau wie die SOLO-Taxonomie bietet die Arbeit mit Kompetenzrastern im Deeper Learning eine Form des dialogischen Feedbacks, das die authentische Leistungsentwicklung unterstützt. Die Kompetenzraster lassen sich nutzen, damit Lernende und ihre Lehrkräfte ins Gespräch kommen, Kompetenzniveaus aus der Perspektive der Lernenden und der Lehrenden thematisieren und so von einer »reinen Zielebene auf eine umfassende Handlungsdimension« (Engel/Wiedenhorn 2010, S. 35) kommen. Die Unterstützung sollte darin bestehen, Materialien oder kleine Tutorials zu wichtigen überfachlichen Kompetenzen zu entwickeln und Gesprächsanlässe über überfachliche Kompetenzen in der beginnenden Gruppenarbeit während der ko-kreativen und ko-konstruktiven Phase zu gestalten, um dann fortlaufend als Berater den Lernenden zur Seite zu stehen, wenn Schwierigkeiten auftreten.

Um für die Schülerinnen und Schüler einen persönlichen Bezug zu schaffen, sind Kompetenzraster in der Regel in der Ich-Perspektive gestaltet. Auf diese Weise werden die bereits vorhandenen Kompetenzen der Lernenden in den Vordergrund gestellt, und ihre Motivation wird zur weiteren Auseinandersetzung damit angeregt.

Tab. 3: *Kompetenzraster Kommunikation in der Gruppe*

Bereich: Kommunikation in der Gruppe	Stufe 1	Stufe 2	Stufe 3	Stufe 4
	Ich halte mich meist zurück und beteilige mich nicht an gemeinsamen Gesprächen.	Ich beteilige mich nur am Gespräch, wenn die anderen mich dazu auffordern, weil ich nur selten eigene Ideen oder Erkenntnisse habe.	Ich teile meine Ideen und Erkenntnisse mit den anderen eher selten, weil ich oft unsicher bin, ob das zu unserem Ergebnis passt.	Ich teile meine Ideen und Erkenntnisse mit den anderen aus meiner Gruppe, um unser Ergebnis weiterzuentwickeln.
	Mir ist es nicht so wichtig, die Gruppe voran zu bringen.	Ich möchte die Gruppe voranbringen, traue mich aber nicht, mich aktiv einzubringen.	Ich möchte die Gruppe voranbringen und beteilige mich deshalb, wenn ich mir sicher bin, dass es allen hilft.	Ich bin engagiert, unsere Gruppe voranzubringen und bringe mich deshalb aktiv in Diskussionen ein.
	Diskussionen werden nie von mir angestoßen.	Ich stoße Diskussionen nur im äußersten Notfall an, wenn ich sicher bin, dass wir uns in die falsche Richtung entwickeln.	Ich stoße Diskussionen an, wenn ich mir ganz sicher bin, dass ich etwas zum Gruppenprozess beitragen kann.	Ich stoße regelmäßig Diskussionen an, um unser Vorgehen und unser Arbeitsergebnis zu verbessern.

4.4.7 Die Abbildung der Leistungen einer Deeper Learning-Einheit im Zeugnis

Zeitgemäße Bildung sollte stärker an den 4K (Kommunikation, Kooperation, Kreativität und kritisches Denken) ausgerichtet sein – diese Forderung liegt nicht nur der Deeper Learning-Pädagogik zugrunde. Sie wird auch im Zusammenhang mit der allgemeinen Unterrichtsentwicklung (Schleicher 2018; Fullan/Quinn/McEachen 2018), mit der Medienbildung und Digitalisierung des Lernens (Brägger/Rolff 2021) sowie mit der Schulentwicklung (Trilling/Fadel 2009; Trilling 2015) diskutiert.

Im Kontext des Deeper Learning werden die 4K mit Mastery (der Verankerung tiefgreifenden Fachwissens) in Verbindung gesetzt und durch die Auseinandersetzung mit Identität und Kreativität gestärkt. Die Schülerinnen und Schüler werden so auf das Leben im 21. Jahrhundert vorbereitet. Sie lernen »selbst zu denken, zu lernen und zu handeln. Sie setzen sich in Projekten mit echten Problemen auseinander und lernen, diese gemeinsam zu bewältigen. Sie werden in authentischen Lernsituationen herausgefordert, Neues zu wagen und kreative Lösungen zu finden. Und sie lernen, miteinander konstruktiv zu kommunizieren, sich mitzuteilen und ihre eigene persönliche Stimme zu finden« (Brägger/Rolff 2021, S. 954).

In Deeper Learning-Einheiten bearbeiten die Lernenden Synthese- und Transferaufgaben. Diese erfordern tiefes fachliches Verständnis und bauen darauf auf, dass sich Schülerinnen und Schüler auch praktische Handlungsfähigkeiten aneignen und verschiedene Wissensdimensionen miteinander verbinden. Solche komplexen Kompetenzen lassen sich durch Klassenarbeiten nicht überprüfen und durch einfache Ziffernnoten nicht angemessen abbilden.

Die Kompetenzen werden von Lernenden vielmehr durch ihre Leistungen – im Arbeitsprozess und im Arbeitsergebnis – nachgewiesen (Nieke 2008). Die kontinuierliche Beobachtung des fachlichen und überfachlichen Leistungszuwachses in Deeper Learning-Einheiten wird durch die SOLO-Taxonomie sowie Kompetenzraster für die überfachliche Kompetenzentwicklung gerahmt. Lehrkräfte können so die Leistungsentwicklung nicht nur dialogisch und formativ unterstützen, sondern auch dokumentieren, wo die Schülerinnen und Schüler mit ihren Leistungen jeweils stehen und über welche Kompetenzen sie schon verfügen. Dies bietet die Möglichkeit, nicht nur den Lernstand, sondern auch das Engagement der Schülerinnen und Schüler gezielt zu würdigen und die Leistung detailliert zu zertifizieren.

Es bietet sich beispielsweise an, ein Zertifikat als Formblatt zu gestalten, das die Schule dem Zeugnis beilegt. Dieses Zertifikat kann die Leistung in drei Bereichen dokumentieren: die fachliche Leistung, die überfachliche Lernentwicklung sowie Informationen zur authentischen Leistung als Arbeitsergebnis. Im fachlichen Bereich lassen sich der Wissensstand und die damit verbundenen Kompetenzen des

Bildungsplanes dokumentieren. Im überfachlichen Bereich kann zum Beispiel das Kompetenzraster angefügt werden, das zusammenfasst, auf welcher Kompetenzstufe die Lernenden fähig sind, miteinander zu kommunizieren, zu kooperieren und metakognitiv über das eigene Lernen nachzudenken. Je nach gewählter Arbeitsform kann das Repertoire an überfachlichen Fähigkeiten ergänzt werden. Der dritte Bereich spiegelt die authentische Leistung, indem er die Leistung der einzelnen Schülerinnen und Schüler kurz und dennoch präzise beschreibt. Abhängig von den individuellen Arbeitsergebnissen kann zusätzlich ein Quellenverweis auf eine digitale Abbildung der Leistung bzw. Performanz oder eine Fotodokumentation angehängt werden.

Die Schülerinnen und Schüler erhalten auf diese Weise eine Würdigung ihres Engagements, die der Komplexität ihrer geleisteten Arbeit entspricht. Sie wird im Zeugnis abgebildet, um aufzuzeigen, dass die Schule die Arbeitsprozesse in Deeper Learning-Einheiten und die damit verbundenen Ergebnisse als hochwertige Leistung anerkennt. Wertvoll ist diese Form der Leistungsdokumentation auch für Bewerbungen (zum Beispiel für Praktika, auf dem Arbeitsmarkt oder um Studienplätze), da sie Schülerinnen und Schülern die Möglichkeit gibt, ihre spezifischen Stärken darzustellen.

5 Was bedeutet Deeper Learning für die Lehrkräfte?

Deeper Learning erfordert nicht nur, die Lernprozesse der Schülerinnen und Schüler neu zu organisieren. Als Pädagogik für das 21. Jahrhundert hat es auch Auswirkungen auf die Gestaltung von Schulen und das Handeln aller an schulischen Bildungsprozessen Beteiligten. Die Art und Weise, wie Schule funktioniert, das heißt die ihr zugrunde liegende »Grammatik« (Tyack/Tobin 1994), ist in Deutschland über die Jahrhunderte fast unverändert geblieben. Dazu gehört, dass beispielsweise »Kinder in festgelegten Gruppengrößen in Klassen eingeteilt [...], in altersbasierte Klassenstufen aufgeteilt [...] [und] in einzelnen Fächern von einzelnen Lehrkräften unterrichtet« (Sliwka/Klopsch 2020, S. 217) werden. Der Unterricht orientiert sich inhaltlich oft noch eng am Aufbau von Lehrbüchern, und die Lernenden erhalten in der Regel nach abgeschlossenen Unterrichtseinheiten Ziffernnoten.

Lernen in Deeper Learning-Unterrichtssequenzen erfordert, diese Grammatik zu durchbrechen und dadurch neuen Prioritäten gerecht zu werden. Der Lernumgebung wird dabei eine generelle Dynamik hinsichtlich ihrer räumlichen, zeitlichen, sozialen und situativen Kontexte (Tenorth/Tippelt 2007) unterstellt, wodurch »Anknüpfungspunkte entstehen können, die die Integration neuer Informationen, Kompetenzen, Fähigkeiten und Fertigkeiten erlauben« (Klopsch 2016, S. 12). Es geht also nicht nur um die Veränderung von Unterricht durch die Pädagogik des Deeper Learning, sondern auch um die deutliche Weiterentwicklung der Rahmenbedingungen, die anspruchsvolle Lernprozesse ermöglichen und unterstützen.

Unter Rahmenbedingungen können auf der Makroebene, das heißt der schulischen Ebene (Bormann 2002, S. 35), organisatorische wie infrastrukturelle Maßnahmen verstanden werden. Deeper Learning erfordert in diesem Zusammenhang, die traditionelle Raumnutzung zu erweitern. Dazu gehört, das breite Spektrum an digitalen Möglichkeiten genauso selbstverständlich einzubeziehen wie auch die Lebenswelt außerhalb der Schule explizit als erweiterten Lernraum zu begreifen und zu nutzen. Die sichtbaren Wände der Schule werden so symbolisch eingerissen und mit den Lernumgebungen außerhalb der Schule zu einem kohärenten Ganzen verschmolzen (Sliwka/Klopsch 2020, S. 225). Auf diese Weise können authentische Lerngelegenheiten entstehen, die tiefgreifende Lernprozesse begünstigen.

Auf der Mikroebene, das heißt der Unterrichtsebene, umfassen die Rahmenbedingungen die den Unterricht unmittelbar beeinflussenden Faktoren. Diese betreffen insbesondere das Lehrkräftehandeln, das sich innerhalb von Deeper Learning-Einheiten gegenüber der traditionellen Ausprägung deutlich verändert: Die Lehrkräfte nehmen neue und veränderte professionelle Rollen ein und nutzen diese flexibel in unterschiedlichen Unterrichtssituationen. Daneben sind sie gefordert, stärker in Teams zu arbeiten, um ko-konstruktiv Unterrichtssequenzen zu entwickeln. Durch die gemeinsame Arbeit wird auch ihr professionelles Lernen zu einem sozialen Prozess, in dem sie ihr Wissen und ihre Ideen teilen, sich dabei gegenseitig kognitiv aktivieren und gemeinsam neue Ideen für die kreative Gestaltung von Unterricht generieren. Im Prozess können die Lehrkräfte vielfältige Synergieeffekte nutzen, die nicht nur durch wechselseitige Unterstützung, sondern vor allem durch die komplementäre Arbeit die subjektiv von vielen Lehrkräften als hoch empfundene Arbeitsbelastung senken.

Die Deeper Learning-Pädagogik lässt sich durch die folgenden drei Aspekte professionellen Lehrkräftehandelns positiv beeinflussen:

1) die individuelle adaptive Anpassung der Lehrkräfte an unterschiedliche Situationen und Anforderungen in den Deeper Learning-Einheiten (adaptive Expertise)
2) die gemeinsame Arbeit und gegenseitige Unterstützung der Lehrkräfte im Sinne der kooperativen Professionalität
3) der erweiterte Lernraum der Schule, der digitale Lernräume und externe Lernorte in sich aufnimmt und zu einer neuen Synthese verbindet.

Alle drei Aspekte werden im Folgenden näher erläutert.

5.1 Die individuelle adaptive Anpassung der Lehrkräfte an unterschiedliche Situationen und Anforderungen im Unterricht

In Deeper Learning-Einheiten löst sich die Dichotomie zwischen einem transmissiven (Voss et al. 2011) und einem kognitiv-konstruktivistischen Verständnis der Lehrkräfterolle (Hartinger/Kleickmann/Hawelka 2006) auf. Die Dichotomie besteht darin, dass einerseits Lehren vor allem die transmissive Weitergabe von Wissen durch Lehrende beschreibt und andererseits Lernen als aktive und »weitgehend selbstgesteuerte Konstruktionsleistung der Lernenden« (Hartinger/Kleickmann/Hawelka 2006, S. 111) verstanden wird. Transmissive und konstruktivistische Überzeugungen sind gleichermaßen wichtig, um die Komplexität von Deeper Learning durch adaptives Handeln professionell zu bewältigen. Die Wirksamkeit ihrer Verbindung für Lernprozesse für Schülerinnen und Schüler lässt sich empirisch belegen (Askew et al. 1997; Reinmann-Rothmeier/Mandl 2006, S. 638).

Im Deeper Learning-Prozess kommt es hauptsächlich in Phase I darauf an, Wissen kompetent zu vermitteln, sodass es sich Lernende mit unterschiedlichem Vorwissen aneignen können. Dies betrifft beispielsweise die Auswahl geeigneter Bildungsmedien und Vermittlungskanäle. Im Übergang zu Phase II verringert sich der transmissive Zugang zugunsten eines steigenden kognitiv-konstruktivistischen Vorgehens. Nun stellen die Lehrkräfte unterschiedliche Lernarrangements bereit und geben formatives Feedback, um Lernende kognitiv anzuregen und zu unterstützen. Dies verändert den Fokus des Lehrkräftehandelns. Im Blickfeld steht nicht mehr, was die einzelne Lehrkraft lehrt, sondern inwieweit die einzelnen Kinder und Jugendlichen am Ende einer Unterrichtseinheit mit dem Wissen tatsächlich handelnd umgehen können: Haben sich Schülerinnen und Schüler Wissen so angeeignet, dass sie es nutzen können, um Probleme zu lösen oder Handlungssituationen zu bewältigen? Können sie das Wissen auf reale Problemstellungen übertragen und flexibel, passend zur Situation und zum Kontext, einsetzen?

Um diese Art von Handlungskompetenz bei den Lernenden aufzubauen, müssen sie Gelegenheiten erhalten, das neu erworbene Wissen aktiv handelnd und problemlösend anzuwenden und nicht nur auswendig zu lernen. Hierfür bietet die Deeper Learning-Pädagogik insbesondere in der ko-konstruktiven Phase den passenden Rahmen. Je nach Vorwissen, kognitiven Fähigkeiten und vorhandener Motivation benötigen die Schülerinnen und Schüler dabei unterschiedliche Arten der Unterstützung durch die Lehrpersonen (Collins/Brown/Newman 1989; Hattie 2018; Boudreau 2019). Diese Unterstützung erfordert die Einnahme unterschiedlicher Rollen, je nach Situation zum Beispiel die eines Coachs oder die eines fachlichen Impulsgebers. Situationsspezifisch müssen Lehrkräfte also unterschiedliche Facetten ihrer Professionalität zeigen. Dazu ist es erforderlich, dass Lehrkräfte adaptive Expertise entwickeln, um flexibel und situationsangemessen handeln zu können (Hatano/Inagaki 1984).

Um den komplexen Lernsituationen gerecht zu werden, agieren Lehrkräfte bei Deeper Learning nicht mehr isoliert voneinander. Sie sind eingebunden in ein professionelles Arbeitsbündnis mit weiteren Lehrkräften und anderen am Schulle-

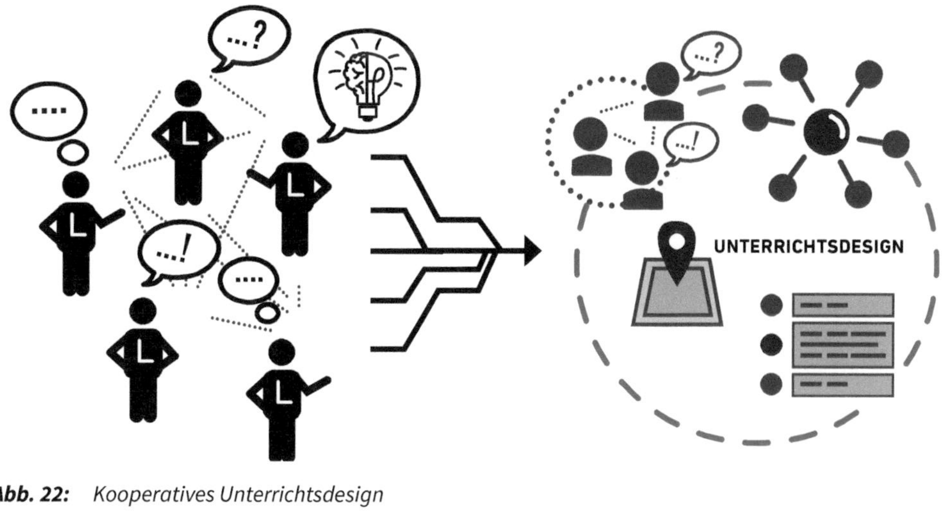

Abb. 22: *Kooperatives Unterrichtsdesign*

ben Beteiligten, innerhalb dessen sie agil und ko-konstruktiv am Design und an der Realisierung von Lehr-Lern-Prozessen arbeiten. Im Folgenden werden alle drei Perspektiven der skizzierten Professionalität analysiert: die veränderten Rollen von Lehrkräften, ihre adaptive Expertise und ihre kooperative Professionalität.

5.1.1 Der Wandel der Rolle von Lehrpersonen

Der veränderte Wissenszugang durch die Ubiquität des Wissens und die digitalen und technischen Möglichkeiten der Kommunikation verändern die Rolle der Lehrkräfte. Stand früher die Lehrperson allein vor der Klasse und vermittelte das Wissen, das sie sich angeeignet hatte, an die Lernenden, ermöglicht heute der digitale Zugang zu Wissen vielen Menschen, schnell an Informationen zu gelangen. Doch auch, wenn fast alle Informationen nur einen Fingerwisch entfernt sind, zeigt sich: Lehrpersonen haben noch immer eine zentrale Rolle im Erfassen des Vorwissens der Schülerinnen und Schüler (Screening), in der korrekten und kompakten Aufbereitung von Konzepten und Wissensbeständen und in der Auswahl hochwertiger Ressourcen für die Wissensaneignung.

Sie sind aber nicht mehr die Einzigen, die Wissen an Schülerinnen und Schüler vermitteln können (Sliwka 2018). Andere Aufgabenfelder und Rollen treten nun in den Vordergrund (Klopsch 2019). Dies bedeutet nicht, dass zusätzliche Anforderungen auf Lehrkräfte zukommen, sondern dass sich das Aufgabenprofil in seinen Schwerpunkten verändert. Die digitale Abrufbarkeit von Wissenstransmission, zum Beispiel in Erklärvideos, entlastet Lehrkräfte in bestimmten Unterrichtssituationen. Die gewonnene Zeit können sie unter anderem für formatives Feedback (Black/Wiliam 1998) nutzen, das dazu beiträgt, individuelle Lernprozesse von Schülerinnen und Schülern passgenauer zu unterstützen.

Für das Gelingen der Deeper Learning-Prozesse ist es essenziell, dass Lehrkräfte in den unterschiedlichen Phasen situationsangemessen verschiedene professionelle Rollen einnehmen können, durch die sie die Schülerinnen und Schüler bei deren Lernprozessen bestmöglich fordern und fördern (Putney/Broughton 2011). In der ersten Phase einer Deeper Learning-Sequenz liegt der Fokus darauf, Lerngelegenheiten so zu gestalten, dass diese die Aneignung von Wissen und fachlichen Schlüsselkonzepten unterstützen. In der zweiten Phase stehen Rollencharakteristika wie Beraten, Diagnostizieren, Wahrnehmungen rückmelden, Feedback geben, lautes Denken einfordern und Ermutigen im Vordergrund (Gudjons 2006, S. 168).

In der hybriden Lernumgebung des Deeper Learning ist die professionelle Beziehungsgestaltung ein Motor des Lernens. Akademische und soziale Facetten der Lehrkräfterolle sind gleichermaßen bedeutsam (Putney/Broughton 2011). Die Rollen werden von den Lehrkräften nicht in einer festgelegten Art und Weise ausgefüllt, sondern persönlich gestaltet. Das ist ein durchaus kreativer Prozess (Schratz/Schrittesser 2011), der Lehrkräften auch Freiräume lässt, ihre eigene Persönlichkeit in den unterschiedlichen Rollendimensionen zu entwickeln. Entscheidend dabei ist, dass die Lehrerinnen und Lehrer durch professionelle Reflexion von einem eher passiven ›role taking‹ (Rollenübernahme) zu einem aktiven ›role making‹ (Rollengestaltung) kommen (Schratz/Schrittesser 2011, S. 178).

Die Lehrkräfterollen, die in Deeper Learning-Sequenzen notwendig sind, lassen sich fünf Feldern zuordnen. Die Lehrkraft

- arbeitet im Designteam
- agiert als Führungskraft
- bringt fachliche Expertise ein
- rahmt den Lernprozess
- bietet formatives Feedback und emotionale Unterstützung

Im ersten Feld wird die Lehrkraft als Mitglied eines professionellen Teams beschrieben. Sie wählt passende Themenfelder aus, setzt fachliche Schwerpunkte und bereitet die Deeper Learning-Einheit zusammen mit Kolleginnen und Kollegen vor. Die damit verbundene professionelle Zusammenarbeit, die bereits in der Vorbereitungsphase beginnt, wird in Kapitel 5.2 näher erläutert. Im Folgenden stehen die Rollen im Vordergrund, die die Lehrkräfte im Unterricht einnehmen (vgl. Abb. 23).

Abb. 23: *Lehrkräfterolle*

Für die Rahmung von Lernprozessen sind Rollen bedeutsam, die soziale und zwischenmenschliche Aspekte (Gieseke 1999, S. 287) betonen. Sie sind oben als emotionale Unterstützung beschrieben. Die Lehrkraft wirkt dabei als Partner oder Partnerin, Freund oder Freundin und seelischer Beistand.

Der konkrete Lehr-Lern-Prozess lässt sich aus zwei Perspektiven wahrnehmen: Im Bereich eines gezielten Anleitens und Strukturierens des Lernprozesses (Schratz/Schrittesser 2011, S. 98) ist die Lehrperson hauptsächlich Experte und Expertin, Wissensressource beziehungsweise Leiterin und Leiter der Lernenden. Die direkte Instruktion steht dabei im Vordergrund. Die Lehrkraft führt in neue Themenfelder ein und vermittelt grundlegende Konzepte und Inhalte. Sie fordert und fördert in dieser Phase und lässt ihre Begeisterung für das Fach oder das Themenfeld auf die Lernenden überspringen (Köller/Meyer 2013). Im Deeper Learning findet sich diese Rolle hauptsächlich in der Instruktions- und Aneignungsphase (Phase I). Sie sollte aber auch in der ko-konstruktiven Phase zur Unterstützung der Schülerinnen und Schüler eingesetzt werden.

Im Bereich der gezielten Unterstützung der Schülerinnen und Schüler in ihrem Lernprozess (Giesecke 1999, S. 286) sind die folgenden Rollen angesiedelt: Moderatorin bzw. Moderator, Organisierender bzw. Organisierende, Ratgeberin bzw. Ratgeber, Unterstützerin bzw. Unterstützer, Mentorin bzw. Mentor, Managerin bzw. Manager und Strategievermittlerin bzw. Strategievermittler. Die Lehrkraft wandelt sich von der Wissensträgerin zur Lernunterstützerin.

Die Unterstützung sollte in unterschiedlichen Unterrichtssituationen jeweils passend gestaltet sein. In der Phase der Ko-Konstruktion des Deeper Learning besteht die Hauptaufgabe der Lehrperson zunächst in einer angemessenen Vorbereitung der Lernumgebung. Die Lehrkraft wirkt hauptsächlich aus dem Hintergrund, beobachtet und ist zur Stelle, wenn die »Selbststeuerung des Lernens zu-

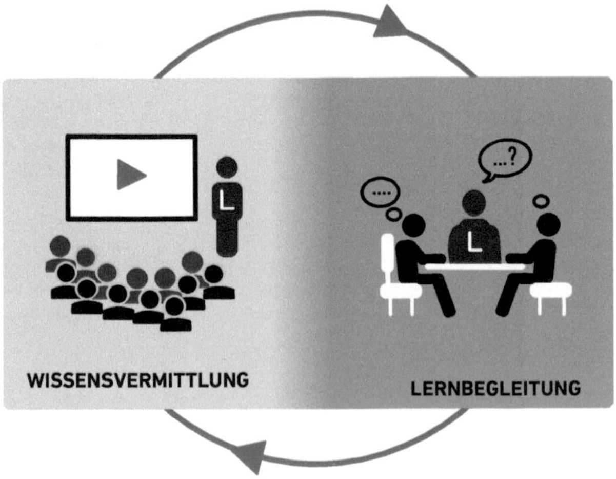

Abb. 24: *Adaptive Lehrkräfterolle*

sammenbricht oder gar nicht in die Gänge kommen will« (Köller/Meyer 2013, S. 1). Diese punktuelle Unterstützung wird häufig mit dem Modell des ›Cognitive Apprenticeship‹ von Allan Collins, John Brown und Susan Newman (1989) erklärt. Das Modell dient der direkten Unterstützung im individuellen Lernprozess und wird auch als »Modell des schrittweisen Übergangs vom fremd- zum selbstgesteuerten Lernen« (Krammer 2009, S. 78) bezeichnet. Gerade im Zusammenhang mit dem forschenden Lernen, wie es häufig in der ko-konstruktiven Phase vorkommt, konnten Studien nachweisen, dass die gezielte Unterstützung durch Lehrkräfte bedeutenden Einfluss auf die Lernaktivität, die Durchführungserfolge und die Lernergebnisse hat (Hetmanek et al. 2017). Entscheidend für die effektive Hilfe ist eine adäquate Unterstützung der Schülerinnen und Schüler bei Herausforderungen und Schwierigkeiten. Das Cognitive Apprenticeship-Modell weist dazu sieben Facetten aus, die von Anne Sliwka (2018, S. 52) als »Hüte« dargestellt werden, die Lehrpersonen situationsspezifisch aufsetzen können.

Abb. 25: *Die Hüte der Lehrkraft (nach Sliwka 2018, S. 52)*

Im Deeper Learning-Prozess besteht eine besondere Herausforderung darin, die Lernenden bei der Bearbeitung ihrer jeweiligen individuellen Fragestellung innerhalb der ko-kreativen und ko-konstruktiven Phase zu unterstützen. Eine eng am Unterrichtsgegenstand geführte Unterstützung, wie sie im traditionellen Unterricht möglich ist, wandelt sich hier zur Anforderung, flexibel und mehrperspektivisch Anregungen zu geben. Die einzelnen Schritte des Modells sind folgendermaßen definiert (Collins et al. 1989):

- **Vormachen (modelling):** Das Wissen wird strukturiert, anschaulich gemacht und vernetzt, um den Schülerinnen und Schülern einen Zugang zu bieten, der an ihrem Vorwissen anknüpft.
- **Coachen (coaching):** Durch geschicktes Fragen wird diagnostiziert, wo die Lernenden stehen; darauf aufbauend erfolgt eine Beratung.
- **»Lerngerüste« bauen (scaffolding):** Die Lernenden bekommen gezielte individuelle Unterstützung; wo notwendig wird ein »Lerngerüst« gebaut, gegebenenfalls wird dabei die Lernaufgabe adaptiert, zum Beispiel durch ein Aufteilen in kleinere Schritte.
- **Beobachten und zurückziehen (fading):** Die Lehrkraft beobachtet und zieht sich in den Hintergrund zurück, wenn Lernende kompetent und selbstwirksam arbeiten.
- **Laut denken (articulation):** Die Lernenden werden dazu aufgefordert, ihre Denkstrategien und -prozesse offenzulegen.
- **Entdecken (exploration):** Die Lernenden werden ermutigt, Hypothesen zu bilden und zu prüfen.
- **Reflektieren (reflection):** Die Lernenden werden angeleitet, ihre eigenen Denk- und Handlungsstrategien rückwirkend kritisch zu evaluieren.

Häufig beschreiben Lehrkräfte Scaffolding und Coaching als besonders herausfordernd. Im Folgenden werden diese beiden Facetten deshalb vertieft vorgestellt.

Lerngerüste bauen (Scaffolding)

Scaffolding lässt sich wörtlich übersetzen als »Gerüste bauen«. Im schulischen Sprachgebrauch bezieht sich dies auf »Lerngerüste«. Die Lehrkraft erstellt dabei zunächst ein enges Gerüst der Unterstützung, durch das die Lernenden gezielt an Aufgaben und deren Lösungswege herangeführt werden. Wichtig dabei ist, dass alle Schülerinnen und Schüler einer Lerngruppe den Zugang zu der Aufgabe finden (Liedtke-Schöbel/Paradies 2013). Nach und nach kann die Unterstützung (das »Gerüst«) reduziert werden, bis die Lernenden »frei stehen« und eigenständig arbeiten und lernen können.

Bei der Gestaltung von Scaffolding unter besonderer Berücksichtigung der kognitiven Perspektive lassen sich nach Arthur Applebee und Judith Langer (1983) die folgenden fünf Aspekte betonen:

1) das ›Ownership‹ der Lernenden über den Lernprozess, das heißt deren Gefühl, den Lernprozess selbstständig steuern zu können und dafür verantwortlich zu sein
2) die Angemessenheit der Aufgabe hinsichtlich kognitiver und inhaltlicher Ausprägungen
3) eine strukturierte Lernumgebung
4) eine gemeinsame Verantwortung von Lehrkraft und Schülerin bzw. Schüler
5) die graduelle Übergabe der Kontrolle über den Lernprozess von der Lehrkraft an die Schülerin oder den Schüler

Konkret bedeutet dies für das Deeper Learning, dass die Schülerinnen und Schüler sich mit ihrem Lernprozess identifizieren und ihren Beitrag dazu leisten wollen, dass dieser gelingt. Dies wird durch die Aushandlung authentischer Fragestellungen für die ko-konstruktive Phase angebahnt. Die Schülerinnen und Schüler erhalten so eine für sie angemessene Aufgabe, die passend an ihr Vorwissen anknüpft und sich in ihrer jeweiligen Zone der nächsten Entwicklung (Vygotski 1978) befindet. Die Lehrkraft stärkt die Lernenden zusätzlich in ihrer Motivation und Zuversicht, den Lernprozess selbst steuern zu können. Unterstützend dabei wirkt eine strukturierte Lernumgebung. Diese sollte nicht nur fachlich, beispielsweise durch (digital) bereitgestellte Materialien, sondern auch pädagogisch strukturiert sein. Aufgaben und die Bearbeitung von Fragestellungen sollten von Leichterem zu Schwierigerem voranschreiten und vom Einfachen zum Komplexen führen. Auf diese Weise können die Schülerinnen und Schüler jeweils an ihr Vorwissen anknüpfen und ihr Wissen sukzessive erweitern und verändern.

Deeper Learning setzt hier in zwei Phasen an. In der Instruktions- und Aneignungsphase muss sichergestellt werden, dass alle Schülerinnen und Schüler zentrale fachliche Konzepte verstehen, auf denen die jeweilige Deeper Learning-Einheit aufbaut. Unterschiedliche Lernende benötigen dafür unterschiedliche fachliche oder pädagogische Unterstützung. Durch die Möglichkeit, den Schülerinnen und Schülern Wissensmedien auch digital zur Verfügung zu stellen, können Zugänge zu Wissen personalisiert werden und Lehrkräfte gewinnen Zeit, sich verstärkt denjenigen Schülerinnen und Schülern zuzuwenden, die mehr Scaffolding benötigen.

Die vielfältigen Bedürfnisse von Schülerinnen und Schülern im Zusammenhang mit der Wissensaneignung bleiben auch in der zweiten Phase bedeutsam. Ko-Konstruktion und Ko-Kreation können sich nur dann erfolgreich entwickeln, wenn den Lernenden ihre Lernschritte klar sind. Eine Möglichkeit dies zu erreichen, ist die aktive Arbeit mit der SOLO-Taxonomie (vgl. Kapitel 4.4.5). Sie strukturiert unterschiedliche Durchdringungsgrade von Themenfeldern und weist so Lernwege vom Einfachen zum Komplexen auf.

Ein weiteres Merkmal des Scaffolding ist die geteilte Verantwortung der Lernenden und Lehrenden für den Lernprozess, wie sie im Agency-Konzept in Kapitel 3 beschrieben wird. Lehrkräfte bewerten dabei Leistungen nicht im klassischen Sinne durch Noten, sondern schätzen Leistung ein, geben formative Rückmeldung und handeln unterstützend. Die Kontrolle über und Verantwortung für den Lernprozess wird dabei zunehmend von den Lehrpersonen auf die Lernenden übertragen. Als Leitidee des Scaffolding gilt das Prinzip der minimalen Hilfe (Aebli 1961): Was Schülerinnen und Schüler heute mit Unterstützung schaffen, können sie morgen allein bewältigen (Sliwka 2018). Deshalb sollten Lehrkräfte Lernenden bei Problemstellungen, die sie nicht allein lösen können, nur so viel helfen wie nötig, aber gleichzeitig so wenig wie möglich.

Scaffolding wird in der Regel zeitlich begrenzt eingesetzt, um Lernbarrieren zu überwinden und Wege zu eröffnen. Der gesamte Prozess des Scaffolding orientiert sich dabei an der Frage »Wie?«. Das »Was?« bleibt im Hintergrund. Dies bedeutet, dass Schülerinnen und Schüler durch Scaffolding erfahren, wie etwas gemacht werden kann und nicht, was konkret gemacht werden soll (vgl. Abb. 26). Scaffolding ist damit immer auch ein Anlass zum Dialog: Lehrkräfte können die Lernenden nach einer Scaffolding-Intervention fragen: »Was genau werdet ihr jetzt tun? Warum werdet ihr es so machen?« So wird Scaffolding mit lautem Denken verknüpft und unterstützt die kognitive Aktivierung der Schülerinnen und Schüler.

Abb. 26: *Lerngerüste bauen*

Am Bild des Bergsteigens lässt sich Scaffolding folgendermaßen verdeutlichen: Zunächst führen die Lehrkräfte die Schülerinnen und Schüler an das Themenfeld heran. Sie erklären, setzen Schwerpunkte und verdeutlichen das gemeinsame Ziel. Die Schülerinnen und Schüler sind dabei eher passiv. Im nächsten Schritt sammeln die Lernenden erste Erfahrungen im Lernfeld, hier dargestellt durch den Berg. Sie dürfen Dinge erproben und erhalten in einem fest definierten Bereich die Möglichkeit, eigenständig zu arbeiten. Lehrkräfte begleiten den Prozess anleitend. Im dritten Schritt können die Schülerinnen und Schüler erste kleinere Abschnitte des Lernprozesses selbst durchschreiten. Sie dürfen die nächsten Schritte auswählen und komplexere Herangehensweisen wählen. Die Lehrkraft begleitet sie, zieht sich aber im Vergleich zu den vorherigen Stufen zunehmend zurück. Auf der höchsten Kompetenzstufe brauchen die Lernenden, die dazu in der Lage sind, keine direkte Unterstützung mehr durch Lehrkräfte. Sie haben gelernt, wie sie ihre eigenen Lernwege finden. Sie können einschätzen, welche Meilensteine vor ihnen liegen, erkennen, welche Informationen ihnen festen Halt im Wissens- und Kompetenzzuwachs bieten und wie sie den Weg zum Gipfel, das heißt ihrem Lernziel, am besten beschreiten. Die Lehrkraft steht beobachtend am Rand und greift nur auf Nachfrage durch die Lernenden mit Hilfestellungen und Rat ein.

(Lern-)Coaching

Ähnlich dem Scaffolding dient auch das Lerncoaching dazu, das »Wie« des Lernens zu unterstützen. Der Begriff Lerncoaching wird in der Literatur mit unterschiedlichen Konzepten in Verbindung gebracht und unterliegt deshalb keiner eindeutigen Definition. Mit Waldemar Pallasch und Uwe Hameyer lässt sich Lerncoaching übergeordnet als professionelle Beratung des Lernens beschreiben, durch die eine »Passung von Lerner und Lerngegenstand« (Pallasch/Hameyer 2012, S. 113) erreicht werden soll. Dabei steht kein direkter Rat im Vordergrund, sondern vielmehr ein »professionell methodisch[er] und strukturbildend[er] Klärungsprozess« (Hameyer 2014, S. 1). Dieser Klärungsprozess soll gleichermaßen dazu beitragen, den konkreten Lernprozess zu optimieren und das Lernverhalten zu unterstützen (Pallasch/Hameyer 2012). Übergreifende Zielstellung ist die Stärkung der Handlungsautonomie der lernenden Person (Hardeland 2017). Lerncoaching kann damit auch als »Hilfe zur Selbsthilfe« (Rösch-Schmid/Kreim/Neitzel 2015, S. 5) beschrieben werden. Wenngleich Lerncoaching oftmals problemorientiert bei Lernschwierigkeiten Anwendung findet (Hameyer 2014; Pallasch/Hameyer 2012), lässt es sich dennoch in allen Lernprozessen einsetzen und kommt damit leistungsstarken Schülerinnen und Schülern genauso zugute wie denjenigen, die mehr Unterstützung benötigen (Hardeland 2017).

Die Ausrichtung des Lerncoachings auf alle Lernenden findet auch im Deeper Learning Anwendung. Die Lehrkraft ist als Lerncoach beratende Person, bestärkt Lernwege individuell und leitet die Selbstreflexion der Schülerinnen und Schüler an. Lerncoaching bedeutet dabei »im Wesentlichen eine Arbeit auf Beziehungsebene« (Nicolaisen 2013, S. 71). Die Lehrkraft gibt Raum für Anliegen der Lernenden, hört aktiv zu, fasst das Gehörte zusammen und hilft den Schülerinnen und Schülern dabei, eine Struktur zu finden. Ein wichtiges Element des Gesprächs ist die Ressourcenorientierung auf die lernende Person, indem ihre individuellen Potenziale und Stärken herausgearbeitet werden, um sie für den Lernprozess zu nutzen. Das Lerncoaching kann in Gruppen- oder Einzelsettings vollzogen werden und eignet sich damit im Besonderen für die ko-konstruktive Phase des Deeper Learning.

Coaching erfordert von Lehrkräften, aktiv eine neue Rolle einzunehmen. Dabei müssen sie sich teilweise stark von traditionellen Rollenmustern lösen (vgl. Tabelle 4).

Tab. 4: *Lehrkraft als Lerncoach und in ihrer traditionellen Rolle*

traditionelle Rolle der Lehrkraft	Lehrkraft als Lerncoach
Instruktionen im Unterrichtsgeschehen	Prozessbegleitung und individuelle Unterstützung
direktiver Gesprächsstil	Förderung der Lösungsfindung
Fachexpertise (Antworten geben)	Fragen stellen
bewertend	nicht bewertend
Vermittlung von Lerninhalten	Optimierung von Lernstrategien und Lernmotivation
hierarchisches Lehrkraft-Schüler/Schülerinnen-Verhältnis	gleichrangiges Lerncoach-Coachee-Verhältnis

Lerncoaching und Scaffolding sind zwei unterschiedliche Ansätze, um Lernprozesse zu begünstigen und gleichzeitig die selbstregulativen Fähigkeiten der Schülerinnen und Schüler zu trainieren.

Zum reflektierten Einsatz unterschiedlicher Rollen und Handlungsmuster, die den Lernprozess der Schülerinnen und Schüler gezielt fachlich und pädagogisch unterstützen, müssen Lehrkräfte über adaptive Expertise verfügen.

5.1.2 Die adaptive Expertise von Lehrkräften

Um das Konzept der adaptiven Expertise näher zu erläutern, soll zunächst dargestellt werden, was der Begriff bedeutet. Darauf aufbauend wird gezeigt, warum und in welchen Situationen in Schulen die adaptive Expertise von Lehrkräften unerlässlich ist, um passende Lernangebote zu gestalten und Deeper Learning zu ermöglichen.

Der Begriff Expertise

Expertise kann beschrieben werden als das Wissen oder die Eigenschaften und Fähigkeiten, die eine Person zu einem Experten bzw. einer Expertin auf einem Gebiet machen (Felten/Stern 2012). Sie setzt sich zusammen aus Begründungswissen und Handlungswissen. Expertise wird benötigt, um Probleme zu lösen, das heißt Anforderungen zu bewältigen, für die es noch keine abrufbare Lösung gibt.

Bei der Auseinandersetzung mit Expertise im Rahmen des Umgangs mit Problemstellungen und Herausforderungen wird in der Literatur oftmals zwischen adaptiver Expertise (›adaptive expertise‹) und einer auf Routine basierten Expertise (›routine expertise‹) unterschieden. Ihre Bezeichnung geht auf die beiden Japaner Giyoo Hatano und Kayoko Inagaki (1984) zurück.

Vereinfacht dargestellt handelt es sich bei routinebasierter Expertise um eine hocheffiziente Leistung, die zur Lösung wohldefinierter Probleme führt. Bei wohldefinierten Problemen ist die Herausforderung klar beschrieben, und es gibt aus Sicht der Expertinnen und Experten eine optimale Lösung, die nur noch umgesetzt werden muss (Hatano/Kayoko 1984). Im Gegensatz dazu zeichnen sich schlecht definierte Probleme dadurch aus, dass sie kein »Patentrezept« haben (vgl. Tabelle 5). Bei schlecht definierten Problemen liegen widersprüchliche und sich im Prozess neu entwickelnde Ziele vor, die zu einer Unübersichtlichkeit der Situa-

Tab. 5: *Wohldefinierte und schlecht definierte Probleme*

wohl definierte Probleme	**schlecht definierte Probleme**
Herausforderung ist klar beschrieben	Herausforderung mit widersprüchlichen und sich neu entwickelnden Zielen
optimale Lösung kann gefunden werden	Lösung birgt Unsicherheit, ob Problem bestmöglich bearbeitet wird
Handlungsmöglichkeiten haben vorhersehbare Auswirkungen	Handlungsmöglichkeiten haben nicht vorhersehbare Auswirkungen
Probleme können durch routine-basierte Expertise gelöst werden	Probleme können durch adaptive Expertise gelöst werden

tion führen. Schlecht definierte Probleme erzeugen also immer ein gewisses Maß an Unsicherheit bezüglich bestmöglicher Lösungen. Es stehen Handlungsmöglichkeiten zur Verfügung, deren Auswirkungen allerdings nicht genau vorhersehbar sind. Im schulischen Kontext ist ein schlecht definiertes Problem beispielsweise die Anforderung, dass ein Klassenziel bis zu einem bestimmten Zeitpunkt erreicht werden soll und sich gleichzeitig jeder Lernende in seiner individuellen Geschwindigkeit weiterentwickelt und deshalb unter Umständen deutlich mehr Zeit braucht, als vorhanden ist. Hier stößt routinebasierte Expertise an ihre Grenzen, und adaptive Expertise wird benötigt.

Das Vorhandensein adaptiver Expertise bedeutet, dass Lehrkräfte nicht nur das Problem lösen, sondern auch dessen Bedeutung einordnen und daraus lernen. Dies ist wichtig, um in Zukunft erfolgreich mit unbekannten Situationen umgehen und Probleme lösen zu können. Neben prozeduralen Fähigkeiten, das heißt automatischen Handlungen und dem Erkennen von eigenen (Handlungs-)Mustern, sollten Lehrkräfte daher auch die Bedeutung reflexiver Fähigkeiten kennen.

Die Entstehung von adaptiver Expertise ist nach Dan Schwartz und seinen Kollegen (2005) von den Variablen Effizienz und Innovation abhängig. Ihrem Modell nach entwickeln sich Menschen, je nach Einfluss der Variablen, im Lernprozess unterschiedlich. Wird ausschließlich auf die Effizienz Wert gelegt, entwickeln sich routinebasierte Expertinnen und Experten, die ihre Aufgaben nachhaltig erfüllen (Schwartz et al. 2005, S. 42). Wird ausschließlich auf Innovation im Lernprozess gesetzt, kann sich kein Expertentum entwickeln, da alles unbekannt ist und zu viel Neues auf einmal notwendig wird, um effektiv zu handeln. Erst das Zusammenspiel von Innovation und Effizienz führt zu adaptiven Expertinnen und Experten, die sich neuen Situationen anpassen können und in ihnen lernen (Schwartz et al. 2005).

Zusammengefasst ist routinebasierte Expertise effektiv, solange sich Schule und Unterricht nicht verändern. Die betroffenen Lehrkräfte können ihre Handlungsroutinen schnell und automatisiert ausführen. Problematisch wird die Nutzung routinebasierter Expertise, wenn sich Schule verändert, wie das im 21. Jahrhundert der Fall ist. Dies führt dazu, dass routinebasierte Experten und Expertinnen nicht mehr effektiv handeln können. Auch an Schulen sind heutzutage vor allem adaptive Expertinnen und Experten in der Lage, sich einer sich verändernden Lernwelt durch Flexibilität und Anpassungsfähigkeit erfolgreich zu stellen (Hatano/Inagaki 1984, S. 31).

Wichtig dabei ist: Sowohl adaptive als auch routinebasierte Expertinnen und Experten können in ihren Fachbereichen effizient handeln. Kommt es aber zu einem Paradigmenwechsel und damit zu neuartigen Herausforderungen, wie das durch die Einführung von Deeper Learning der Fall ist, so geht es darum, dass Lehrkräfte gezielt adaptive Expertise entwickeln (Hatano/Inagaki 1984).

Tab. 6: Routinebasierte und adaptive Expertinnen und Experten

routine-basierte Expertinnen und Experten	adaptive Expertinnen und Experten
Fokus auf Effizienz im Lernprozess	Fokus auf Effizienz und Innovation im Lernprozess
Aufgaben werden nach festen Mustern erledigt	Lehrkräfte passen sich neuen Situationen an und lernen in diesen
effektiv, wenn Handlungsgegenstand und Randbedingungen konstant bleiben	effektiv, wenn Abweichungen und Veränderungen im Handlungsgegenstand erfolgen und Flexibilität und Anpassungsfähigkeit notwendig wird

Die Adaptivität bei Lehrkräften

Eine Lehrkraft muss innerhalb ihrer Lehr-Lern-Prozesse im Schulalltag vielfältige Entscheidungen treffen, die durch Deeper Learning-Lernanlässe an Komplexität gewinnen. Um die immer neuartigen Situationen erfolgreich bewältigen zu können, muss sie adaptive Expertise entwickeln. So können im Laufe der Erfahrung ›adaptive teaching experts‹ (Soslau 2012) entstehen. Als ›adaptive teaching experts‹ werden Lehrkräfte bezeichnet, die sich auf Selbstreflexion einlassen und ihre Entscheidungen strategisch vor, während und nach dem Unterricht anpassen (Soslau 2012). Sie sind dazu fähig, bedacht vom ursprünglichen Plan abzuweichen, um auf die kontextuellen Bedürfnisse der Lernenden einzugehen. Sie verändern ihre Planungen, um sich Zeit zu nehmen, einfache Lösungen zu hinterfragen und die Auswirkungen ihrer eigenen Entscheidungen kritisch zu beobachten (Soslau 2012). Im Prozess des Deeper Learning ist adaptive Expertise in allen Phasen wichtig: In der Instruktions- und Aneignungsphase zum Beispiel müssen Lehrkräfte sicherstellen, dass alle Lernenden zentrale fachliche Konzepte der Themeneinheit verstanden haben, sich also ein Wissensfundament angeeignet haben, um diese Konzepte dann handelnd in Phase II nutzen zu können. War der Input dazu nicht zielführend, müssen die Lehrkräfte vom Plan abweichen, um Schülerinnen und Schülern auf anderen Wegen die Aneignung der fachlichen Konzepte zu ermöglichen.

Die Entwicklung von routinebasierter Expertise ist nicht als Vorform von adaptiver Expertise anzusehen (Anthony/Hunter/Hunter 2015; Timperley 2013). Beide Formen sind in unterschiedlichen Situationen notwendig. Eine Lehrkraft kann als routinebasierte Expertin oder Experte bezeichnet werden, wenn sie beispielsweise das Wissen über typische Fehler der Lernenden und zu erwartende Antworten in einem bestimmten Bereich hat. Wenn das Schülerinnen- und Schülerverhalten der Erwartung der Lehrkraft entspricht, kann sie in diesem bekannten Bereich kompetent handeln (Schoenfeld 2011, S. 332). Bestehende Routinen beziehungsweise Handlungsmuster von Lehrkräften sind Teil einer Wissensbasis auch für Deeper Learning. Das Verwenden von Routinen ermöglicht Lehrkräften, ihre Aufmerksamkeit anderen, neu aufkommenden Problemen zu widmen. Für gelingende Lehrprozesse ist jedoch mehr als routinebasierte Expertise erforderlich. Die Fähigkeit, von Routinen und Plänen abzuweichen, kreativ und erfinderisch zu sein und dabei tradierte Praktiken und Werte zu hinterfragen, ist für Lehrkräfte unabdingbar (Lampert et al. 2010). Nur wenn Lehrkräfte bereit sind, vorherige Annahmen und Routinen infrage zu stellen und zu verändern, können sie adaptive Expertise entwickeln (Bohle Carbonell et al. 2016). Dafür müssen sie sich durch eigenes Ausprobieren auch neues Wissen aneignen (Anthony/Hunter/Hunter 2015).

Als psychosoziales Konstrukt ist die adaptive Expertise angetrieben von den Dimensionen Interesse, Neugierde und Zuversicht (Savickas 2005; Koh/Hong/Seah 2014). Helen Timperley (2013) beschreibt adaptive Lehrkräfte als von einem ethischen Imperativ motiviert, das Lernen und das Wohlergehen ihrer Schülerinnen und Schüler zu fördern. Sie sind wach und aufmerksam und beobachten die Wirkungen ihrer routinierten und neu entwickelten Handlungen auf die Lernprozesse der Schülerinnen und Schüler. So sind sie auch in der Lage, sich auf die Teiloffenheit der ko-konstruktive Phase beim Deeper Learning einzulassen. Die Lernenden folgen keinem fest definierten und vorausbestimmten Unterrichtsplan, sondern setzen individuelle Schwerpunkte. Die dabei entstehende Multiperspektivität auf ein Themenfeld sowie die unterschiedlichen Lernprozesse erfordern die kompetente und aufmerksame Begleitung durch Lehrkräfte, die situationsspezifisch passende Rollen einnehmen und ihr professionelles Wissen flexibel einsetzen können.

Im Unterschied zur routinebasierten Expertise wird die adaptive Expertise als eine grundlegend andere Konzeption von Professionalität verstanden. Helen Timperley (2013) schlägt ein Rahmenkonzept zu den Veränderungen vor, die Lehrkräfte in ihrem Entwicklungsprozess hin zu adaptiven Expertinnen und Experten durchlaufen. Dieses schlagen wir in abgewandelter Form für Deeper Learning vor:

- Lehrkräfte konzentrieren sich weniger auf sich selbst und richten ihren Blick verstärkt auf die Schülerinnen und Schüler. Sie fragen sich: Was brauchen diese Lernenden individuell und in der Gruppe, um gut lernen zu können, deutliche Lernfortschritte zu machen, ein positives Selbstkonzept und eine starke Identität zu entwickeln?
- Lehrkräfte verändern ihre Sicht auf Lehren und Lernen von einfach zu komplex und von statisch zu dynamisch bezüglich der Lernwege und der Lernziele.

Der Wandel zu mehr Deeper Learning an Schulen erfordert adaptives und flexibles Handeln von Lehrkräften. Die Möglichkeit, ko-konstruktiv und ko-kreativ tätig zu werden und eine authentische Leistung zu erbringen, führt zu einer stärkeren Personalisierung von Lehr- und Lernprozessen. Die individuellen Fragestellungen und Aufgaben, die von den Schülerinnen und Schülern hauptsächlich in Teams auf authentische Art bearbeitet werden, führen zur komplexeren Annäherung an Themengebiete. Anzueignendes Wissen und die damit in Verbindung stehenden Kompetenzen sind nicht mehr eng auf Aufgaben im Schulbuch ausgerichtet. Unterschiedliche Lernorte, digital wie analog, unterschiedliche Wissensrepräsentationen und unterschiedliche Expertisen tragen zur Vielfältigkeit von Deeper Learning bei.

Während dieser Veränderungsprozesse verändern sich auch Haltungen und Überzeugungen von Lehrkräften (Timperley 2013). Während sie anfangs vielleicht noch die Überzeugung haben, dass Lernen für alle vorrangig im Klassenzimmer stattfindet, können sich später komplexere und auch unterschiedliche Sichtweisen ergeben. Die Auffassung, dass Lernen eine komplexe Interaktion zwischen Schule und Familie ist, auf die Schule reagieren muss, würde Helen Timperley (2013) wohl noch als Erkennungsmerkmal von routinebasierter Expertise deuten. Routinebasierte Expertinnen und Experten verbinden ihr neues Wissen mit vorherigen Erfahrungen und entwickeln darauf aufbauend Handlungsmuster (Männikkö/Husu 2019). Im Gegensatz dazu können andere Lehrpersonen die Auffassung entwickeln, dass Lernen im digitalen Zeitalter sich aus unzähligen Ressourcen unterschiedlicher Umwelten bedienen kann. Das entspricht eher der adaptiven Expertise: Unterrichten bedeutet dann, diese vielfältigen Bildungswelten flexibel zu nutzen und auch zu verknüpfen, um für unterschiedliche Schülerinnen und Schüler attraktive und bedeutsame Lernprozesse möglich zu machen (Anthony/Hunter/Hunter al. 2015). Adaptive Expertinnen und Experten stellen also ungewöhnliche Verbindungen, auch ›outside the box‹ her (Männikkö/Husu 2019). Die Bereitschaft zum radikalen Hinterfragen der eigenen tradierten Praxis und die Aneignung von neuem Wissen auch durch ›learning by doing‹ ist eine gute Voraussetzung für die Entwicklung von adaptiver Expertise (Männikkö/Husu 2019, S. 128).

Um adaptive Expertise zu entwickeln und während des Berufslebens immer wieder bewusst die eigenen Annahmen zum Lehren und Lernen sowie deren praktische Umsetzung zu reflektieren und für die Lernenden adaptiv zu verändern, hilft es sehr, die zuweilen enge Welt des eigenen Unterrichts zu verlassen und mit anderen Lehrkräften und auch außerschulischen Partnerinnen und Partnern zusammenzuarbeiten. Dies wird im Folgenden erläutert.

5.2 Kooperative Professionalität

Neben der Veränderung des eigenen Blickwinkels, der Einnahme unterschiedlicher Rollen sowie der Entwicklung adaptiver Fähigkeiten erfordert Deeper Learning die Zusammenarbeit der Lehrkräfte einer Schule. Dies ist aus zwei

Gründen wichtig: Die Kooperation der Lehrkräfte hat Vorbildcharakter und kann die Schülerinnen und Schüler anregen, selbst gut und wirksam zusammenzuarbeiten (Halbert/Kaser 2013). Noch wichtiger ist, dass die Lehrkräfte durch Zusammenarbeit eine Reihe von positiven Effekten erleben, so zum Beispiel ihre eigene Arbeit stärker zu hinterfragen, von Kolleginnen und Kollegen Impulse zu erhalten, gemeinsam Neues zu entwickeln und das Neue bereitwilliger aufzunehmen (Stoll/Seashore Lewis 2007). Wenn Lehrkräfte durch komplementäre Arbeitsprozesse Synergieeffekte nutzen, dann kann das nicht nur zu wechselseitiger Unterstützung, sondern auch zu praktischer Entlastung führen (Hargreaves/O'Connor 2017).

Deeper Learning profitiert davon, wenn nicht nur Schülerinnen und Schüler, sondern auch Lehrkräfte im Design und in der Realisierung von Deeper Learning-Einheiten die 4K – Kommunikation, Kooperation, Kreativität und kritisches Denken – anwenden. Bereits in der Vorbereitung der Deeper Learning-Einheit kommunizieren sie über mögliche Themen für Deeper Learning-Einheiten, den Einstieg und die Ausgestaltung des Wissensfundaments, unterschiedliche Gestaltungsideen für die Instruktions- und Aneignungsphase. Sie designen kreativ unterschiedliche Zugänge zum Themenfeld, wählen gemeinsam unterschiedliche Materialien auf mehreren Niveaustufen für die Lernmanagementplattform aus und antizipieren Vorgehensweisen der Lernenden in Phase II. Dabei reflektieren sie kritisch ihre eigenen Rollen, ihre gemeinsamen Pläne und den Lernzuwachs für die individuellen Schülerinnen und Schüler. Um die Arbeit möglichst effizient zu gestalten, arbeiten sie komplementär und nutzen Synergieeffekte. Kooperation führt so schon in der Vorbereitungsphase zu Entlastung.

In Phase I kooperieren die Lehrkräfte, um den Schülerinnen und Schülern die Aneignung des fachlichen Wissens zu erleichtern. Sie bringen jeweils eigene Stärken in die Instruktions- und Aneignungsphase ein, sind Ansprechpartner für einzelne Schülerinnen, Schüler sowie Schülergruppen und erarbeiten mit diesen das Wissensfundament. Die Lehrkräfte diagnostizieren Lernausgangslagen und tauschen sich darüber aus. Kritisches Denken ist notwendig, um adaptiv zu handeln und Lernrückstände möglichst früh zu beheben. Die Kooperation zwischen den Lehrkräften dient dabei als Unterstützung, um allen Herausforderungen gerecht zu werden und sich durch wechselseitige Absprachen zu entlasten.

In Phase II begleiten die Lehrkräfte die Lernenden in ihren Lernvorhaben. Sie kooperieren und kommunizieren nun verstärkt mit Schülerteams und übertragen ihnen zunehmend die Verantwortung für ihre Lernprozesse. Die Beratung und Unterstützung der Schülerinnen und Schüler profitiert von der Kreativität und dem kritischen Mitdenken der Lehrkräfte.

In Phase III steht dann erneut die Kommunikation im Vordergrund. Die Lernenden demonstrieren ihren Lernzuwachs und präsentieren ihre authentische Leistung, die von den Lehrkräften wahrgenommen wird. Die Kooperation mit den

Schülerinnen und Schülern trägt dazu bei, dass diese ihre authentischen Leistungen öffentlich sichtbar machen können.

Die hier geschilderte Kooperation entspricht den Kriterien der kooperativen Professionalität, die die Bildungswissenschaftler Andy Hargreaves und Michael O'Connor (2017) als eine von professionellem Vertrauen und Präzision geprägte fortlaufende Zusammenarbeit von Lehrkräften definieren.

Die professionelle Kooperation beschreibt, wie Menschen innerhalb eines Berufsfeldes zusammenarbeiten. Das Adjektiv »professionell« bezieht sich auf die Bereitschaft, eigene Expertise einzubringen, zu teilen und gemeinsam zu vertiefen. Kooperative Professionalität geht darüber hinaus. Mit ihrer Hilfe können Lehrkräfte für sich eine bessere professionelle Praxis entwickeln. Die kooperative Professionalität umfasst intensive Dialoge zwischen Professionellen mit dem Ziel der steten gemeinsamen Erforschung und Weiterentwicklung des Lehrens und Lernens (Hargreaves/O'Connor 2017) und zielt auf »kollektive Wirksamkeit« (Hattie 2018) ab.

Diese Form der Professionalität entspricht den Merkmalen des ›new professionalism‹ (Snoek/Swennen/van der Klink 2011), der das Professionsverständnis für Professionen im 21. Jahrhundert definiert. Seine Merkmale sind eine lebenslange professionelle Weiterentwicklung, die systematische und lernende Zusammenarbeit mit Kolleginnen und Kollegen, die Beteiligung an Innovationen sowie an der Weiterentwicklung der fachlichen Wissensbasis (Dumont et al. 2010) durch die Einbeziehung von eigener Analyse und Selbstbeobachtung.

Die Umsetzung der Deeper Learning-Pädagogik steht in engem Zusammenhang mit dem ›new professionalism‹. Lehrkräfte müssen sich immer wieder mit ihrem aktuellen Wissen und Können auseinandersetzen, arbeiten ko-konstruktiv, um Unterricht weiterzuentwickeln, reflektieren dann gemeinsam und lernen Neues aus dem ganzen Prozess. Die daraus entstehende kooperative Professionalität wirkt durch das gemeinsame Planen, Realisieren und Weiterentwickeln von Deeper Learning-Einheiten wie ein Motor für die Unterrichts- und Schulentwicklung. Ihre Basis, die gleichermaßen Stabilität bietet wie auch Veränderung zulässt, ist ein Netz aus professionellen Beziehungen, das Ideen, Informationen, Ressourcen und unterschiedliche Ebenen der Einflussnahme und Verbindlichkeiten umschließt (Little 2010).

Als Knotenpunkte können die zehn Prinzipien der kooperativen Professionalität (Hargreaves/O'Connor 2017) beschrieben werden (vgl. Abb. 27), die im Folgenden vorgestellt und gleichzeitig auf die Umsetzung der Deeper Learning-Pädagogik bezogen werden. Ihre konsequente Berücksichtigung unterstützt nicht nur die Professionalisierung der Lehrkräfte, sondern führt gleichzeitig zu einer Transformation von Schule und Unterricht.

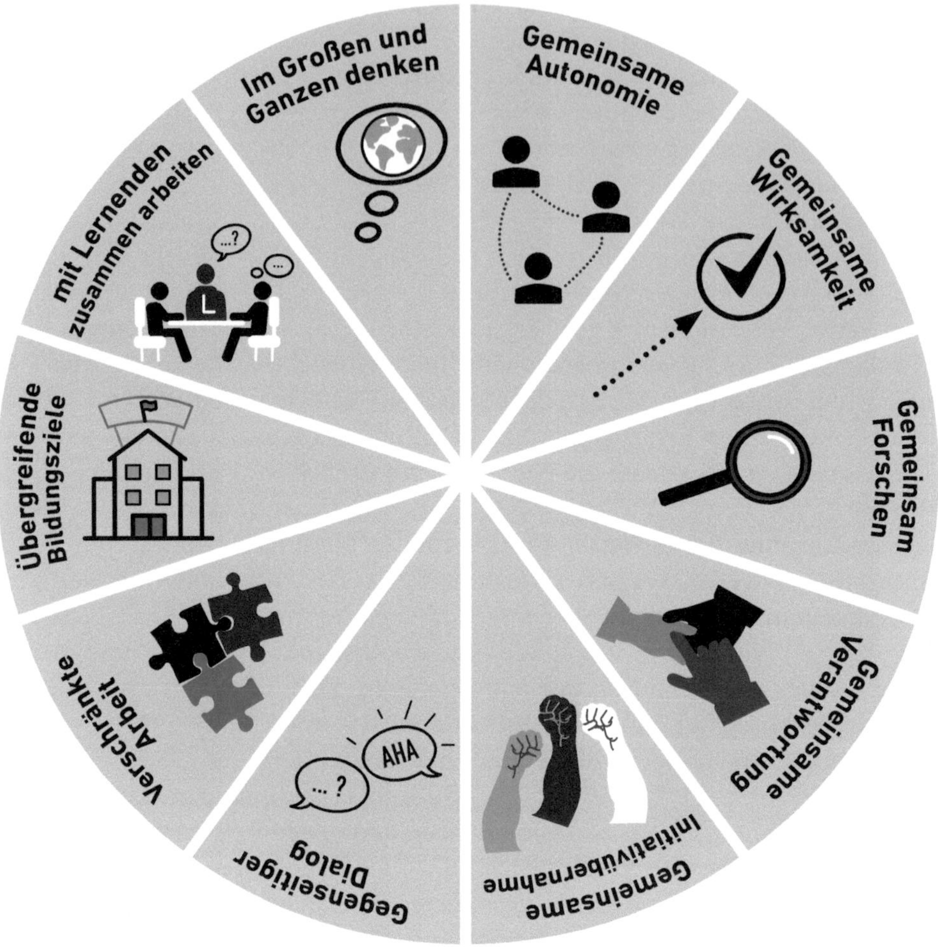

Abb. 27: *Prinzipien der kooperativen Professionalität*

Gemeinsame Autonomie

Traditionell hat eine in Deutschland unterrichtende Lehrkraft die pädagogische Freiheit, innerhalb eines gewissen Rahmens für ihren Unterricht eigene Entscheidungen zu treffen. Der Schritt von der individuellen zur gemeinsamen Autonomie verändert das Autonomiegefüge einer Schule. Lehrkräften wird ein höheres Maß an Autonomie von der Schulleitungs- und Systemebene zugestanden, gleichzeitig verzichten sie aber auf individuelle Autonomie zugunsten der Kooperation mit Kolleginnen und Kollegen (Hargreaves/Fullan 2012). Das bedeutet nicht, dass alle genau die gleichen Arbeiten verrichten und ihre pädagogische Freiheit aufgeben. Die Lehrkräfte verfolgen gemeinsame Ziele, bringen aber unterschiedliche Leistungen in den gemeinsamen Arbeitsprozess ein (Datnow/Park 2019). Die gemeinsame Autonomie beschreibt, dass die Arbeit der Lehrkräfte für andere sichtbarer wird, das heißt, Unterricht und Lehrkräfte öffnen sich. Austausch, Ko-Konstruktion, gegenseitige Inspiration und Unterstützung werden Teil des Alltags.

Für die Realisierung von Deeper Learning ist die gemeinsame Autonomie förderlich, um durch gemeinsame Planung, Beobachtung und Reflexion komplexe Prozesse im Auge zu behalten und Lernanlässe zu schaffen, die unterschiedlichen Schülerinnen und Schülern gerecht werden. Die beteiligten Lehrkräfte lassen sich aktiv darauf ein, gemeinsam am Lernerfolg ihrer Schülerinnen und Schüler zu arbeiten, Schritte aufeinander abzustimmen, ihre Stärken einzubringen, aber auch ihre persönlichen Vorlieben bei Bedarf hintanzustellen. Während sich so die persönliche Autonomie des Einzelnen zunächst zu verringern scheint, entsteht durch die gemeinsame Autonomie auf systemischer Ebene die Chance, dass Lehrkräfte komplexe, auch fächerübergreifende Deeper Learning-Einheiten entwickeln, Unterricht zusammenlegen und auch neuartige, flexible Lerngruppen bilden.

Gemeinsame Wirksamkeit

Selbstwirksamkeit beschreibt die Zuversicht, Ziele erreichen zu können und Einfluss auf bestimmte Dinge zu haben (Bandura 1986). Die gemeinsame Wirksamkeit von Lehrkräften bezieht sich auf die Zuversicht, gemeinsam Ziele erreichen zu können und gemeinsam Einfluss auf den Lernzuwachs von Schülerinnen und Schülern ausüben zu können, unabhängig davon, wie schwierig die Umstände zunächst scheinen (Denohoo 2017). Die gemeinsame Wirksamkeitserwartung von Lehrkräften konnte mit der sehr hohen Effektstärke von 1.57 als einer der einflussreichsten Faktoren auf das Schülerinnen- und Schülerlernen empirisch belegt werden (Hattie 2018).

Kollektives Wirksamkeitserleben entsteht bei Deeper Learning-Einheiten aufseiten der Lehrkräfte, indem sie gemeinsam Lehr-Lern-Prozesse planen und durchführen. Schwierigkeiten, die im Lernprozess von Schülerinnen und Schülern auftreten, lassen sich besser beheben, wenn unterschiedliche Lehrkräfte ihre Expertise und Erfahrung komplementär in die fachlichen und pädagogischen Unterstützungsprozesse einbringen.

Gemeinsames Forschen

Gemeinsames Forschen (›Collaborative Inquiry‹) dient dazu, neue bislang ungenutzte Zugänge zum Lernen und Unterrichten zu entdecken und zu erproben, um das Lernen der Schülerinnen und Schüler zu verbessern (Harris/Jones 2010). Lehrkräfte untersuchen und analysieren dabei gemeinsam Herausforderungen und Schwierigkeiten in Lernprozessen und überlegen, wie sie durch besseres professionelles Handeln Schülerinnen und Schülern dabei helfen können, ihre Schwierigkeiten zu überwinden. Ansatzpunkt des Forschens ist in der Regel eine gemeinsame Fragestellung, die von mehreren Lehrkräften zusammen bearbeitet wird (Denohoo/Velasco 2016).

Gemäß dem Grundsatz »Es gibt kein qualifiziertes Denken und kein anspruchsvolles Können ohne Wissen« (Meyer 2021, S. 238) ist für die Lehrkräfte unabdingbar, Wissen über die Lernprozesse der Schülerinnen und Schüler zu generieren, um diese bestmöglich zu unterstützen. Die dazu notwendige gemeinsame forschende Haltung kann im Bereich des Deeper Learning unterschiedliche Blickrichtungen einnehmen. Es ist beispielsweise möglich, die einzelnen Phasen unter der Fragestellung zu betrachten, in welcher Tiefe die Schülerinnen und Schüler jeweils überfachliche und fachliche Lernziele erreichen. Gleichermaßen ist denkbar, einen bestimmten Aspekt wie das Prinzip von Voice und Choice (Hobday 2012; vgl. Kapitel 3) oder die Anbindung der Aufgaben an die jeweilige Zone der nächsten Entwicklung der Lernenden (Vygotsky 1978) näher zu beleuchten, um diese Aspekte in einer erneuten Deeper Learning-Einheit optimieren zu können.

Gemeinsame Verantwortung

Die gemeinsame Verantwortung der Lehrkräfte bezieht sich auf die Verpflichtung, für alle Schülerinnen und Schüler, deren Wohlbefinden und Lernentwicklung nicht mehr allein, sondern zusammen zuständig zu sein. Dies drückt sich zum Beispiel in einem Perspektivwechsel aus, der die Einstellung »ich und meine jeweiligen Schülerinnen und Schüler in einer Klasse« hin zu »wir und unsere Schülerinnen und Schüler in einer Klassenstufe« verändert. Die Lehrkräfte teilen sich die Verantwortung für die Lernenden und unterstützen sich gegenseitig, um den Lernenden und ihren individuellen Lernprozessen gerecht zu werden (Hargreaves/Boyle/Harris 2014). Ausgehend von gegenseitigem Vertrauen kann eine geteilte Verantwortung das Belastungsempfinden einzelner Lehrkräfte senken und sie in ihren Unterrichtsvorhaben stärken (Datnow/Park 2019). Im Idealfall führt sie dazu, dass die unterschiedliche Qualität individuellen Unterrichts auf ein gleichermaßen hohes Niveau bei allen Lehrkräften steigt (Aseltine et al. 2006).

Deeper Learning-Einheiten profitieren von der gemeinsamen Verantwortung. Unterschiedliche Lehrkräfte finden sich als Teams zusammen, um der Komplexität der Einheiten gerecht zu werden – egal, ob die Einheiten disziplinär oder interdisziplinär entwickelt werden. Die Schülerinnen und Schüler haben dann mehrere Ansprechpartner. Die entsprechenden Einheiten können für eine Jahrgangsstufe oder jahrgangsstufenübergreifend angeboten werden. Die gemeinsame Verantwortung der Lehrkräfte dient auch als Vorbild für die Lernprozesse der Schülerinnen und Schüler. Auch sie sind gefordert, für ihre individuellen Arbeitsprozesse gemeinsam Verantwortung zu übernehmen und sie zu einem qualitativ hochwertigen Abschluss zu führen.

Gemeinsame Initiativübernahme

Die gelebte kooperative Professionalität bedeutet auch, dass Lehrkräfte gemeinsam die Initiative ergreifen, um die Lernprozesse der Schülerinnen und Schüler zu verbessern und an die Bedürfnisse des 21. Jahrhunderts anzupassen. Initiative ergreifen bedeutet in diesem Zusammenhang nicht, darauf zu warten, bis bestimmte ministerielle oder bildungspolitische Forderungen explizit an die Lehrkräfte als Handlungsauftrag weitergegeben werden. Es bedeutet, Herausforderungen aktiv und kreativ anzugehen, um Unterricht und Schule für unsere Zeit weiterzuentwickeln (Hargreaves/O'Connor 2017), ohne sich durch die Möglichkeit des Scheiterns von innovativen Herangehensweisen abschrecken zu lassen.

Die gemeinsame Initiativübernahme ist der Ausgangspunkt für Deeper Learning. Durch das Engagement mehrerer Lehrkräfte, die dazu bereit sind, ihre Expertise und Erfahrungen miteinander zu teilen und sich gemeinsam auf unbekanntes Terrain einzulassen, können Deeper Learning-Einheiten entstehen, die in ihrer Qualität über das tradierte Unterrichtsgeschehen hinauswachsen.

Gegenseitiger Dialog

Ausgangspunkt jeglicher Zusammenarbeit ist das gemeinsame Gespräch. Die Art und Weise eines Gesprächs kann den qualitativen Unterschied machen, wie die Zusammenarbeit verläuft. Die kooperative Professionalität lebt von einem tiefgreifenden, inhaltlich qualitativ-hochwertigen Austausch, der Diskussionen umfasst, in denen sich Menschen aneinander reiben, Meinungen abwägen, Kompromisse finden, Neues entdecken und sich weiterentwickeln. Ohne Kompromissbereitschaft und Verständigungsorientierung funktioniert das nicht. Manchmal ist eine Moderation der Gespräche notwendig (Hargreaves/O'Connor 2017). Ausgangspunkt der Gespräche können gleichermaßen individuelle oder schulweite Erfahrungen sein sowie der Wunsch nach Inspiration und Informationen, die bestimmte Personen in die Gruppe tragen (Datnow/Park 2019).

Die Komplexität des Deeper Learning lebt vom ehrlichen und tiefgreifenden Dialog der Lehrkräfte. Sie kann nur dann effektiv bearbeitet werden, wenn Lehrkräfte ihre Stärken und Schwächen klar benennen und gemeinsam ein Lernangebot entwickeln, das sich aus den Impulsen aller Beteiligten speist.

Alle – Lehrkräfte wie Lernende – nutzen dabei unterschiedliche Formen der Kommunikation, die in allen Phasen der Deeper Learning-Einheit ihren Platz haben können: Sie formulieren sorgfältig, argumentieren präzise, treten dezidiert für eine Sache ein, erklären anschaulich, erzählen packend, fassen Erkenntnisse präzise zusammen, fragen spezifisch nach oder melden Erfahrungen und Prozessverläufe zurück (Hofer-Krucker Valderrama/Kauffmann 2021, S. 764). Auf diese Weise ko-konstruieren die Beteiligten bereits im kommunikativen Austausch. Sie beziehen ihre individuellen Sprachhandlungen aufeinander, wodurch Neues entsteht und sie voneinander lernen (Kerres 2013, S. 233). Kreativität wird dabei angeregt und eng mit Kommunikation, Kooperation und kritischem Denken verknüpft.

Der wechselseitige Dialog ist ein Schlüssel zu hochwertigen Deeper Learning-Einheiten. Noch bevor die konkrete Arbeit am Design der Deeper Learning-

Einheit beginnt, stehen die beteiligten Lehrkräfte im Austausch, der sie über den gesamten Prozess begleitet. Die Perspektive »ich und mein Unterricht« wird dabei zugunsten eines gemeinsamen Vorgehens aufgelöst. Bildlich gesprochen verschwinden die Wände des Klassenzimmers und ein gemeinsamer Lern- und Erfahrungsraum entsteht, bei dem die Lehrkräfte untereinander kontinuierlich in Kontakt stehen. Durch die digitalen Möglichkeiten zur professionellen Kommunikation müssen gemeinsame Planungsprozesse nicht mehr ausschließlich in der Schule stattfinden, sondern können auch vom häuslichen Arbeitsplatz aus fortgesetzt werden. Lehrkräfte bilden mit ihren persönlichen Stärken, dem jeweiligen fachlichen Wissen und den überfachlichen Fähigkeiten ein Netzwerk, das nicht nur die Schülerinnen und Schüler im Lernprozess stützt, sondern auf das sie auch selbst für ihre Lernprozesse zurückgreifen können.

Verschränkte Arbeit

Ineinander verschränkte Arbeit als Merkmal von Kooperation kann als ein Teil der Interdependenz von Lehrkräften beschrieben werden (Little 1990). Wenn Lehrkräfte die Entscheidung treffen, gemeinsam Unterricht zu planen und durchzuführen, kann die gemeinsame Arbeit komplementär verschränkt werden. Die einzelnen Arbeitsbereiche der Lehrkräfte ergänzen sich komplementär und greifen ineinander, wodurch ein gemeinsames Ganzes entsteht, das eine Lehrkraft allein vielleicht gar nicht hätte herstellen können. Geteilte Arbeit kann die einzelne Lehrkraft somit entlasten.

Bei der Gestaltung von Deeper Learning-Einheiten ermöglichen Lehrkräfte durch die verschränkte und aufeinander bezogene Arbeit ein breiteres und zuweilen tieferes Lehr-Lern-Angebot für ihre Schülerinnen und Schüler. Die Lehrkräfte sprechen ab, wer für die Schülerinnen und Schüler welche Lernangebote macht oder welche Unterstützung bietet.

Die fachdidaktische und fachliche Expertise der einzelnen Lehrkräfte ist dabei der entscheidende Mehrwert. Deeper Learning-Einheiten lassen sich durch die gemeinsame Arbeit in hoher Komplexität und Qualität mehrperspektivisch gestalten. Dies gilt im Besonderen für interdisziplinäre Fragestellungen, wenngleich auch innerhalb einzelner Fächer unterschiedliche Lehrkräfte unterschiedliche Expertisen, Vorlieben und Schwerpunkte entwickelt haben können, die nun dazu beitragen, das jeweilige Themenfeld mehrperspektivisch aufzuarbeiten.

Daneben kann die verschränkte Arbeit die beteiligten Lehrkräfte entlasten, indem die einzelnen Lehrkräfte unterschiedliche Schülerinnen und Schüler beziehungsweise Teams in ihren jeweiligen Lernprozessen beobachten und unterstützen. So müssen nicht alle Lernenden von allen Lehrkräften kontinuierlich im Blick behalten werden, was vertiefte Beratungen der jeweils betroffenen Schülerinnen und Schüler ermöglicht.

Übergreifende Bildungsziele

Grundlegendes Ziel der kooperativen Professionalität ist nicht nur, allen Lernenden individuelle akademische Höchstleistungen zu ermöglichen. Die Zielstellung liegt vielmehr darin, Schülerinnen und Schüler darin zu unterstützen, ganzheitlich zu wachsen und sich zu entwickeln, sodass sie später ein Leben führen, das sie selbst mit Bedeutung füllen können (Heargreaves/O'Connor 2017; Trilling/Fadel 2009).

Hier setzt auch das Deeper Learning an. Zum einen zielt es auf die Persönlichkeitsentwicklung der Schülerinnen und Schüler, indem Mastery, Kreativität und Identität als sich selbst verstärkende Ziele in den Blick genommen werden. Zum anderen erhalten die Lernenden die Möglichkeit, vielschichtige (digitale) Zugänge zur Welt wahrzunehmen, an ihnen und mit ihnen zu lernen und zu wachsen und durch die authentische Leistung in Phase III mit der Welt in Kontakt zu treten. Der dabei angestrebte Blick über die enge Fachlichkeit hinaus wird insbesondere durch das Prinzip Voice und Choice (Hobday 2012; vgl. Kapitel 3) ermöglicht.

Mit Schülerinnen und Schülern zusammenarbeiten

Meist sind Schülerinnen und Schüler »Objekte« der professionellen Kooperation von Lehrkräften. Nur selten sind sie Subjekte und Teilnehmende innerhalb einer lehrkräfteinitiierten Kooperation. Die kooperative Professionalität nimmt diesen Perspektivwechsel vor und bezieht Schülerinnen und Schüler aktiv in die Gestaltung von Lehr-Lern-Prozessen ein. Die Lernenden erhalten somit eine Stimme und können den Lehrenden ihre Wahrnehmung von Lernprozessen – gelingenden und problematischen – mitteilen (Hargreaves/O'Connor 2017; Halbert/Kaser 2017).

Die Deeper Learning-Pädagogik stellt die Lernprozesse der Heranwachsenden konsequent in den Vordergrund: Jeder Schüler und jede Schülerin muss sich in der ersten Phase das Wissensfundament aneignen, um in die Phase der Ko-Konstruktion und Ko-Kreation übergehen zu können. Alle Lernenden werden in der zweiten Phase dazu ermuntert, eigene Fragestellungen zu entwickeln und diese gemeinsam zu bearbeiten. Hier stehen die Agency der Lernenden (Helfferich 2012; Abiko 2017) sowie die Stärkung des dynamischen Selbstkonzepts (Dweck 2006) im Vordergrund, damit sich die Lernenden fachlich tiefgreifendes Wissen aneignen und überfachliche Fertigkeiten entwickeln. In Phase III präsentieren die Lernenden ihre Erkenntnisse in Form einer authentischen Leistung. Die vier überfachlichen Skills Kommunikation, Kooperation, Kreativität und kritisches Denken kommen dabei in unterschiedlicher Tiefe zum Tragen, wobei sich die Verantwortung für die Steuerung der Lernprozesse von Phase I zu Phase III immer mehr in Richtung der Schülerinnen und Schüler verschiebt.

All dies ist nur möglich, wenn Lehrkräfte Schülerinnen und Schüler als Dialogpartner mit eigener Expertise über ihr Lernen ernst nehmen und sich kontinuierlich auf Augenhöhe mit ihnen über ihre Lernprozesse austauschen, um diese zu unterstützen. Deeper Learning lebt von der Co-Agency aller Beteiligten.

Im Großen und Ganzen denken

Um Schülerinnen und Schüler ganzheitlich zu bilden und sie damit umfassend auf eine unsichere Zukunft vorzubereiten, genügt es nicht, im Klein-Klein zu bleiben. Wenngleich die Schulsysteme die Macht über den Bildungsplan haben, ist es dennoch notwendig, dass Lehrkräfte gemeinsam über das Große und Ganze schulischer Bildung nachdenken und dieses in die Planung ihres Unterrichts einbeziehen (Hargreaves/O'Connor 2017, S. 118).

Deeper Learning-Einheiten ermöglichen diesen ganzheitlichen Blick, insbesondere wenn sie interdisziplinär angelegt sind und die Wissensbestände und Denkweisen einzelner Fächer sich zu einer produktiven Synthese verbinden. Tiefgreifendes Lernen lebt davon, unterschiedliche Wissensbereiche miteinander zu verbinden und sich darüber an die Komplexität der Welt anzunähern. Der Wissenszuwachs findet dabei nicht mehr ausschließlich in den in sich geschlossenen Klassenzimmern statt. Um über Zusammenhänge und Probleme beziehungsweise Herausforderungen der Welt nachdenken zu können, muss ein Raum geschaffen werden, der vielfältige Zugänge zur Welt ermöglicht. Dieser Zugang erfolgt in Deeper Learning-Einheiten durch die Gestaltung hybrider Lernumgebungen (Zitter/Hoeve 2012), die digitale wie analoge Lernmaterialien und Lernorte zusammenführen und zusätzlich außerschulische Bildungspartner mit in die einzelnen Phasen einbeziehen. Die räumliche Anbindung in der Schule ist dabei häufig ein multifunktionales Lernzentrum (vgl. Kapitel 5.3), das kreatives Gestalten in unterschiedlichen Dimensionen unterstützt. Im Folgenden geht es darum, wie Deeper Learning Raum und Zeit der schulischen Bildung verändert.

5.3 Wie verändert Deeper Learning Zeit und Raum in der Schule?

Deeper Learning lässt sich am besten umsetzen, wenn die Lernumgebung über das Klassenzimmer hinaus weiter gedacht und gefasst wird. Dies kann in zwei Richtungen erfolgen (Sliwka/Klopsch 2019, S. 323):

- die Erweiterung des physischen Raums, die von einer veränderten pädagogischen Raumnutzung in der Schule bis hin zur Arbeit mit Bildungspartnerinnen und -partnern vor Ort reichen kann
- die digitale Erweiterung des Klassenzimmers durch die Nutzung der vielfältigen Möglichkeiten, die die Digitalisierung bietet.

Beide Ansatzpunkte unterstreichen die Veränderung der schulischen Lernumgebung hin zu einer lebensweltnahen und hybriden Lernumgebung, die Schulen öffnet und sie so zu einem facettenreichen Lern- und Erfahrungsraum weiterentwickelt.

5.3.1 Die räumliche Erweiterung des Lernraums Klassenzimmer

Die Idee, Schulen zu öffnen, um tiefgreifende Lernprozesse zu ermöglichen, stammt aus dem frühen 20. Jahrhundert. Angestoßen durch die Reformpädagogik sollte Schülerinnen und Schülern ermöglicht werden, in authentischen Lernsituationen und an authentischen Orten Erfahrungen zu sammeln und Neues (kennen) zu lernen. Diese Hinwendung zu einem ganzheitlichen Lernprozess geht in der Regel mit Lehr-Lern-Formaten einher, die neben Lehrkräften und anderem pädagogischen Personal auch außerschulische Bildungspartner einbindet. Dabei lassen sich zwei Schwerpunkte ausmachen.

Zum einen reichern die Schulen ihr Lernangebot durch zusätzliche Lerngelegenheiten an, die sie allein nicht hätten anbieten können. Diese Schulen gehen davon aus, dass sie selbst Zentrum des Lernprozesses sind. Sie öffnen sich für Angebote, die meist als zusätzliche, den Unterricht erweiternde Angebote ausgewiesen werden (Klopsch 2016; Sliwka/Klopsch 2019). Die zugrunde liegende Zusammenarbeit kann als »low-cost Kooperation« (Dizinger/Fussangel/Böhm-Kasper 2011, S. 116) oder als Komplementärmodell (Böttcher et al. 2011, S. 109) bezeichnet werden.

Der andere Ansatz beruht auf der Annahme, dass Schulen nur einen Teil des Lernprozesses von Kindern und Jugendlichen gestalten können. Sie nehmen sich daher nicht als Zentrum, sondern eher als Knotenpunkt eines Netzwerks wahr. Nach diesem Modell wird das Lernen gemeinsam verantwortet und durch die Schule wie die Bildungspartnerinnen und -partner gleichermaßen angeregt. Die Angebote dienen dazu, ein vernetztes Setting zu schaffen, innerhalb dessen Schülerinnen und Schüler ganz unterschiedliche Dinge auf unterschiedlichen Wegen und an unterschiedlichen Orten lernen können (Klopsch 2016, S. 51). Diese Art der Kooperation wird »high cost Kooperation« (Dizinger/Fussangel/Böhm-Kasper 2011, S. 116) genannt. Die Lernenden nehmen die Schule als einen Ort wahr, in dem Lern- und Lebensräume verknüpft sind und sich gegenseitig beeinflussen. Die Schulen öffnen ihre Türen und ihre Organisationsstrukturen, um den einzelnen Lernenden bestmögliche Unterstützung für ihre Weiterentwicklung zuteilwerden zu lassen. Die Lernumgebung umfasst dabei die Schule und ihre Räume genauso wie analoge und digitale Lernorte außerhalb des Gebäudes (Klopsch 2016).

Durch die Definition eines so erweiterten Lernraumes in und außerhalb der Schule können Schulleitungen und Lehrkräfte hybride Lernumgebungen (Zitter/Hoeve 2012) gestalten. Schulen und ihre außerschulischen Bildungspartnerinnen und -partner arbeiten dabei zusammen. Das gibt ihnen die Möglichkeit, unterschiedliche Lernaufgaben entlang eines Kontinuums von informellen, non-formellen und formellen Lerngelegenheiten anzubieten (vgl. Abb. 28), die Schülerinnen und Schüler, abhängig von ihren Lernausgangslagen, Bedürfnissen und Lernzielen, nutzen können. Digitale Lernangebote sind heute selbstverständlich ein zentraler Teil dieser erweiterten schulischen Settings.

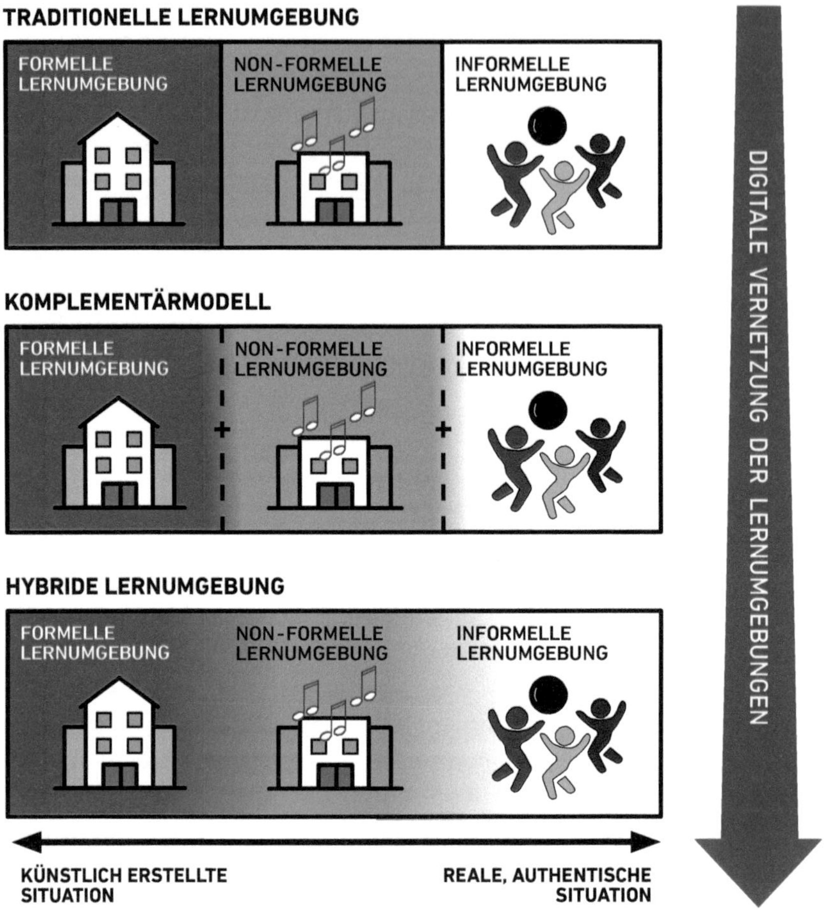

Abb. 28: *Die hybride Lernumgebung (nach Klopsch 2016, S. 154)*

Die durch die Kooperationen entstehenden Lernmöglichkeiten gehen weg von einer künstlich erzeugten Lernsituation hin zu einer lebensweltnahen Aufgabenorientierung, innerhalb derer Schülerinnen und Schüler sich Kompetenzen und Wissen nicht nur aneignen, sondern auch konkret einsetzen können. Die Lernenden erhalten die Möglichkeit, vorhandenes Wissen und Fähigkeiten miteinander zu verknüpfen, dabei in Zusammenarbeit mit anderen Lernenden und eben auch außerschulischen Partnerinnen und Partnern Wissen zu ko-konstruieren und sich weiterzuentwickeln. Diese Weiterentwicklung bezieht sich nicht nur auf das fachliche Können, sondern auch auf überfachliche Kompetenzen wie beispielsweise Problemlösefähigkeit, kritisches Denken, Kreativität oder soziales Verhalten.

Eine Voraussetzung für die Gestaltung einer solch reichhaltigen Lernumgebung liegt darin, dass alle Beteiligten, das heißt Lehrkräfte, Schulleitungen und Bildungspartnerinnen und -partner, regelmäßig im Austausch stehen und die Einbindung von Lernorten aufeinander abstimmen. Das bedeutet allerdings nicht, dass die Partner sich kleinschrittig auf ein Vorgehen verständigen und dabei vollständig ihre Autonomie einbüßen. Es kommt vielmehr darauf an, durch ein stabiles Netzwerk Gelegenheitsstrukturen zu schaffen, in denen die Schülerinnen und Schüler authentischere Lernprozesse erleben und dadurch engagierter lernen können. Durch die authentischen Lerngelegenheiten, sei es die Arbeit in der Stadtbibliothek oder im Museum, im digitalen Kontakt mit einer Partnerschule im Ausland oder mit Expertinnen in einer wissenschaftlichen oder sozialen Einrichtung, können die Lernenden Kompetenzen entwickeln, die sie sich im traditionellen schulischen Raum nicht in dieser Qualität hätten aneignen können. Die Kompetenzen gehen über die einzelnen Unterrichtsfächer hinaus, verknüpfen diese mit überfachlichen Fertigkeiten und profitieren von der Kooperation aller Beteiligten (Trilling 2015).

Die Aufgabe der Lehrkräfte besteht darin, die Schülerinnen und Schüler zu unterstützen, sich eine intellektuell offene und neugierige Geisteshaltung (Farrington 2013) zu erarbeiten sowie Selbstwirksamkeit und ein dynamisches Selbstbild (Dweck 2006, 2010) zu entwickeln, damit sie von den vielfältigen Möglichkeiten einer hybriden Schule profitieren können. Eine hybride Schule bietet so optimale Voraussetzungen für die Realisierung von Deeper Learning.

5.3.2 Die digitale Erweiterung des Lernraums Klassenzimmer

Keine Entwicklung der vergangenen Jahrzehnte verändert die Sicht auf den schulischen Lernraum so wie die Digitalisierung. Rückt die äußere Welt durch die Globalisierung ein wenig näher und scheint kleiner geworden zu sein, so ist die Welt des Lernens durch die Digitalisierung rasant gewachsen. Die Lerngemeinschaften, die wir heute gestalten können, und die Lernimpulse, die wir ins Klassenzimmer hineinholen können, gehen über das Lokale und Regionale deutlich hinaus. Mithilfe des Internets gelingt es, auf nationaler wie auch auf internationaler Ebene eng und zeitnah zusammenzuarbeiten. Der Schritt ins Digitale ermöglicht dabei eine Vielzahl an Vorgehensweisen und Unterstützungsmechanismen, die vorher für Lernprozesse so nicht möglich oder denkbar waren (Sliwka/Klopsch 2019). Schulen sollten diese Möglichkeiten auch deswegen nutzen, weil sie in der Arbeitswelt längst selbstverständlich sind. Darüber hinaus ermöglichen geöffnete digitalisierte Schulsettings, die digitale Lebenswelt der Lernenden aufzugreifen und das Lernen für sie so realitätsnaher und authentischer zu gestalten, als es im traditionellen Schulsetting jemals möglich gewesen wäre.

Die kognitive Aktivierung ist für produktive Lernprozesse ausschlaggebend. Durch digitales Arbeiten können Schülerinnen und Schüler neue Formen der kognitiven Aktivierung erleben, wie zum Beispiel die Diskussion mit digital zugeschalteten Expertinnen und Experten oder das Darstellen von Lernergebnissen in sozialen Medien.

Die Nutzung neuer Technologien kann dieses aktive Lernen gewinnbringend unterstützen. Der Nutzen des Digitalen liegt dabei auf mehreren Ebenen. Digitales Arbeiten bietet einerseits die Chance, jederzeit das traditionell im Schulbuch oder durch Arbeitsblätter zur Verfügung gestellte Wissen zu erweitern bzw. deutlich aktueller und authentischer in den Lernraum Schule zu holen. Der Vorteil der digitalen Erweiterung des Klassenraumes liegt zusätzlich darin, dass die Schülerinnen und Schüler frei von räumlichen oder zeitlichen Vorgaben ihre Arbeit gestalten und dokumentieren können. Die digitale Vernetzung mit anderen Lernenden und Lehrkräften dient dazu, Unterstützung zu suchen, Rückmeldungen zu erhalten und beispielsweise Überarbeitungen einfach in ein gemeinsam und virtuell geteiltes Dokument einzupflegen. Die Lernprozesse werden damit näher an die Lebensrealität der Schülerinnen und Schüler herangeführt, die häufig in ihrer Freizeit mit ihren Freundinnen und Freunden digital verbunden sind und diese Art der Kommunikation bereits gut kennen.

Neben den Möglichkeiten einer verstärkten kognitiven Aktivierung und digitaler Rückmeldung liegt ein Vorteil der Digitalisierung im zeitlichen Gewinn für die Lehrkräfte. Die Schülerinnen und Schüler können Wissensmedien beispielsweise gleichzeitig und auf unterschiedlichen Niveaustufen nutzen und für ihre individuellen Herangehensweisen auf verschiedene Materialien und vielfältiges Wissen zugreifen, wenn Lehrkräfte vorher gemeinsam eine in diesem Sinne vorbereitete digitale Lernumgebung geschaffen haben. Dieser digitale Lernraum kann sowohl in der Instruktions- und Aneignungsphase wie auch in der ko-konstruktiven Phase von den Schülerinnen und Schülern flexibel genutzt werden. Die Digitalisierung von Lernprozessen beziehungsweise Sequenzen in Lernprozessen kann so die echte Lernzeit für Lernende erhöhen, ohne dass Lehrkräfte immer zur Seite stehen müssen (Weinert 1998).

In der ko-konstruktiven Phase können Lehrkräfte Lernenden individuell oder in Teams auf digitalem Weg formative Rückmeldung geben, also auch zeitlich entkoppelt von der Präsenzzeit in der Schule. Dadurch entsteht die Möglichkeit, im Unterricht andere Aspekte des Lernprozesses zu vertiefen. Ebenso können logistische Erklärungen zum Ablauf der Lernprozesse im Deeper Learning auch schon vor Beginn der Deeper Learning-Einheiten auf der Lernplattform abgebildet werden, sodass Lehrkräfte damit keine wertvolle Unterrichtszeit verlieren. Denn ein zentraler Vorteil der digitalen Öffnung des Klassenzimmers besteht in der Nutzung von Lernmanagementsystemen, die eine fächer- oder lehrkraftübergreifende Koordination von Lernprozessen ermöglichen (Holmes et al. 2018). Lehrkräfte können gemeinsam Zeitverlaufspläne, Arbeitsaufträge und Bildungsmedien schon im Vorfeld einer Deeper Learning-Einheit auf der Plattform abbilden und im Verlauf der Deeper Learning-Einheit flexibel aktualisieren. Die Lernenden tragen die Verantwortung, sich dort zu informieren, was wiederum ihre Fähigkeit zur Selbstregulation stärken kann.

In Phase III bietet die digitale Welt erweiterte Möglichkeiten der Präsentation von authentischen Schülerleistungen. Die Schülerinnen und Schüler können ihr Wissen und Können mithilfe digitaler Tools kreativ aufbereiten und zum Beispiel Plakate gestalten, animierte Darstellungen realisieren, kleine (Lern-)Videos drehen, Podcasts produzieren, Social-Media-Kanäle für die Darstellung von Leistungen nutzen oder E-Books erstellen. In allen Phasen von Deeper Learning kann Wissen von Lehrkräften oder Schülerinnen und Schülern auch in Form von digitalen Quiz oder Tests abgefragt und überprüft werden.

Eine andere Herangehensweise für die Vermittlung von Wissen und Kompetenzen beschreibt das ›Blended Learning‹ (Eberle 2006; 2007), eine Mischung aus direkter Instruktion und Lernen online. Ein bekanntes Beispiel dafür ist der sogenannte ›Flipped Classroom‹ (umgedrehter Unterricht) (Weidlich/Spannagel 2014). Die Schülerinnen und Schüler erhalten dabei zunächst über das Internet oder eine schulische Lernplattform Einblicke in neue Konzepte und unbekanntes Wissen. Später in den Präsenzphasen vor Ort können Lernende und Lehrkräfte dann gemeinsam auf dieses Wissen zugreifen und es im Unterrichtsgespräch oder im praktischen Handeln nutzen. So lassen sich vor allem die Instruktions- und Aneignungsphase (Phase I) und die ko-konstruktive Phase (II) durch digitale Kanäle entlasten, um mehr Zeit für Dialoge und gemeinsame Arbeit zu schaffen. Die digitale Erweiterung des Klassenzimmers bietet eine Vielzahl an Möglichkeiten für die Gestaltung von Deeper Learning-Einheiten, die sich durch die stetige Entwicklung neuer digitaler Tools laufend erweitern.

Neben all den Möglichkeiten, die die Digitalisierung bietet, stehen Schulen oftmals vor der ganz konkreten Fragestellung, wie die Schülerinnen und Schüler Zugriff auf digitale Medien erhalten sollen. Neben der Bereitstellung von beispielsweise Tablets für alle Schülerinnen und Schüler durch die Schulen erscheint vor allem das Modell ›Bring Your Own Device‹ (BYOD) nachhaltig (Deutscher Bundestag 2018). BYOD bedeutet, dass die Schülerinnen und Schüler im schulischen Kontext private mobile Endgeräte, das heißt Laptops, Notebooks, Netbooks, Smartphones oder Tablets verwenden. International setzen sich verstärkt Modelle durch, bei denen der Staat Rahmenverträge mit verschiedenen Anbietern abschließt, sodass Familien digitale Endgeräte günstig (und für ärmere Familien stark subventioniert) und auch gegen Schäden versichert erwerben können. Auf diese Weise hat jede Schülergeneration Zugang zu Geräten auf dem aktuellen technischen Stand, und die digitale Spaltung der Gesellschaft zwischen wohlhabenderen und ärmeren Familien wird systematisch geschlossen. Unabhängig davon, wie das Vorhandensein von digitalen Geräten gewährleistet wird, gilt: Die Schulen müssen klare Verhaltensregeln für den Einsatz der Geräte formulieren, um diese pädagogisch sinnvoll zu nutzen, dabei keine Schülerinnen und Schüler zu benachteiligen oder gar zu Schaden kommen zu lassen.

5.3.3 Die Verbindung von räumlicher und digitaler Erweiterung: das multifunktionale Lernzentrum

Schulen, die den Anforderungen des 21. Jahrhunderts in besonderem Maße gerecht werden wollen, gestalten oftmals auch ihre Räume neu, um den Lernenden bessere Lernmöglichkeiten zu bieten. Das Konzept »Raum« wird dabei flexibler gedacht und gestaltet. Ein solches Konzept, das Lernen unterstützt und vielfältige Raumnutzungen zulässt, ist im englischsprachigen Ausland als ›Learning Commons‹ (beispielsweise Loertscher et al. 2011) bekannt. ›Commons‹, abgeleitet vom lateinischen ›communis‹, bedeutet so viel wie »gemeinsamer Raum« oder »Raum für alle«. Der Begriff des Lernens (Learning) bezieht sich hier auf eine Bandbreite an Lernformen, die von informellem Lernen bis zu formellem Lernen reichen. Commons bedeutet, dass in diesem Raum hierarchische Strukturen gelockert oder sogar aufgelöst werden und alle individuell wie auch gemeinsam lernen und arbeiten können (Loertscher/Koechlin 2014). Wenngleich der Begriff Learning Commons eigentlich ein pädagogisches Konzept beschreibt, wird er in der Regel primär für die Räumlichkeiten verwendet, die einer Schulgemeinschaft gemeinsam zum Lernen zur Verfügung stehen. Im deutschen Sprachgebrauch kann man von einem »multifunktionalen Lernzentrum« sprechen.

Auf den Schulkontext bezogen bedeutet dies, dass das multifunktionale Lernzentrum aus einem großen oder mehreren unterschiedlich großen Lernräumen besteht, die von der Schulgemeinschaft zu unterschiedlichen Zwecken verwendet werden können. Sie bieten Nutzungsmöglichkeiten, welche das traditionelle Klassenzimmer oder die herkömmliche Schulbibliothek weit übertreffen. Dabei wird der physische Raum typischerweise flexibler und offener nutzbar, als das in traditionellen Klassenzimmern der Fall ist. Daneben beziehen multifunktionale Lernzentren auch den virtuellen Raum mit ein, der für eine beziehungsweise von einer Lerngemeinschaft geschaffen wird.

Die Lernzentren sehen in jeder Schule unterschiedlich aus, da sie immer an die Bedürfnisse der Lernenden und Lehrenden sowie an den physischen, vorhandenen Raum angepasst sind. Auch ist ihre Gestaltung von der Schulphilosophie und von der Einstellung gegenüber neuen Lehr-Lern-Formen sowie von den Investitionsmöglichkeiten in neue Technologien und eine moderne Raumausstattung abhängig. Je nach Schule und vorhandenen Räumlichkeiten kann es sich bei den multifunktionalen Lernzentren um einen einzigen, offenen Raum mit verschiedenen Nischen und Bereichen handeln oder aber um mehrere Räume mit unterschiedlichen funktionalen Ausrichtungen. Die Lernzentren müssen sich nicht zwangsläufig auf den Innenbereich eines Gebäudes beschränken. Außenbereiche können ebenfalls als Teil der Lernzentren gestaltet werden (Kincaid/Pfau 2015).

Als allgemeine, übergreifende Komponenten unterschiedlicher Lernzentren gelten bewegliche und bequeme Möbel, verschiebbare Wände, Bücher und andere

Medien, technische Geräte und Maker Spaces. Zusätzlich gibt es oftmals Räume für Kleingruppenarbeit, Ruheräume, ein Support Center zum Erlernen neuer Techniken oder Anwendungsmöglichkeiten, soziale Räume, kleinere Unterrichtsräume sowie große Versammlungsräume für Veranstaltungen und Vorführungen.

Oftmals haben sich Learning Commons im englischsprachigen Ausland aus Bibliotheken und Computerräumen entwickelt und fungieren als Brücke zwischen der Schule und der Welt außerhalb der Schule (Klopsch 2019). Sie sind anschlussfähig an die Inhalte des Schulcurriculums beziehungsweise des Bildungsplans. Anders als traditionelle Lernräume sind sie als kreative Orte des Experimentierens, Tüftelns, Spielens, Produzierens, Tuns, Denkens und Zusammenarbeitens konzipiert. Entsprechend sind die Räume meist ästhetisch und farblich besonders ansprechend gestaltet und ausgestattet, um sie als kreativen Raum zu markieren und inspirierend zu wirken. Der physische und virtuelle Raum der Learning Commons ist Zentrum von Forschung, demokratischem Handeln, kooperativem und projektbasiertem Lernen und kreativem Ausdruck (Loertscher/Koechlin 2014). Beim Deeper Learning spielt er eine besondere Rolle in der Wissensaneignung, in der ko-konstruktiven und ko-kreativen Arbeit und als Bühne für das öffentliche Zeigen authentischer Leistungen.

In den drei Phasen des Deeper Learning schaffen Learning Commons und andere funktional differenzierte Räumlichkeiten und Bereiche unterschiedliche Lerngelegenheiten.

Die Instruktions- und Aneignungsphase, in der sich alle Schülerinnen und Schüler ein Wissensfundament erarbeiten sollen, kann durch Vorträge von Lehrkräften, die Expertise anderer Personen und den Zugang zu digitalen Lernmedien gestaltet werden. Multifunktionale Lernzentren bieten über traditionelle Klassenzimmer hinausgehende Räume dafür.

In der zweiten Phase, der ko-konstruktiven Phase, arbeiten die Schülerinnen und Schüler verstärkt selbstreguliert. Die flexiblen Räumlichkeiten der Lernzentren erweitern in dieser Phase den Raum dafür und unterstützen somit das Voice-und-Choice-Prinzip. In dieser Phase können die Lernzentren für sowohl eigenständiges Arbeiten als auch für projektartiges Arbeiten im Team genutzt werden. In den kleinen oder großen gemeinschaftlichen Räumen können die Teams an Ideen und in kreativen Prozessen arbeiten. Darüber hinaus können diese Bereiche auch von (Förder-)Lehrkräften genutzt werden, die gezielt kleinere Gruppen oder einzelne Schülerinnen und Schüler unterstützen.

In der dritten Phase, wenn es um das Zeigen authentischer Leistungen geht, können die Schülerinnen und Schüler im multifunktionalen Lernzentrum oder in der Aula einer authentischen Zielgruppe eine Erfindung vorstellen, eine Aufführung auf die Bühne bringen, eine Podiumsdiskussion oder Konferenz organisieren, eine Publikation präsentieren oder eine Ausstellung kuratieren, um nur einige Beispiele zu nennen. Ein großer Bildschirm, ein Podium und Setzstufen machen

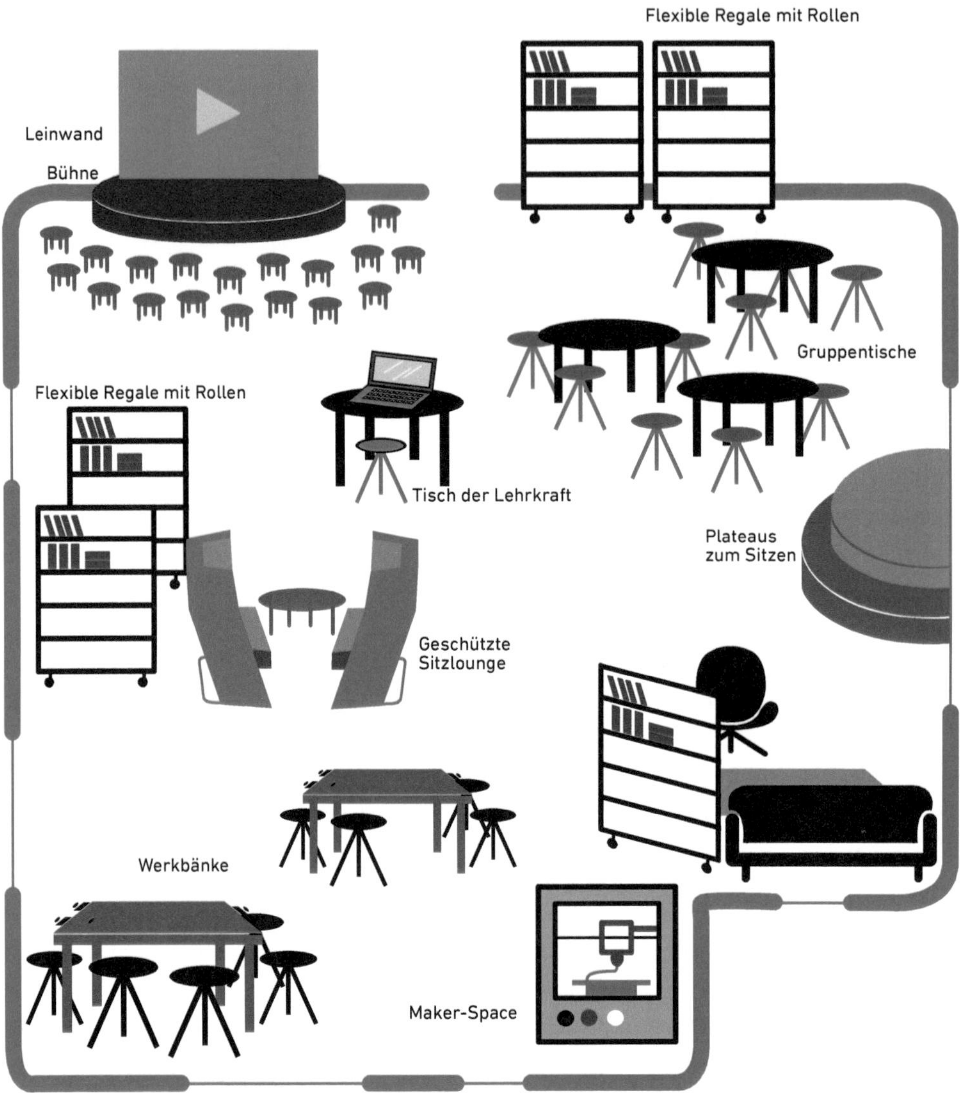

Abb. 29: *Multifunktionales Lernzentrum*

die Präsentationen zu einem besonderen Lernerlebnis: Die Ausstattung selbst bietet die Gelegenheit, Lernergebnisse attraktiv zu präsentieren, wodurch die Aufmerksamkeit der Lerngemeinschaft gesteigert und auch externe Besucherinnen und Besucher an die Schule gelockt werden. So wird die Schule zu einem Ort der Kultur und Öffentlichkeit für den Stadtteil oder die Gemeinde.

Die virtuellen Nutzungsmöglichkeiten digitaler Lernzentren, wie zum Beispiel der Zugang zu Tutorien, Online-Übungen, Online-Clubs oder Diskussionsforen für den Austausch untereinander (Loertscher/Koechlin/Zwaan 2011), sind ebenfalls in den verschiedenen Phasen des Deeper Learning einsetzbar. Multifunktionale Lernzentren beschränken sich jedoch nicht auf die Verbesserung von physischen und virtuellen Lernmöglichkeiten während der Unterrichtszeit. Sie dienen der Schulgemeinschaft auch außerhalb des Unterrichts. So können sie von Lernenden vor oder nach der Unterrichtszeit zum eigenständigen Arbeiten genutzt werden. Multifunktionale Lernzentren können auf diese Weise die Schulgemeinschaft und -kultur positiv beeinflussen, da in ihnen schülerorientierte Veränderungen der Schule sichtbar werden (Moreillon 2017). Zudem kann das Kollegium die Räumlichkeiten für Teamarbeit nutzen und somit den Schülerinnen und Schülern als Vorbild dienen (Cohen 2015).

Die Gestaltung von multifunktionalen Lernzentren

Da sich international viele multifunktionale Lernzentren aus früheren Schulbibliotheken entwickelt haben, spielen Schulbibliothekarinnen und Schulbibliothekare eine wichtige Rolle in den Lernzentren. Als ›teacher librarians‹ oder ›school librarians‹ haben sie in Nordamerika und Australien ein festes Berufsbild und unterstützen die Lehrkräfte bei der Gestaltung von Lernprozessen und die Schülerinnen und Schüler beim Lernen (ALIA/ASLA 2004).

Für die Gestaltung von multifunktionalen Lernzentren gilt: Grundsätzlich kann sich jede Person in den Entwicklungsprozess der Lernzentren an der eigenen Schule einbringen. Sinnvoll wäre es, dass sich mindestens eine Person, besser ein Team intensiv dieser Aufgabe widmet. Je nach Möglichkeit kann sich ein Team bilden, das sich zum Beispiel aus unterschiedlichen Lehrkräften, Schulsozialarbeitern, EDV-Expertinnen und -experten, Bibliothekarinnen und Bibliothekaren (auch aus der Stadtbücherei) sowie interessierten Eltern zusammensetzt. Ziel der Arbeit des Teams bei der Gestaltung der Lernzentren ist, den Bedürfnissen der Lehrenden und Lernenden gerecht zu werden und einen Ort zu schaffen, an dem sich jeder in der Schulgemeinschaft gerne aufhält.

Ausschlaggebend für den Erfolg multifunktionaler Lernzentren ist Engagement, Expertise sowie die kooperative Weiterentwicklung der Zentren. Überspitzt formuliert reicht eine schlichte Umbenennung der Schulbibliothek zum multifunktionalen Lernzentrum nicht aus. Die Schule sollte ein Konzept entwickeln und dieses gemeinsam und durchaus ambitioniert realisieren.

Die Tabelle auf der folgenden Seite fasst unterschiedliche Funktionen multifunktionaler Lernzentren zusammen.

Wesentliches Merkmal der multifunktionalen Lernzentren ist die räumliche und pädagogische Flexibilität, die zu einer mentalen Flexibilität der Lernenden beiträgt. Sowohl Lernende als auch Lehrende können hier ihre Rollen tauschen und den Raum passend zu den verschiedenen Arbeitsphasen des Deeper Learning gestalten.

***Tab. 7:** Perspektiven der multifunktionalen Lernzentren*

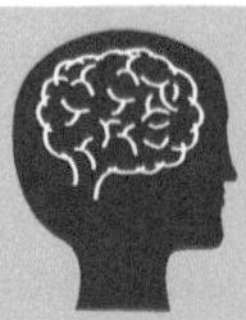 **Fokus: Lernen**	Die Schule wird als ganzheitlicher Lernort verstanden. Lernen findet innerhalb und außerhalb des Klassenzimmers statt. Die optimale Raumgestaltung und -nutzung unterstützt den eigenständigen Lernprozess des Individuums.
 **Fokus: Lernende**	Selbstständiges und personalisiertes Lernen aller Schülerinnen und Schüler, unabhängig von deren Vorwissen und Fähigkeiten, wird durch multifunktionale Lernzentren ermöglicht und gefördert. Forschendes Lernen, digitales Arbeiten und die Nutzung von neuen Technologien ermöglichen ein aktives Lernen. Die flexible Informationsaneignung fördert die Selbstregulation und Selbstständigkeit, was sich positiv auf den Lernerfolg auswirkt (Fähigkeit zur Metakognition).
 **Fokus: Zusammenarbeit**	Das multifunktionale Lernzentrum ist Lernort für alle (Lernende und Lehrkräfte). Kooperationsmöglichkeiten werden aktiv gestaltet und erleichtern das fächer- und klassenübergreifende Lernen. Auch außerhalb des eigenen Unterrichts kann hier der Austausch zwischen Lehrkräften und Lernenden stattfinden.
 **Fokus: Kreativität**	Die Kreativität der Lernenden kann aufgrund der vielfältigen Ausstattung, den damit verbundenen mehrdimensionalen Zugängen zu Lerninhalten und den unterschiedlichen Möglichkeiten der Raumgestaltung frei entfaltet und eingesetzt werden.
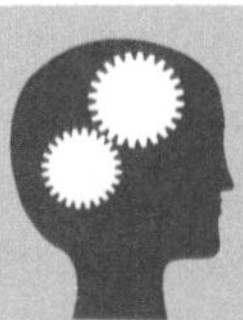 **Fokus: Innovation**	Die Förderung von kritischem Denken und selbstständiger Problemlösung wird unterstützt, da hier Zugänge zu Lerninhalten vorhanden sind, die von den Lernenden in Eigenregie genutzt und kreativ eingesetzt werden können.
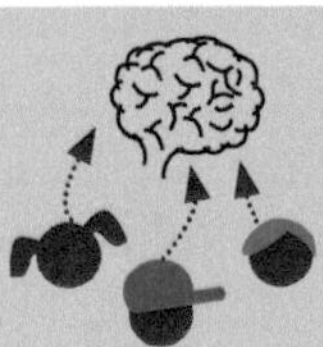 **Fokus: Chancengerechtigkeit**	Alle Lernende erhalten vielfältige digitale und analoge Zugänge zu Lerninhalten. Sie können damit unabhängig von sozio-ökonomischen Status und Lernniveau ihre individuellen Fähigkeiten und Kompetenzen entwickeln.

6 Wie finden wir den Einstieg ins Deeper Learning?

Deeper Learning, so wurde im Buch deutlich, ist keine Pädagogik, die auf vollständig neuartigen Methoden und Erkenntnissen aufbaut. Sie führt vielmehr Erkenntnisse zum Lehren und Lernen, deren Wirksamkeit empirisch belegt werden konnte, zu einer neuen Synthese zusammen. Es geht darum, Lernen im Spannungsfeld von 21st Century Skills und Digitalisierung neu zu denken, sodass die Schülerinnen und Schüler von eher passiven Rezipienten schulischer Bildungsprozesse zu deren aktiven Gestaltern werden. Um Deeper Learning zu erproben und erste Deeper Learning-Einheiten an Schulen zu realisieren, müssen Schulleitungen und Lehrkräfte nicht alles anders machen als bisher. Viele Lehrkräfte geben Schülerinnen und Schülern gut gestaltete Inputs und unterstützen damit deren Wissensaneignung, viele Schulen führen schon Projekte durch, setzen bereits formatives Feedback ein, um Lernende zu fördern, oder ermöglichen durch differenzierenden Unterricht personalisierte Lernprozesse.

Deeper Learning bedeutet, dies alles professionell zusammenzuführen und durch weitere Aspekte, wie beispielsweise Voice und Choice, anzureichern. Es geht auch darum, die Nutzung von Raum und Zeit für die Schule im digitalen Zeitalter systematisch neu zu fassen. Von der Erkenntnis, dass ein verändertes Lernen jetzt wichtig ist, um Schülerinnen und Schüler weiterhin für den Besuch von Schulen zu motivieren, geht es nun darum, zur Tat zu schreiten. Dies wird nur gelingen, wenn immer mehr Lehrkräfte und Schulleitungen sich auf das Neue und noch Unbekannte einlassen und Schule gemeinsam verändern, obwohl dies zunächst herausfordernd und vielleicht auch schwierig erscheint (Halbert/Kaser 2013).

Zweierlei kann den Einstieg ins Deeper Learning dabei deutlich erleichtern. Zunächst sollten Lehrkräfte dazu bereit sein, zusammenzuarbeiten, um sich gemeinsam der Aufgabe zu stellen, anspruchsvolle Lernprozesse, deren Ausgang nicht bis ins letzte Detail geplant werden kann, zu ermöglichen. Die gemeinsame Arbeit kann dazu führen, schon in der Vorbereitung kreativ Ideen zu entwickeln, auf die einzelne Lehrkräfte allein gar nicht gekommen wären. Dieser Prozess lässt zu, dass unterschiedliche Lehrkräfte ihre persönlichen Stärken und Interessen in einen gemeinsamen Gestaltungsprozess einbringen. Es gilt dabei, die Schülerinnen und Schüler und ihre Interessen, Bedürfnisse und Potenziale in den Blick zu nehmen (Datnow/Park 2019). Wie kann ein Lernen gelingen, bei dem sie engagiert sind, eigene Zugänge zum Wissen der Welt entdecken und das Potenzial, das in ihnen steckt, ausschöpfen?

In diesem Prozess ist es auch wichtig, sich darüber klar zu werden, was an der Schule schon vorhanden ist und funktioniert, um dies als Ausgangspunkt zu nutzen. Nur wenn an den Kontext einer Schule und deren (Lern-)Kultur angeknüpft werden kann, sind Veränderungen anschlussfähig (Halbert/Kaser 2013) und verhindern, das Gesamtgefüge der Schule in Dissonanz zu bringen und die Veränderungsbereitschaft der Beteiligten so zu verringern.

Eine Möglichkeit, die aktuelle Situation der Schule zu erfassen, beschreibt das 4D-Modell, das im englischsprachigen Original als die 4Bs (›beyond‹, ›betwixed‹, ›before‹, ›besides‹) beschrieben wird (Hargreaves/O'Connor 2017, S. 122). Die 4D schaffen eine Grundlage für Veränderung.

»Davor« bezieht sich auf die Kultur innerhalb der Schule und soll analysieren, wie die Situation in der Schule ist, bevor mit Deeper Learning gestartet wird. In diesem Zusammenhang können sich die Lehrkräfte fragen:

- Welche unterschiedlichen Ideen zur Gestaltung von Lernprozessen gibt es in unserem Kollegium?
- Wie möchten wir die Digitalisierung der Schule gestalten?
- Wie binden wir außerschulische Bildungspartnerinnen und Bildungspartner in die Schule ein?
- Wie sind unsere Lernräume gestaltet? Wie möchten wir sie verändern?

Der Bereich des »Dazwischen« befasst sich mit Vorgehensweisen während der Einführung von Deeper Learning und hilft den Lehrkräften, sich auf ihre Stärken zu besinnen. Sie können sich fragen:

- Welche Formen der individuellen Förderung gibt es schon und wird es auch weiterhin geben, wenn wir Deeper Learning anwenden?
- Wie wird bereits statt der reinen Leistungsmessung die Leistungsförderung an der Schule praktiziert?
- Wie übernehmen Schülerinnen und Schüler Verantwortung für ihren Lernprozess?
- Wie werden Sichtweisen und Einstellungen von Schülerinnen und Schülern in Lernprozessen berücksichtigt?

»Daneben« bezieht sich darauf, was neben der Schule vorhanden ist und sie in ihrem Transformationsprozess hin zur Deeper Learning-Pädagogik unterstützen kann.

- Welche Unterstützung können wir vom Schulamt, von Stiftungen und anderen Förderern, auch regional, erhalten?
- Wie können wir Deeper Learning durch unser Netzwerk und unsere Bildungspartnerinnen und Bildungspartner unterstützen?
- Welche weiteren Lernräume können wir erschließen?

Die Kategorie »Darüber hinaus« fordert dazu auf, über den Tellerrand der eigenen Schule und des bisher Bekannten hinauszuschauen und Best-Practice-Beispiele kennenzulernen.

- Was machen andere Schulen in unserer Region und darüber hinaus?
- Was machen Schulen in anderen Ländern?
- Welche Empfehlungen und Hinweise finden sich in der Bildungswissenschaft?
- Welche Ideen und Anregungen bringen Eltern und Bildungspartnerinnen und Bildungspartner mit ein?

Ausgehend von diesen Erkenntnissen kann ein Modell des Deeper Learning entwickelt werden, das für die Situation an einer Schule am besten passt und den Einstieg in den Lernprozess der Lehrkräfte im Bereich des Deeper Learning erleichtert.

Schülerinnen und Schüler als Subjekte ihres eigenen Lernens können in diesem Prozess wichtige Gesprächspartner sein. Ihre persönlichen Erfahrungen mit Lernprozessen, die ihnen Freude gemacht haben, und solchen, die sie als belastend empfunden haben, können fruchtbare Diskussionen auslösen und kreative Gestaltungsprozesse anstoßen (Halbert/Kaser 2017).

Wie jede Veränderung braucht auch die Einführung von Deeper Learning Zeit, um Dinge auszuprobieren und sich als Lehrkraft allein und im Team mit den unterschiedlichen Phasen und ihren Herausforderungen vertraut zu machen. Deshalb empfiehlt es sich, gemäß eines Bottom-up-Ansatzes nicht die gesamte Schule auf einmal auf Deeper Learning umzustellen, sondern im Kleinen damit zu beginnen und diese Art des Lernens nach und nach in unterschiedliche Klassenstufen, Fächer und auch interdisziplinäre Lernvorhaben auszuweiten.

Wie die einzelnen Schritte auf dem Weg zum Deeper Learning aussehen können, fasst die Roadmap auf den beiden folgenden Seiten prägnant zusammen.

7 Roadmap: Der Weg zum Deeper Learning

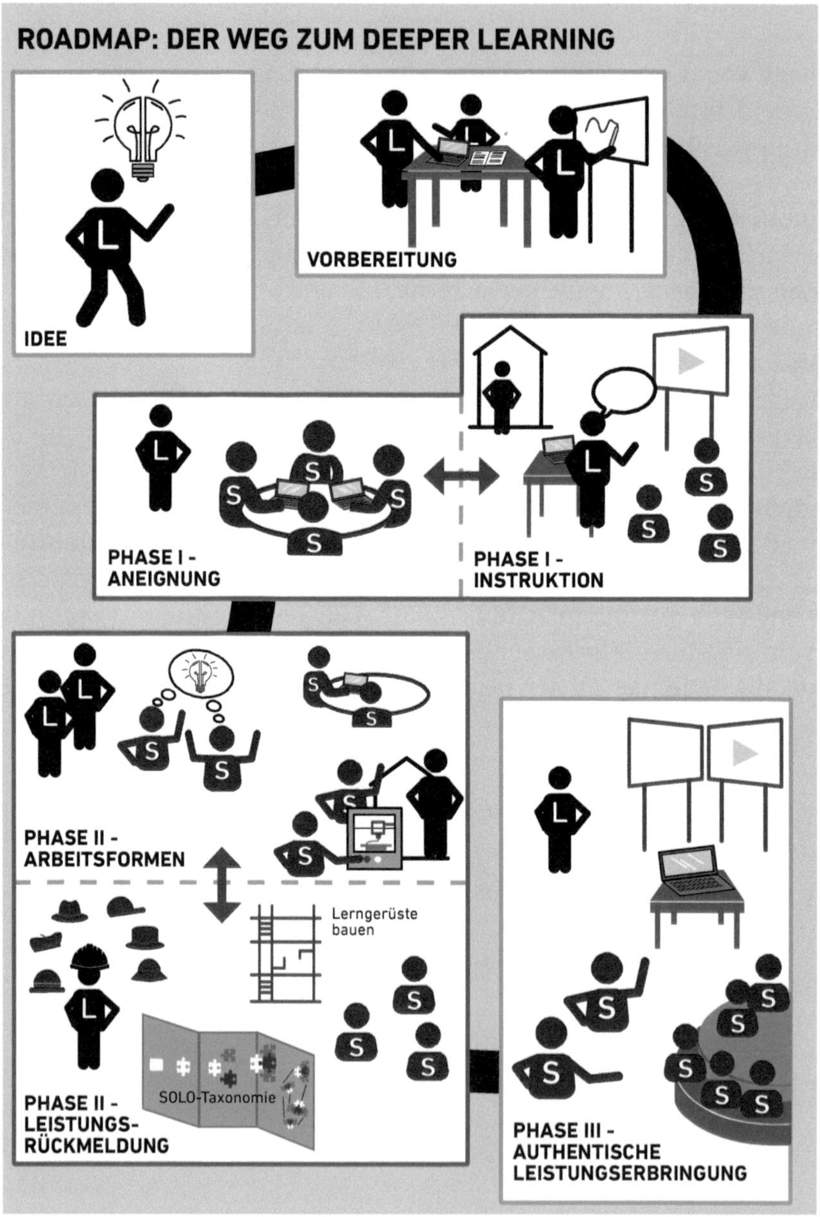

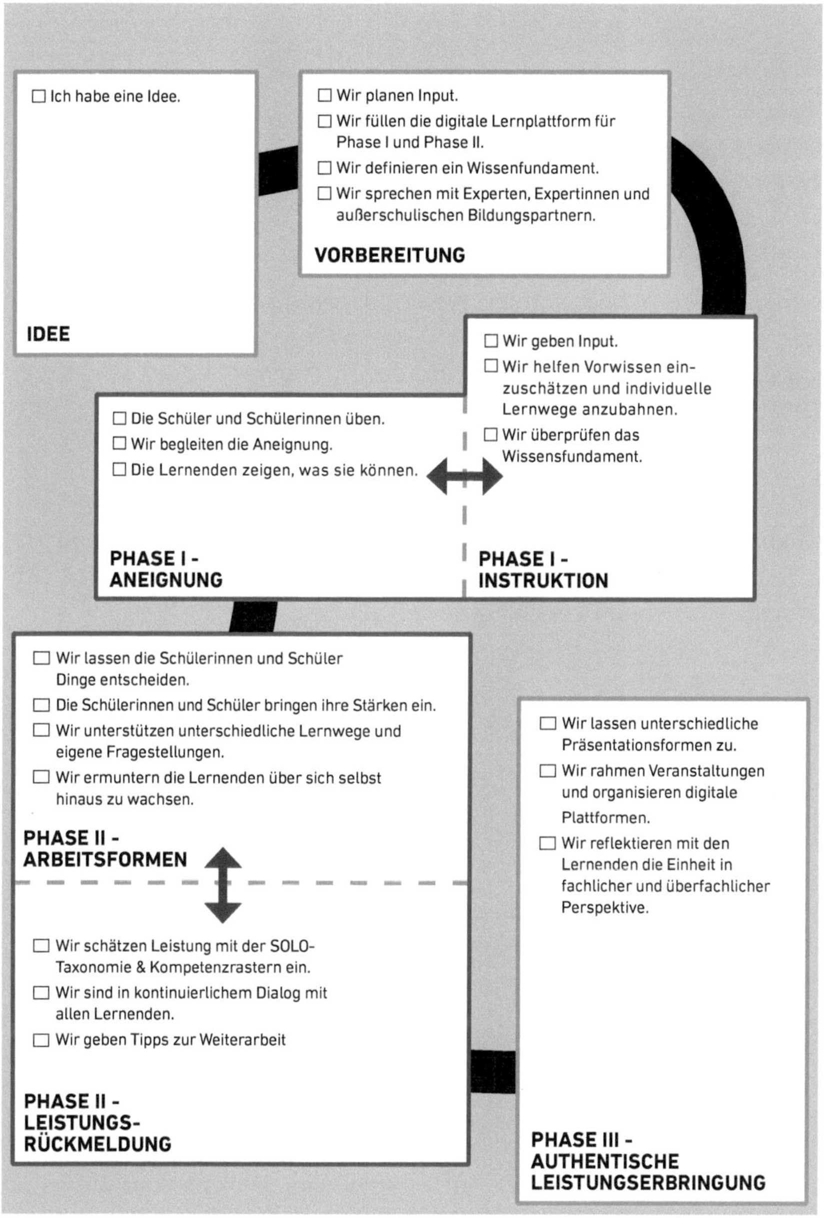

Abb. 30: *Roadmap: Der Weg zum Deeper Learning*

8 Glossar

21st Century Skills

Fähigkeiten, die im 21. Jahrhundert wesentlich sind, um die Lebens- und Arbeitswelt aktiv zu gestalten. Im Bereich des Lernens und Innovierens stehen die 4K – Kommunikation, Kooperation/Kollaboration, kritisches Denken und Kreativität – im Vordergrund.

Agency

Überzeugung eines Individuums, mit und in der (Lern-)Umgebung selbstbestimmt und aktiv Lernprozesse zu steuern, über Ziele zu entscheiden und den Lernzuwachs eigenverantwortlich zu kontrollieren.

(Lern-) Coaching

Beratende Unterstützung der Lernenden in der Entwicklung ihrer persönlichen Lernkompetenz oder hinsichtlich eines Lernprozesses. Übergreifende Zielstellung ist, die Handlungsautonomie der Lernenden zu stärken.

Cognitive Apprenticeship

Modell zur Unterstützung individueller Lernprozesse, nach dem die Lehrkräfte je nach Bedürfnissen der Lernenden unterschiedliche Unterstützungsmaßnahmen anwenden (vormachen, coachen, Lerngerüste bauen [Scaffolding], beobachten und zurückziehen, laut denken, entdecken und reflektieren).

Design for Learning

Lehrkräfte arbeiten gemeinsam – ausgehend vom Wissen über Lern- und Bildungsziele einerseits und vom Lernstand/Vorwissen ihrer Schülerinnen und Schüler andererseits – am Design von Unterricht nach dem Deeper Learning-Modell.

Dialogische Leistungsentwicklung

Lernende entwickeln ihre authentischen Leistungen im Dialog mit Lehrkräften, die ihnen formatives Feedback geben.

Expertise

Begründungswissen, Handlungswissen, Eigenschaften und Fähigkeiten, die eine Person zu einem Experten/einer Expertin auf einem Gebiet machen.

adaptive E.

Flexibles Lehrerhandeln, das dazu beiträgt, mit unbekannten Lehr-Lern-Situationen produktiv umzugehen und Probleme schülerorientiert zu lösen.

routinebasierte E.

Festgelegtes Lehrerhandeln, das dazu beiträgt, Herausforderungen zu bewältigen, für die es klar definierte Herangehensweisen gibt.

Flow

Zustand im Lernprozess, in dem die Lernenden so vertieft arbeiten, dass sie Zeit und Raum um sich herum vergessen.

Hybride Lernumgebung

Die Verbindung der traditionellen Lernumgebung Schule mit Lernanlässen in der digitalen Welt sowie mit außerschulischen Bildungsorten und Expertinnen/Experten.

Identität

Selbst erlebte innere Einheit einer Person, die sich in steter hochindividueller Anpassungsleistung von inneren und äußeren Welten bildet.

Instruktions- und Aneignungsphase

Erste Phase einer Deeper Learning-Einheit, in der das Wissensfundament vermittelt wird, das sich alle Schülerinnen und Schüler aneignen müssen, um in die nächste Phase übergehen zu können.

Klassenführung (Classroom Management)

Handlungen und Strategien, die eingesetzt werden, um in einer Klasse effektive Organisationsstrukturen dauerhaft zu etablieren. Ziel ist es, die Klasse so zu führen, dass alle Lernenden effektiv lernen und sich entwickeln können.

Kognitive Aktivierung

Die individuelle intellektuelle Anregung der Lernenden, die von der Passung an das jeweilige Vorwissen und die vorhandenen Fähigkeiten abhängt.

Ko-Konstruktion

Das aktive Zusammenbringen von Sichtweisen, Ideen, Wissen und Fähigkeiten, die zu einem Ganzen verschmolzen werden, um Aufgabenstellungen gemeinsam zu lösen.

Ko-kreative und ko-konstruktive Phase

Zweite Phase einer Deeper Learning-Einheit, in der die Lernenden eigene authentische (inter-)disziplinäre Fragestellungen in Teams bearbeiten. Neben einer fachlichen Weiterentwicklung wird die Kompetenzentwicklung in den Bereichen Kooperation, Kommunikation, kritisches Denken und Kreativität (4K) angeregt.

Kompetenzraster

Tabellarische Übersicht, innerhalb derer Kompetenzen und Fähigkeiten in zunehmender Komplexität dargestellt sind und die der Rückmeldung dient.

Konstruktive Unterstützung

Beschreibt Art und Ausmaß, in welchem Lernende in ihren individuellen Lernprozessen durch die Lehrkraft begleitet und bei Schwierigkeiten unterstützt werden. Ziel ist die Förderung des selbstständigen und verantwortungsbewussten Lernens der Heranwachsenden.

Kooperative Professionalität

Tiefgreifende Form der professionellen Zusammenarbeit, die Schule sowie die darin stattfindenden Lernprozesse aus mehreren Perspektiven berücksichtigt. Sie beruht auf intensivem Dialog, konstruktivem Feedback und der kontinuierlichen gemeinsamen Beforschung und Entwicklung des Unterrichts.

Kreativität

Fähigkeit, problemlösend und gestaltend innerhalb eines Wissensgebietes zu handeln oder etwas Neues zu entwickeln.

Leistungseinschätzung (Assessment)

Systematisches Erfassen von Leistungen, die in einem Prozess erbracht wurden und in einem Ergebnis münden.

authentische L.

Kompetenzbasierte Leistungseinschätzung, die auf authentischen, das heißt lebensnahen Aufgabenstellungen aus dem Alltags- oder Berufsleben beruht. Die Lernenden arbeiten dabei als Experte und Expertin im jeweiligen Fachgebiet und werden ganzheitlich eingeschätzt.

formative L.

Leistungsrückmeldung während des Lernprozesses mit dem Ziel, den Lernprozess im weiteren Voranschreiten zu optimieren.

Lernen

Designbasiertes L.

Die Lernenden entwickeln ein Produkt und wenden dabei die Prinzipien des Designs an.

Forschend-erkundendes L.

Lernformat, bei dem die Lernenden im Rahmen eines Forschungsprozesses Themen und Fragestellungen selbstständig beforschen und dabei vertieftes Wissen erlangen. Die Fragestellungen werden von den Lernenden selbstständig entwickelt, der Forschungsprozess eigenständig geplant und reflektiert sowie die Ergebnisse präsentiert.

Lernen durch Engagement

Lernformat, das Unterrichtsinhalte mit dem Engagement für das Gemeinwohl und die Zivilgesellschaft verbindet. Es geht darum etwas für andere zu tun (Service) und sich kognitiv zu entwickeln (Learning). Fachwissen, Fähigkeiten und Kompetenzen werden dabei konkret angewendet und weiterentwickelt.

Multifunktionales Lernzentrum (Learning Commons)

Zentrale schulische Einrichtung, meist in Form einer weiterentwickelten Bibliothek, die unterschiedliche Ressourcen (Medien, Technologien, Räume und Einrichtungsgegenstände) bereitstellt, um flexibles und kreatives Lernen zu unterstützen.

Personalisiertes L.

Verbindet Lernen mit Interessen, Talenten, Leidenschaften und persönlichen Zielen. Die Lernenden haben Mitspracherecht und Wahlmöglichkeit beim »Wie« und »Was« des Lernens und Einfluss auf die Zielplanung.

Phänomenbasiertes L.

Die Lernenden setzen sich aus unterschiedlichen fachlichen Perspektiven mit einem vielschichtigen Thema (Phänomen) auseinander, um komplexe transdisziplinäre Zusammenhänge zu verstehen und dadurch kritisches Denken zu lernen.

Problembasiertes L.

Die Lernenden entdecken ausgehend von einem Problem Wissenszusammenhänge und entwickeln Problemlösungsfähigkeiten, während sie ihr Basis- und Vorwissen mit neu Erlerntem lösungsorientiert verknüpfen. Dabei sollen sie durch aktives Erforschen realer Herausforderungen oder Probleme tiefergreifendes Wissen erlangen.

Projektbasiertes L.

Lernformat, bei dem die Lernenden Wissen und Fähigkeiten erwerben, indem sie über einen längeren Zeitraum im Rahmen eines Projekts gemeinsam und eigenständig an einer Problemlösung, einem Produkt oder einer Performanz arbeiten. Dabei bauen sie Wissens-, Fähigkeits- und Kompetenzstrukturen auf.

Personalisierung

Verfolgt das Ziel, innerhalb des Deeper Learning-Phasenmodells die konkreten Lernbedürfnisse und Lernziele, die kulturellen und sprachlichen Hintergründe sowie die Interessen der oder des Lernenden aktiv in der Gestaltung der einzelnen Phasen zu berücksichtigen.

Phase der authentischen Leistungserbringung

Dritte Phase in Deeper Learning-Einheiten, in der die Schülerinnen und Schüler authentische Arbeitsergebnisse öffentlich zeigen.

Scaffolding

Bereitstellung von »Lerngerüsten«, mit deren Hilfe Lernende gezielt an Aufgaben und Lösungswege herangeführt werden. Mit steigender Kompetenz werden die Hilfestellungen sukzessive verringert, bis auf sie ganz verzichtet werden kann.

Selbstkonzept

Wahrnehmung der eigenen Stärken, Schwächen und Fähigkeiten in Bezug auf Lernprozesse.

dynamisches S. (growth mindset)

Einstellung, dass alle Fähigkeiten und Kompetenzen weiterentwickelt werden können, wenn man sich im Lernprozess engagiert.

statisches S. (fixed mindset)

Einstellung, dass (Lern-)Begabung, Stärken und Schwächen angeboren sind, weshalb sie trotz Arbeitsengagement nur sehr begrenzt weiterentwickelt werden können.

Tiefenstrukturen

Qualitätsmerkmale von Lehr- und Lernprozessen, die für Beobachter zunächst unsichtbar sind. Sie beziehen sich auf Interaktionen zwischen Lernenden und Lehrenden sowie die Auseinandersetzung von Lernenden mit Lerninhalten. Sie werden oft durch die Konzepte Klassenführung (Classroom Management), konstruktive Unterstützung und kognitive Aktivierung verdeutlicht.

Tiefgreifendes Fachwissen (Mastery)

Mastery ist Lernprozess und Lernziel zugleich. Es umfasst das substanzielle Wissen über Inhalte, den Transfer dieses Wissens sowie das Verständnis der Struktur eines Feldes oder einer Disziplin.

Voice und Choice

Pädagogisches Prinzip, das Lernenden ermöglicht, altersangemessen im Lernprozess zu partizipieren. Dies bedeutet, dass sie eigene Entscheidungen treffen (Choice) und ihren Stärken und Schwächen Ausdruck verleihen (Voice), wodurch sie sich selbstbewusst und eigenständig der eigenen Entwicklung widmen.

Wissen

Kenntnisse in einem bestimmten Fachgebiet bzw. über ein bestimmtes Fachgebiet.

Deklaratives W.

Faktenwissen und sprachlich gefasste Theorien und Weltbeschreibungen.

Konzeptuelles W.

Vielfach vernetztes domänenspezifisches Begriffswissen, das sich zeigt, wenn Klassifikationen, Prinzipien, Kategorien, Modelle oder Schemata verbalisiert werden.

Metakognitives W.

Strategisches Handlungswissen, das dazu beiträgt, den eigenen Lernprozess zu steuern sowie Informationsverarbeitungsstrategien und Problemlösestrategien gezielt anwenden zu können.

Prozedurales W.

Wissen über Prozesse und Vorgehensweisen, das auf konzeptuelles und deklaratives Wissen zurückgreift. Es tritt in routinierten Handlungsweisen auf und kann nicht immer verbalisiert werden.

Wissensfundament

Mindestniveau an Wissen und Kompetenz, das sich Lernende in der Phase I des Deeper Learning aneignen müssen, um in der darauffolgenden Phase kreativ und ko-konstruktiv weiterführende Lernprozesse anstoßen zu können.

Zone der nächsten Entwicklung

Beschreibt das Lernpotenzial im Bereich Wissen, Kompetenzen und Fähigkeiten, das eine Person gerade noch nicht zeigt, im nächsten Lernschritt mit kompetenter Unterstützung aber erreichen kann.

Danksagung

Ohne das Interesse und die Unterstützung der folgenden Menschen hätten wir Deeper Learning nicht auf den Weg bringen können. Wir danken:

- unseren Projektpartnern Dr. Gudrun Tegeder und Thomas Schmitt von der Deutschen Telekom Stiftung, dem Geschäftsführer der Stiftung Dr. Ekkehard Winter und dem Vorstandsvorsitzenden Dr. Thomas de Maizière;
- unserer Projektpartnerin Carolin Genkinger von der Robert Bosch Stiftung und der Leitung der Bildungseinheit Dr. Dagmar Wolf und Dr. Dirk Zorn;
- Janina Beigel (Heidelberg) für ihr unermüdliches Engagement in der Deeper Learning Initiative;
- Lena Kleber (Text) und Christina Al Khalil (Grafik) für die tolle Unterstützung bei der Erstellung des Buchmanuskripts;
- Joana Kling (Karlsruhe) fürs Mitdenken und gute Ideen;
- Dr. Christiane Wienand und Heike Mihm von der Heidelberg School of Education (HSE);
- Dr. Hartmut Lang und Carla Runge von der Metropolregion Rhein-Neckar GmbH (MRN);
- unseren gegenwärtigen und ehemaligen Studierenden Elisa Adams, Diana Betz, Charlotte Durst, Theresa Hirtreiter-Hochbach, Stefan Jansen, Clara Messerschmidt, Nikolai Paulus, Marie Roth, Caroline Schauß, Emily Tijsterman, Lin Tung und Lukas Weber;
- und natürlich geht ein ganz großer Dank an unsere Partnerschulen:
  - Albrecht-Ernst-Gymnasium in Oettingen
  - Bischof-Sproll-Bildungszentrum in Biberach
  - Bunsen-Gymnasium in Heidelberg
  - Elsenztalschule in Bammental
  - Ernst-Reuter-Gemeinschaftsschule in Karlsruhe
  - Fürstenberg-Gymnasium in Donaueschingen
  - Gemeinschaftsschule Neuenstein
  - Gymnasium Rutesheim
  - Hardtschule in Durmersheim
  - Helmholtz-Gymnasium in Heidelberg
  - Kurfürst-Friedrich-Gymnasium in Heidelberg
  - Kurpfalz-Gymnasium in Schriesheim
  - Seewiesenschule in Esslingen
  - St. Raphael-Gymnasium in Heidelberg
  - Stromberg-Gymnasium in Vaihingen/Enz

Literaturverzeichnis

Abiko, T. (2017). Short Comments on Student Agency: A Japanese View. In: OECD (Hrsg.): Education 2030: Conceptual learning framework: Background papers. Paris: OECD, S. 55-59.

Abrami, P. C./Bernard, R. M./Borokhovski, E./Waddington, D. I./Wade, C. A./Persson, T. (2015): Strategies for Teaching Students to Think Critically: A Meta-Analysis. In: Review of Educational Research 85 (2), S. 275-314.

Achtziger, A./Gollwitzer, P. (2009): Rubikonmodell der Handlungsphasen. In: Brandstätter, V./Otto, J./Bengel, J. (Hrsg.): Handbuch der allgemeinen Psychologie: Motivation und Emotion. Göttingen: Hogrefe, S. 150-156.

Aebli, H. (1961). Grundformen des Lehrens. Ein Beitrag zur psychologischen Grundlegung der Unterrichtsmethode (9. erweiterte und umgearbeitete Auflage 1976). Stuttgart: Klett.

Aebli, H. (1990): Zwölf Grundformen des Lehrens. Eine Allgemeine Didaktik auf psychologischer Grundlage. Stuttgart: Klett-Cotta.

Agars, M.D./Kaufman, J.C./Locke, T.R. (2008): Social influence and creativity in organizations. A multilevel lens for theory, research, and practice. In: Mumford, M./Hunter, S. T./Bedell-Avers, K. R. (Hrsg.): Multi-level issues in organizational innovation. Amsterdam: JAI Press, S. 3-62.

Aktionsrat Bildung (2018): Digitale Souveränität und Bildung. https://www.vbw-bayern.de/Redaktion/Frei-zugaengliche-Medien/Abteilungen-GS/Bildung/2019/Downloads/ARB_Gutachten_Digitale-Souver%C3%A4nit%C3%A4t_akt.pdf (Abruf 19.06.2019).

ALIA/ASLA (Australian Library and Information Association/Australian School Library Association) (2004): Standards of Professional Excellence for Teacher Librarians. https://read.alia.org.au/file/647/download?token=6T4ajv0c (Abruf am 30.6.2021).

Allen, D. E./Donham, R. S./Bernhardt, S. A. (2011): Problem-based learning. In: New Directions for Teaching and Learning 128, S. 21-29.

Amabile, T.M. (1996): Creativity in Context: Update to »the School Psychology of Creativity«. Boulder, CO: Westview Press.

Anderson, L. W./Krathwohl, D. R. (2001): A Taxonomy for Learning, Teaching and Assessing: A Revision of Bloom's Taxonomy of Educational Objectives. New York: Longman.

Anderson, M.C./Bjork, R.A./Bjork, E.L. (1994): Remembering can cause forgetting: Retrieval dynamics in long term memory. In: Journal of Experimental Psychology: Learning, Memory and Cognition 20(5), S. 1063-1087.

Anthony, G./Hunter, J./Hunter, R. (2015): Prospective teachers' development of adaptive expertise. In: Teaching and Teacher Education 49, S. 108-117.

Applebee, A. N./Langer, J.A. (1983): Instructional scaffolding: Reading and writing as natural language activities. In: Language Arts 60(2), S. 168-175.

ASCD (2011): Assessment and Motivation. https://pdo.ascd.org/lmscourses/PD11OC108/media/Designing_Performance_Assessment_M1_Reading_Assessment_and_Motivation.pdf (Abruf 18.02.2019).

Aseltine, J./Faryniarz, J./Rigazio-DiGilio, A. (2006): Supervision for Learning: A Performance-Based Approach to Teacher Development and School Improvement. Washington: ASCD.

Askew, M./Brown, M./Johnson, D./Millet, A./, Prestage, S./Walsh, A. (1997): Evaluation of the implementation of National Curriculum Mathematics at Key Stages 1, 2 and 3. Volume 1: Report, Volume 2: Appendix. London: School Curriculum and Assessment Authority.

Astleitner, H./Koller, M. (2006): An Aptitude-Treatment-Interaction-Approach on Motivation and Student's Self-Regulated Multimedia-Based Learning. In: Interactive Educational Multimedia 13, S.11-23.

Baer, J./Kaufman, J.C./Gentile, C. (2005): Extension of the consensual assessment technique to nonparallel creative products. In: Creativity Research Journal 16, S. 113-117.

Bandura, A. (1986): Social foundations of thought and action: a social cognitive theory. Englewood Cliffs, NJ: Prentice-Hall.

Bandura, A. (1977): Social learning theory. Englewood Cliffs: Prentice-Hall.

Barell, J. (2010): Problem-Based Learning: The foundation for the 21st Century Skills. In: Bellanca, J./Brandt, R. (Hrsg.): 21st century skills: rethinking how students learn. Bloomington: Solution Tree, S.175-200.

Basham, J.D./Hall, T.E./Carter, R.A./Stahl, W.M. (2016): Journal of Special Education Technology 31(3), S. 126-136.

Beauregard, J. M. (2015): The Causal Impact of Attending High Tech High's High Schools on Postsecondary Enrollment. Doctoral dissertation, Harvard Graduate School of Education.

Becker-Mrotzek, M. (2012): Unterrichtskommunikation als Mittel der Kompetenzentwicklung. In: Becker-Mrotzek, M. (Hrsg.): Mündliche Kommunikation und Gesprächsdidaktik. Baltmannsweiler: Schneider, S. 103-115.

Beghetto, R.A./Plucker, J.A. (2006): The relationship among schooling, learning and creativity: »All roads lead to creativity« or »You can't get there from here?« In: J.C. Kaufman/J. Baer (Hrsg.): Creativity and Reason in Cognitive Development. Cambridge, NY: Cambridge University Press, S. 316-332.

Beghetto, R. (2010): A. Creativity in the Classroom. In: Kaufmann, J. C./Sternberg, R. J. (Hrsg.): The Cambridge Handbook of Creativity. New York: Cambridge University Press, S. 447–466.

Bell, S. (2010): Project-Based Learning for the 21st Century: Skills for the Future. In: The Clearing House 83, S. 39-43.

Bergmann, F. (2004): Neue Arbeit, neue Kultur. 1. Auflage. Freiamt im Schwarzwald: Arbor-Verlag.

Berk, L. E. (2011): Entwicklungspsychologie (5. Aufl.). PS Psychologie. New York: Pearson Studium.

Beste, G. (2019): Sprechen und Zuhören, Mündlichkeit. In: Kämper- van den Boogaart, M. (Hrsg.): Deutsch Didaktik. Berlin: Cornelsen, S.263-273.

Biggs, J./Collis, K. (1982): Evaluating the Quality of Learning: The SOLO Taxonomy. New York: Academic Press.

Bjork, R. A./Linn, M. C. (2006): The science of learning and the learning of the science: Introducing desirable difficulties. In: American Psychological Society Observer, 19 (3), S. 29-39.

Black, P./Wiliam, D. (1998): Inside the Black Box: Raising Standards through Classroom Assessment. In: The Phi Delta Kappan 80(2), S. 139-144.

Bloom, B. S. (1965): Taxonomy of Educational Objectives, the classification of educational goals: Handbook 1: Cognitive Domain. New York: David McKay Company.

Boerkaerts, M. (2010): The crucial role of motivation and emotion in classroom learning. In: Dumont, H./Istance, D/Benavides, F. (Hrsg): The Nature of Learning. Using Research to Inspire Practice. Paris: OECD, S. 91-111.

Bohle Carbonell, K./Königs, K. D./Segers, M./van Merrienboer, J. (2016): Measuring adaptive expertise: Development and validation of an instrument. In: European Journal of Work & Organizational Psychology 25 (2), S. 167-180.

Bormann, I. (2002): Organisationsentwicklung und organisationales Lernen von Schulen. Opladen: Leske + Budrich.

Böttcher, W./Mayks, S./Altermann, A./Liesegang, T. (2011): Multiprofessionelle Kooperation an Ganztagsschulen. In: Speck, K./Olk, T./Böhm-Kasper, O./Stolz, H./Wiezorek, C. (Hrsg): Ganztagsschulische Kooperation und Professionsentwicklung. Weinheim: Juventa, S. 102-113.

Boudreau, E. (2019): The Novice to Expert-shift. www.gse.harvard.edu/news/uk/19/12/novice-expert-shift (Abruf 21.01.2020).

bpb (Bundeszentrale für politische Bildung) (2012): Advance Organzier. https://www.bpb.de/lernen/grafstat/grafstat-bundestagswahl-2013/148853/advance-organizer (Abruf 24.08.2021).

Brägger, G./Koch, F. (2021): Potenziale von Lern- und Arbeitsplattformen für die Unterrichtsentwicklung. In: Brägger, H./Rolff, H.-G. (Hrsg.): Handbuch Lernen mit digitalen Medien. Weinheim: Beltz, S. 120-164.

Brägger, G./Rolff, H.G. (2021). Lernen und unterrichten mit digitalen Medien. In: Brägger, G./Rolff, H.-G. (Hrsg.): Handbuch Lernen mit digitalen Medien. Weinheim: Beltz, S. 946-972.

Brägger, G./Steiner, N. (2021): Neue digital orientierte Aufgaben- und Lernkultur. In: Brägger, H./Rolff, H.-G. (Hrsg.): Handbuch Lernen mit digitalen Medien. Weinheim: Beltz, S. 627-675.

Brand, M./Markowitsch, H. J. (2006): Was weiß die Hirnforschung über Lernen? In: Scheunpflug, A./Wulf, C. (Hrsg.): Zeitschrift für Erziehungswissenschaft. Wiesbaden: Springer, S. 21–42.

Bransford, J. D./Brown, A. L./Cocking, R. R. (1999): How people learn: Brain, mind, experience, and school. Washington, D.C.: National Academy Press.

Braun, K./Meier, M. (2004): Wie Gehirne laufen lernen oder: »Früh übt sich, wer ein Meister werden will!«. Überlegungen zu einer interdisziplinären Forschungsrichtung »Neuropädagogik«. In: Zeitschrift für Pädagogik 50(4), S. 507–520.

Bray, B./McClaskey, K. (2015a): Learner Voice and Choice leads to engagement. www.govtech.com/education/news/learner-voice-and-choice-leads-to-engagement.html (Abruf 21.02.2019).

Bray, B./McClaskey, K. (2015b): Choice is more than a menu of options. http://www.personalizelearning.com/2015/11/choice-is-more-than-menu-of-options.html (Abruf 28.07.2020).

Bray, B./McClaskey, K. (2015c): Make Learning Personal. The What, Who, WOW, Where, and Why. Thousand Oaks: Sage.

Bray, B./McClaskey, K. (2016): Continuum of Voice: What it Means for the Learner. http://www.personalizelearning.com/2016/01/continuum-of-voice-what-it-means-for.html (Abruf 28.07.2020).

Bray, B./McClaskey, K. (2017): Make Learning Personal. A Practical Guide for Getting Started and Going Deeper. Thousand Oaks: Corwin.

Breen, M. P./Littlejohn, A. (Hrsg.) (2000): Classroom decision-making: Negotiation and process syllabuses in practice. Cambridge: Cambridge University Press.

Breiter, A. (2021): Strategische Planung einer lernförderlichen IT-Infrastruktur für Schulen. In: Brägger, H./Rolff, H.-G. (Hrsg.): Handbuch Lernen mit digitalen Medien. Weinheim: Beltz, S. 567-577.

Breiter, A./Zeising, A./Stolpmann, B.E. (2015): Szenarien lernförderlicher IT-Infrastrukturen in Schulen. In: Bertelsmann Stiftung (Hrsg.): Individuell fördern mit digitalen Medien: Chancen, Risiken, Erfolgsfaktoren. Gütersloh: Bertelsmann Stiftung, S. 164-221.

Brockington, D./White, R./Pring, R. (1983): Youth Education Service. Bristol Social Education Project: Schools Council.

Bromme, R. (2004): Das implizite Wissen des Experten. In: Koch-Priewe, B./Kolbe, F.-U./Wildt, J. (Hrsg.): Grundlagenforschung und mikrodidaktische Reformansätze zur Lehrerbildung. Bad Heilbrunn: Klinkhardt, S. 22-48.

Bruder, R./Leuders, T./Büchter, A. (2008): Mathematikunterricht entwickeln. Bausteine für kompetenzorientiertes Unterrichten. Berlin: Cornelsen.

Brunstein, J. C./Maier, G. W. (2002): Das Streben nach persönlichen Zielen: emotionales Wohlbefinden und proaktive Entwicklung über die Lebensspanne. In: Jüttemann, G./Thomae, H. (Hrsg.): Beltz-Taschenbuch Psychologie: Bd. 113. Persönlichkeit und Entwicklung. Weinheim: Beltz, S. 157-190.

Burgstahler, S. E. (2008): Universal design in higher education. In: Burgstahler, S.E/Cory, R.E. (Hrss.): Universal design in higher education: From principles to practice. Cambridge, MA: Harvard Education Press, S. 3-20.

Burow, O.-A. (1999): Die Individualisierungsfalle. Kreativität gibt es nur im Plural. Stuttgart: Klett-Cotta.

Burow, O.-A. (2015): Team-Flow. Weinheim: Beltz.

Burow, O.-A. (2017): Mit kultureller Schulentwicklung zu mehr Bildungsgerechtigkeit – theoretische Überlegungen und praktische Umsetzungen. In: Fuchs, M. (Hrsg.): Kulturelle Schulentwicklung. Schlüsseltexte zu Theorie und Praxis. Remscheid: BKJ.

Burow, O.-A. (2019): Mit kultureller Schulentwicklung zu mehr Bildungsgerechtigkeit: Theoretische Überlegungen und praktische Umsetzungen. https://www.kubi-online.de/index.php/artikel/kultureller-schulentwicklung-mehr-bildungsgerechtigkeit-theoretische-ueberlegungen (Abruf 31.08.2021).

Calvert, L. (2016): Moving from compliance to agency: What teachers need to make professional learning work. Oxford: Learning Forward and NCTAF.

Carini, R. M./Kuh, G. D./Klein, S. P. (2006): Student engagement and student learning: Testing the linkages. In: Research in Higher Education 47(1), S. 1–32.

Challenging Learning (2021): The Learning Pit. www.challenginglearning.com/learning-pit (Abruf 07.02.2021).

Chen, W./McDonald, S. (2015): Do networked workers have more control? The implications of teamwork, telework, ICTs and social capital for job decision latitude. In: American Behavioral Scientists 59, S. 492-507.

Chun, M. (2010): Taking Teaching to (Performance) Task: Linking Pedagogical and assessment practices. http://jcsites.juniata.edu/faculty/kruse/misc/Chun_Change_TakingTeachingToTask.pdf (Abruf 18.02.2019).

City, E. A./Elmore, R. F./Fiarman, S. E./Teitel, L. (2009): Instructional rounds in education. Cambridge, MA: Harvard Education Press, S. 30.

CMS (o.D.): Ergebnis- und Prozessorientierung. https://cms.sachsen.schule/werken-gs/didaktisches/leistungsermittlung-und-bewertung/ergebnis-und-prozessorientierung/ (Abruf 18.02.2019).

Cohen, L. M. (1989): A continuum of adaptive creative behaviors. In: Creativity Research Journal 2, S. 169-183.

Cohen, S. (2015): Developing a learning commons. In: Teacher Librarian 42 (5), S. 48.

Collins, A./Brown, J. S./Newman, S. E. (1989): Cognitive apprenticeship: Teaching the crafts of reading, writing, and mathematics. In: Resnick, L. B. (Hrsg.): Knowing, learning, and instruction: Essays in honour of Robert Glaser. Hillsdale, NJ: Lawrence Erlbaum Associates, S. 453-494.

Condliffe, B./Quint, J./Visher, M./Bangser, M./Drohojowska, S./Saco, L./Nelson, E. (2017): Project-Based Learning – A Literature Review. New Cork: Manpower Demonstration Research Corporation.

Cook-Sather, A. (2006): ‹Change based on what students say’: preparing teachers for a paradoxical model of leadership. In: International Journal of Leadership in Education 9 (4), S. 345-358.

Cooper, D. (2011): Redefining fair: How to plan, assess, and grade for excellence in mixed-ability classrooms. Bloomington, IN: Solution Tree.

Corsaro, W. A./Eder, D. (1990): Children's Peer Cultures. In: Annual Review of Sociology 16, S. 197-220.

Craft, A./Jeffrey, B./Leibling, M. (Eds.). (2001): Creativity in education. London: A&C Black.

Crosslin, M. (2021): Conceptualising and Designing Self-Mapped Learning Pathways courses to encourage Learner Agency and Equity. In: Hase, S./Blaschke, M. (Hrsg.): Unleashing the Power of Learner Agency. https://edtechbooks.org/up/smp (Abruf 29.09.2021).

Csíkszentmihályi, M. (1999): Implications of a Systems Perspective for the Study of Creativity. In: Sternberg, R. J. (Hrsg.): Handbook of Creativity. Cambridge: Cambridge University Press, S. 313-338.

Csíkszentmihályi, M. (2000): Das Flow-Erlebnis. Jenseits von Angst und Langeweile im Tun aufgehen. Stuttgart: Klett-Cotta.

Datnow, A./Park, V. (2019): Professional Collaboration with Purpose. Teacher Learning Towards Equitable and Excellent Schools. New York: Routledge.

Dausendschön-Gay, U./Gülich, E./Krafft, U. (2015): Ko-Konstruktion in der Interaktion. Die gemeinsame Arbeit an Äußerungen und anderen sozialen Ereignissen. Transcript: Bielefeld.

Davis, M. (1998): Making a Case for Design-Based Learning. In: Arts Education Policy Review 100 (2), S. 7-15.

Deci, E./Ryan, R. (1993): Die Selbstbestimmungstheorie der Motivation und ihre Bedeutung für die Pädagogik. In: Zeitschrift für Pädagogik 39 (2), S. 223–238.

De Corte, E. (2000): Marrying theory building and the improvement of school practice: A permanent challenge for instructional psychology. Learning and Instruction 10(3), S. 249–266.

Denohoo, V./Velasco, M. (2016): The Transformative Power of Collaborative Inquiry. New York: Corwin.

Denohoo, V. (2017): Collective Efficacy. New York: Corwin.

Deutscher Bundestag (2018): Bring your own device. Sachstand. Wissenschaftliche Dienste. https://www.bundestag.de/resource/blob/563298/56d7038d410a76945916938c820d8eb1/WD-8-043-18-pdf-data.pdf (Abruf 16.09.2019).

Dickhäuser, O./Rheinberg, F. (2003). Bezugsnormorientierung: Erfassung, Probleme, Perspektiven. In: Stiensmeyer-Pelster, J./Rheinberg, F. (Hrsg.): Diagnostik von Selbstkonzept, Lernmotivation und Selbstregulation. Göttingen: Hogrefe, S. 41-55.

Dizinger, V./Fussangel, K./Böhm-Kasper, O. (2011): Interprofessionelle Kooperation an Ganztagsschule aus Sicht der Lehrkräfte. In: Speck, K./Olk, T./Böhm-Kasper, O./Stolz, H./Wiezorek, C. (Hrsg.): Ganztagsschulische Kooperation und Professionsentwicklung. Weinheim: Juventa, S. 114-127.

Doppelt, Y./Mehalik, M. M./Schunn, C. D./Silk, E./Krysinski, D. (2008): Engagement and Achievements: A Case Study of Design-Based Learning in a Science Context. In: Journal of Technology Education 19 (2), S. 22-39.

Dörhöfer, S. (2012): Management und Organisation von Wissensarbeit: Strategie, Arbeitssystem und organisationale Praktiken in wissensbasierten Unternehmen. Wiesbaden: Springer.

Doyle, W. (1992): Curriculum and Pedagogy. In: P.W. Jackson (Hrsg.): Handbook of Research on Curriculum. New York: Macmillan Publishing Company, S. 486-516.

Dreher, E./Dreher, M. (1985): Entwicklungsaufgaben im Jugendalter: Bedeutsamkeit und Bewältigungskonzepte. In: Liepmann, D./Stiksrud, A. (Hrsg.): Entwicklungsaufgaben und Bewältigungsprobleme in der Adoleszenz. Göttingen: Hogrefe, S. 56-70.

Dubberke T./Kunter, M./McElvany, N./Brunner, M./Baumert, J. (2008): Lerntheoretische Überzeugungen von Mathematiklehrkräften: Einflüsse auf die Unterrichtsgestaltung und den Lernerfolg von Schülerinnen und Schülern. In: Zeitschrift für Pädagogische Psychologie 22 (34), S. 193-206.

Dubs, R. (2009): Lehrerverhalten. Stuttgart: Franz Steiner Verlag.

Dudley, D./Baxter, D. (2008): Assessing for deeper understanding in tertiary examinations in physical education using a SOLO taxonomy. In: Australian College of Educators Online Refereed Articles 52, S. 1-14.

Dumont, H. (2019): Neuer Schlauch für alten Wein? Eine konzeptuelle Betrachtung von individueller Förderung im Unterricht. In: Zeitschrift für Erziehungswissenschaft 22, S. 249-277.

Dweck, C. S. (1986): Motivational processes affecting learning. In: American Psychologist 41, S. 1040–1048.

Dweck, C. S. (2006): Mindset. The new psychology of success. New York: Random House.

Dweck, C. S. (2010): How can you change from a fixed to a growth mindset? https://mindsetonline.com/changeyourmindset/firststeps/index.html (Abruf 26.03.2019).

Dweck, C. S. (2014a): Teachers' Mindsets: »EVERY STUDENT HAS SOMETHING TO TEACH ME«. In: Educational Horizons 93 (2), S. 10-14.

Dweck, C. S. (2014b): Teachers' Mindsets: »How Can You Develop a Growth Mindset About Teaching?«. In: Educational Horizons 93 (2), S. 15.

Dweck, C. S. (2014c): The power of yet. https://www.ted.com/talks/carol_dweck_the_power_of_believing_that_you_can_improve/transcript?language=de (Abruf 27.03.2018)

Dweck, C. S. (2014d). The power of yet. https://www.youtube.com/watch?v=J-swZaKN2Ic (Abruf 02.08.2021)

Dweck, C. S. (2017): Mindset. London: Robinson.

Eberle, T. (2006; 2007): Seminar Lernumgebungen gestalten/Blended Learning. Universität Passau. http://www.thomaseberle.de/lernumgebungen/lernumgebungen1024/cogApp.htm (Abruf 25.03.2019).

Eckes, T. (1991): Psychologie der Begriffe. Göttingen: Hogrefe.

Edwards, F. (2011): Teaching and learning together: Making space for curriculum negotiation in higher education. In: Waikato Journal of Education 16 (3), S. 143-156.

Eells, R. (2011): Meta-analysis of the relationship between collective efficacy and student achievement. Unveröffentlichte Dissertation, Loyyola Universität Chicago.

Elliot, A. J./Holly, A./Shelly, G. (1999): Achievement Goals, Study Strategies, and Exam Performance: A Mediational Analysis. In: Journal of Educational Psychology 91(3), S. 549–563.

Engel, A./Wiedenhorn, T. (2010): Stärken fördern – Lernwege individualisieren. Der Portfolio-Leitfaden für die Praxis. Weinheim, Basel: Beltz.

Ericsson, K. A./Charness, N./Feltovich, P./Hoffman, R. R. (Hrsg.) (2006): Cambridge handbook of expertise and expert performance. Cambridge, UK: Cambridge University Press.

Farrington, C. A./Roderick, M./Allensworth, E. A./Nagaoka, J./Johnson, D. W./Keyes, T. S./Beechum, N. (2012): Teaching Adolescents to Become Learners: The Role of Noncognitive Factors. In: Academic Performance – A Critical Literature Review. Chicago: Consortium on Chicago School Research.

Farrington, C. A. (2013): Academic mindsets as a critical component of deeper learning. https://www.bundestag.de/resource/blob/563298/56d7038d410a76945916938c820d8eb1/WD-8-043-18-pdf-data.pdf (Abruf 13.09.2019).

Fasko, D. (2001): Education and Creativity. In: Creativity Research Journal 3 (3&4), S. 317-327.

Fauth, B./Decristan, J./Rieser, S./Klieme, E./Büttner, G. (2014): Student ratings of teaching quality in primary school: Dimensions and prediction of student out-comes. In: Learning and Instruction 29, S. 1–9.

Felten, M./Stern, E. (2012): Lernwirksam unterrichten: im Schulalltag von der Lernforschung profitieren. 1. Auflage. Berlin: Cornelsen.

Ferguson, R./Phillips, S./Rowley, J./Friedlander, J. (2015): The Influence of Teaching: Beyond Standardized Test Scores: Engagement, Mindsets, and Agency. The Achievement Gap Initiative at Harvard University.

Fauth, B./Leuders, T. (2018): Kognitive Aktivierung im Unterricht. Wirksam Unterrichten – Band 2. Landesinstitut für Schulentwicklung. https://ibbw-bw.de/site/pbs-bw-km-root/get/documents_E-1176880653/KULTUS.Dachmandant/KULTUS/Dienststellen/ibbw/Empirische%20Bildungsforschung/Programme-und-Projekte/Wirksamer_Unterricht/Wirksamer%20Unterricht%20-%20Band%202_Fauth%26Leuders%20%282018%29_Kognitive%20Aktivierung.pdf (Abruf 25.03.2020).

Fine, S. (2019): San Diego Educator's Quest To Find »Deeper Learning«. https://www.youtube.com/watch?v=lQI1-5CCXP4 (Abruf 07.07.2021).

Flavell J.H./Wellmann, H.M. (1977): Metamemory. In: Kail, R.V./Hagen, D.W. (Hrsg.): Perspectives on the Development of Memory and Cognition. Hillsdale NJ: Erlbaum, S. 3–33.

Flavell, J. (1979): Kognitive Entwicklung. Stuttgart: Klett-Cotta.

Fraser, B. J./Walberg, H. J./Welch, W. W./Hattie, J. A. (1987): Synthesis of educational productivity research. In: International Journal of Educational Research 11, S. 145-252.

Frost, R. (1916). The road not taken. https://poets.org/poem/road-not-taken (Abruf: 02.05.2021)

Fullan, M./Quinn, J./McEachen, J. (2018): Deep learning: engage the world, change the world. Thousand Oaks, California: Corwin.

Fürstenau, B. (2011): Concept Maps im Lehr-Lern-Kontext. In: Die Zeitschrift für Erwachsenenbildung 1, S. 46-48.

Gafney, L./Varma-Nelson, P. (2007): Evaluating Peer-Led Team Learning Leaders: A Study of Long-Term Effects on Former Workshop Peer. In: Journal of Chemical Education 4 (3), S. 535–539.

Gerstner, H. P./Wetz, M. (2010): Einführung in die Theorie der Schule. 1. Auflage. Darmstadt: WBG (Wissenschaftliche Buchgesellschaft).

Giddens, A. (2013): Modernity and Self-Identity. Self and Society in the Late Modern Age. 1. Auflage. New York, NY: John Wiley & Sons.

Gieseke, H. (1999): Der Lehrer als Lernhelfer. In: Baumgart, F./Lange, U. (Hrsg.): Theorien der Schule. Erläuterungen – Texte – Arbeitsaufgaben. Klinkhardt: Bad Heilbrunn, S. 283-290.

Glöckler, U. (2011): Soziale Arbeit der Ermöglichung: »Agency«-Perspektiven und Ressourcen des Gelingens. Heidelberg: Springer VS Verlag für Sozialwissenschaften.

Grant, A. M./Parker, S. K. (2009): Redesigning work design theories: The rise of relational and proactive perspectives. The Academy of Management Annals 3, S. 317-375.

Grant, P./Basye, D. (2014): Personalized Learning. A Guide for Engaging Students with Technology. Washington DC: International Society for Technology in Education.

Green, H./Facer, R./Rudd, T./Dillon, P./Humphreys, P. (2005): Personalization and Digital Technologies. Bristol: Future Lab https://www.nfer.ac.uk/publications/FUTL59/FUTL59.pdf (Abruf 30.07.2021).

Green, N./Green, K. (2007): Kooperatives Lernen im Klassenraum und im Kollegium. Das Trainingsbuch. Seelze-Velber: Friedrich Verlag.

Greenstein, L. (2010): What teachers really need to know about formative assessment. Virginia: ASCD Publications.

Grosche, M. (2011): Effekte einer direkt-instruktiven Förderung der Lesegenauigkeit. In: Empirische Sonderpädagogik 2, S. 147-161.

Gudjons, H. (2006): Neue Unterrichtskultur – veränderte Lehrkräfterolle. Bad Heilbrunn: Klinkhardt.

Guilford, J.P. (1968): Intelligence, Creativity, and Their Educational Implications. San Diego: Robert R. Knapp.

Guilford, J.P. (1968): Kreativität. In: Ulmann, G. (Hrsg.): Kreativiätsförderung. Köln: Kiepenheuer & Witsch.

Guilford, J. P. (1972): Intellect and the gifted. In: Gifted Child Quarterly 16, S. 175–184 und S. 239–243.

Häcker, T. (2005): Portfolio als Instrument der Kompetenzdarstellung und reflexiven Lernprozesssteuerung. https://www.bwpat.de/ausgabe8/haecker_bwpat8.pdf (Abruf 01.08.2019).

Halbert, J./Kaser, L. (2013): Spirals of Inquiry. For equity and quality. University of British Columbia: Vancouver.

Hameyer, U. (2014): Lerncoaching in der Schule – Bezugspunkte nachhaltiger Umsetzungspraxis. https://li.hamburg.de/contentblob/4294632/8789b49422c222086bf2d10e0cb9a311/data/download-pdf-lerncoachingtagung-vortragsskript-prof-hameyer.pdf (Abruf 15.10.2019).

Handal, B. (2003): Teachers' mathematical beliefs: A review. In: The Mathematics Educator 13(2), S. 47-57.

Hardeland, H. (2017): Lerncoaching und Lernberatung: Lernende in ihrem Lernprozess wirksam begleiten und unterstützen: ein Buch zur (Weiter-)Entwicklung der theoretischen und praktischen (Lern-)Coachingkompetenz. 6. Auflage. Baltmannsweiler: Schneider Verlag Hohengehren GmbH.

Hargreaves, A./Fullan, M. (2012): Professional Capital. New York: Routledge.

Hargreaves, A./O'Connor, M. (2017): Collaborative Professionalism. New York: Corwin.

Hargreaves, A./Boyle, A./Harris, A. (2014): Uplifting Leadership: How organisations teams and communities raise performance. San Francisco, CA: Jossey Bass.

Harrington, D./Block, J.H./Block, J. (1987): Testing aspects of Carl Rogers' Theory of creative environments: Child-rearing antecedents of creative potential in young adolescents. In: Journal of Personality and Social Psychology 52, S. 851-856.

Harris, A./Jones, M. (2010): Professional learning communities and system improvement. In: Improving Schools 13(2), S. 172-181.

Harris, C. J./Penuel, W. R./DeBarger, A. H./D'Angelo, C./Gallagher, L. P. (2014): Curriculum materials make a difference for next generation science learning: Results from Year 1 of a randomized controlled trial. Menlo Park, CA: SRI International.

Hartinger, A./Kleickmann, T./Hawelka, B. (2006): Der Einfluss von Lehrervorstellungen zum Lernen und Lehren auf die Gestaltung des Unterrichts und auf motivationale Schülervariablen. In: Zeitschrift für Erziehungswissenschaft 9(1), S. 110-126.

Haste, H. (2001): Ambiguity, Autonomy and Agency: Psychological Challenges to New Competence. In: Rychen, D. S./Salganik, L. H. (Hrsg.): Defining and Selecting Key Competencies. Göttingen: Hogrefe & Huber, S. 93-120.

Hatano, G./Inagaki, K. (1984): Two courses of expertise. In: Research and clinical center for child and development annual report. Hokkaido, Japan: Hokkaido University, S. 27-36.

Hattie, J. (2018): 252 influences and effect size. https://visible-learning.org/hattie-ranking-influences-effect-sizes-learning-achievement/ (Abruf 22.01.2020).

Hattie, J./Timperley, H. (2007): The power of feedback. In: Review of Educational Research 77(1), S. 81–112.

Heckhausen, H./Gollwitzer, P. M. (1987): Thought Contents and Cognitive Functioning in Motivational versus Volitional States of Mind. In: Motivation and Emotion 11(2), S. 101–120.

Heckhausen, H./Gollwitzer, P. M./Weinert, F. E. (Hrsg.) (1987): Jenseits des Rubikon. Berlin, Heidelberg: Springer.

Heckhausen, J./Heckhausen, H. (2010): Motivation und Handeln. 4. Auflage. Berlin: Springer.

Heinze, B. (1990): Persönlichkeitsentwicklung als Ziel der Bildung. In: International Review of Education 36, S. 183–194.

Helfferich, C. (2012): Einleitung: Von roten Heringen, Gräben und Brücken. Versuche einer Kartierung von Agency- Konzepten. In: Bethmann, S./Helfferich, C./Hoffmann, H./Niermann, D. (Hrsg.): Agency: Qualitative Rekonstruktionen und gesellschaftstheoretische Bezüge von Handlungsmächtigkeit. Weinheim: Beltz, S. 9-39.

Helling, V. (2017): Vorlagen für das Graduierungssystem. In: Zylka, J. (Hrsg.): Schule auf dem Weg zur personalisierten Lernumgebung. Modelle neuen Lehrens und Lernens. Weinheim: Beltz, S. 167-175.

Helling, V. (2018): Graduierungskonzept der Alemannenschule Wutöschingen. https://www.alemannenschule-wutoeschingen.de/lernpartner/ (Abruf 19.08.2021).

Hetmanek, A./Knogler, M./CHU Research Group (2017): Forschendes Lernen: Auf die Unterstützung kommt es an! Kurzreview 5. www.clearinghouse-unterricht.de (Abruf 08.05.2020).

Hewlett Foundation (2013): »Deeper Learning Defined« (PDF). Hewlett Foundation. Hewlett Foundation. (Abruf 13.03.2019).

Hewlett Foundation (o.D.): What is Deeper Learning? http://www.hewlett.org/programs/educatin/deeper-learning/what-deeper-learning (Abruf 01.08.2019).

Hitlin, S./Elder, G. H. (2007): Time, Self, and the Curiously Abstract Concept of Agency. In: Sociological Theory 25(2), S. 170-191.

Hobday, V. (2012): Voice for Choice. In: Jones, P./Whitehurst, T./Egerton, J. (Hrsg.): Creating Meaningful Inquiry in Inclusive Classrooms: Practitioners' Stories of Research. New York: Routledge, S. 68-83.

Hoerner, J. L. (1970): A historical review of liberal education. Miami Univ.: Coral Gables.

Hofer-Krucker Valderrama, S./Kauffmann, R. (2019): Neue Medien – neuer Unterricht? Das Praxishandbuch. Bern: hep.

Hofer-Krucker Valderrama, S./Kauffmann, R. (2021): Mündliche Interaktionen. Ein Konzept zur gezielten Förderung der 4K-Schlüsselkompetenzen im Bereich »Mündlichkeit«. In: Brägger, H./Rolff, H.-G. (Hrsg.): Handbuch Lernen mit digitalen Medien. Weinheim: Beltz, S. 755-791.

Höfer, R. (2006): Kohärenzgefühl und Identitätsentwicklung. Überlegungen zur Verknüpfung salutogenetischer und identitätstheoretischer Konzepte. In: Wyder, H./Kolip, P./Abel, T. (Hrsg.): Salutogenese und Kohärenzgefühl. Grundlagen, Empirie und Praxis eines gesundheitswissenschaftlichen Konzepts. Weinheim: Juventa, S. 57-50.

Hoffmann, J. (1986): Die Welt der Begriffe. Psychologische Untersuchungen zur Organisation des menschlichen Wissens. Weinheim: Beltz.

Holmes, W./Anastopolou, S./Schaumburg, H./Mavrikis, M. (2018): Personalisiertes Lernen mit digitalen Medien. Ein roter Faden. Stuttgart: Robert Bosch Stiftung.

Holzkamp, K. (1996): Wider den Lehr-Lern-Kurzschluß. Interview zum Thema ›Lernen‹. In: Zuerst erschienen in Rolf Arnold (Hrsg.) Lebendiges Lernen. Hohengehren 1996. Aus: Faulstich, P./Ludwig, J. (Hrsg.): Expansives Lernen. Baltmannsweiler 2004. S. 29-38.

Hook, P. (2015): First Steps with SOLO Taxonomie. Essential Resources Educational Publishers Limited: Invercargil, NZ.

Huberman, M./Bitter, C./Anthony, J./O'Day, J. (2014): The shape of deeper learning: Strategies, structures, and cultures in deeper learning network high schools. Report #1 Findings from the Study of Deeper Learning: Opportunities and outcomes. Washington, DC: American Institutes for Research. www.air.org/sites/default/files/downloads/report/Report%201%20The%20Shape%20of%20Deeper%20Learning_9-23-14v2.pdf (Abruf 21.01.2020).

Huberman, M./Duffy, H./Mason, J./Zeiser, K./O' Day, J. (2016): School Features and Student Opportunities for Deeper Learning. What Makes a Difference? Washington, DC: American Institutes for Research.

Hung, W./Jonassen, D. H./Liu, R. (2008): Problem-Based Learning. In: Spector, J.G./van Merrienboer, J./Merrill, M./Driscoll, M. (Hrsg.): Handbook of Research on Educational Communications and Technology. Mahwah, NJ: Erlbaum, S. 485-506.

Institute for Inquiry (2017): What is Inquiry? https://www.exploratorium.edu/sites/default/files/pdfs/ifi/What-is-Inquiry.pdf (Abruf 19.11.2016).

Jääskelä, P., Kärkkäinen, T., Heilala, V., Häkkinen, P. (2020) Student Agency Analytics: Learning Analytics as a Tool for Analyzing Student Agency in Higher. In: Education, Behaviour and Information Technology 40(8): S. 790-808.

Johnson, D.W./Johnson, R.T. (1999): Learning together and alone: Cooperative, competitive, and individualistic learning. Boston: Allyn and Bacon.

Kahlhammer, M./Wiltsche, V./Schlichtherle, B./Weiskopf-Prantner, V. (2018): Praxiseinblicke Deutsch 1.0. Von der kompetenzorientierten »rückwärtigen« Jahresplanung zur Ermittlung der Gesamtnote am Beispiel Fachbereich »Deutsch«, 7. Schulstufe. https://docplayer.org/38457101-Praxiseinblicke-deutsch-1-0.html (Abruf 26.07.2021).

Kalantzis, M./Cope, B. (2010): The Teacher as Designer: pedagogy in the new media age. In: E-Learning and Digital Media 7(3), S. 200-220.

Kant, I. (1968): Werke. Band 3: Kritik der reinen Vernunft. (Nachdruck der 2. Auflage 1787). Berlin: Gruyter.

Kauertz, A./Fischer, H. (2020): Aufgaben im Physikunterricht. In: E. Kircher/Girwidz, R./Fischer, H. (Hrsg.): Physikdidaktik – Grundlagen. Berlin: Springer Spektrum.

Kaufman, J. C./Beghetto, R. A. (2009): Exploring mini-c across cultures. In: DeHaan, R./Narayan, K. M. V. (Hrsg.): Education for innovation: Implications for India, China and America. Rotterdam: Sense Publishers.

Keller, S. (2011): Beurteilungsraster und Kompetenzmodelle. In: Sacher, W./Winter, F. (Hrsg.): Diagnose und Beurteilung von Schülerleistungen. Professionswissen für Lehrerinnen und Lehrer. Band 4. Baltmannsweiler: Schneider Verlag Hohengehren, S. 143-160.

Kempermann, G. (2008): Neue Nervenzellen für alternde Gehirne. Was ist Alter(n)? Wiesbaden: Springer, S. 47–55.

Kerres, M. (2013): Mediendidaktik: Konzeption und Entwicklung mediengestützter Lernangebote. München: Oldenbourg Verlag.

Kerres, M. (2018): Bildung in der digitalen Welt: Wir haben die Wahl. In: denk-doch-mal.de. Online-Magazin für Arbeit-Bildung-Gesellschaft. 2: (Berufliches) Lernen in digitalen Zeiten.

Keupp, H. (2001): Identität und Kohärenz. Ein vergeblicher Anspruch in der postmodernen Gesellschaft. In: Schmitz, B./Prechtl, P. (Hrsg.): Pluralität und Konsensfähigkeit. Würzburg: Königshausen & Neumann, S. 25-59.

Kincaid, K./Pfau, P. (2015): Creating ever-evolving, school-specific learning commons. In: Teacher Librarian 42 (4), S. 8.

King, V. (2004): Die Entstehung des Neuen in der Adoleszenz. Heidelberg: Springer.

Kleickmann, T. (2012): Kognitiv aktivieren und inhaltlich strukturieren im naturwissenschaftlichen Sachunterricht: Handreichungen des Programms SINUS an Grundschulen (IPN-Materialien). IPN – Leibniz Institut für die Pädagogik der Naturwissenschaften und Mathematik.

Klieme, E./Maag Merki, K./Hartig, J. (2007): Kompetenzbegriff und Bedeutung von Kompetenzen im Bildungswesen. In: Hartig, J./Klieme, E. (Hrsg.): Möglichkeiten und Voraussetzungen technologiebasierter Kompetenzdiagnostik. Bonn, Berlin: Bundesministerium für Bildung und Forschung, S. 1–15

Klopsch, B. (2015): Die Vermittlung von 21st Century Skills in der Grundschule am Beispiel von Portfolioarbeit und kooperativem Lernen. In: Wehr, H./Carlsburg, G.-B. v. (Hrsg.): Kooperatives Lehren und Lernen lernen. Augsburg: Brigg Verlag, S. 199-219.

Klopsch, B. (2016): Die Erweiterung der Lernumgebung durch Bildungspartnerschaften. Einstellungen von Lehrkräften und Schulleitungen. Weinheim: Juventa.

Klopsch, B. (2019): Ganzheitliche Unterstützung von Anfang an – Impulse zum Umgang mit Heterogenität aus der Provinz Alberta. In: Kruschel, R./Jahr, D. (Hrsg.): Inklusion in Kanada. Internationale Perspektiven auf heterogenitätssensible Bildung. Weinheim: Beltz, S. 241-254.

Klopsch, B./Sliwka, A./Gutbrod, J. (2021): Kooperative Professionalität leben: Die Veränderung von Schulen durch tragfähige Kommunikations- und Kooperationsstrukturen In: Schütte, J./Regenthal, G. (Hrsg.): Öffentlichkeitsarbeit macht Schule. Wolters Kluwer.

Klopsch, B./Sliwka, A. (im Erscheinen): Demokratisches Lernen im Alltag der Black Box Unterricht: der Beitrag des Deeper Learning zur Persönlichkeitsentwicklung für die Demokratie. In: Beutel, W./Gloe, M./Himmelmann, G./Lange, D./Seifert, A. (Hrsg.): Handbuch Demokratiepädagogik. Frankfurt/Main: Wochenschau Verlag.

KMK Kompetenzen in der digitalen Welt. www.kmk.org/fileadmin/Dateien/pdf/PresseUndAktuelles/2017/KMK_Kompetenzen_-_Bildung_in_der_digitalen_Welt_Web.html (Abruf 28.03.2019).

Knierim, B. (2008): Lerngelegenheiten anbieten – Lernangebote nutzen. Eine Videostudie im Schweizer Physikunterricht. Hamburg: Dr. Kovač.

Knowles, M. S./Holton, E. F./Swanson, R. A. (1998): The adult learner. Woburn: Butterworth-Heinemann.

Kobarg, M./Seidel, T. (2007): Prozessorientierte Lernbegleitung – Videoanalysen im Physikunterricht der Sekundarstufe I. In: Unterrichtswissenschaft 35(2), S. 148–168.

Koh, E./Hong, H./Seah, J. (2014): Learner adaptivity. An initial conceptualization. In: Hung, A./Lim, K./Lee, S. (Hrsg.): Adaptivity as a transformative disposition for learning in the 21st century. London: Springer, S. 15-30.

Köller, O./Meyer, H. (2013): Was ist eine gute Lehrerin/ein guter Lehrer? www.cornelsen-stiftung-sommeruni.de/…/Hand_out_Gute_Lehrer_Cornelsen_Sommeruni.pdf. (Abruf 12.01.2019).

Konrad, K./Traub, S. (2009): Selbstgesteuertes Lernen. Baltmannsweiler: Schneider Verlag Hohengehren.

Konrad, K./Firk, C./Uhlhaas, P. (2013): Hirnentwicklung in der Adoleszenz. Neurowissenschaftliche Befunde zum Verständnis dieser Entwicklungsphase. In: Deutsches Ärzteblatt 110(25), S. 425-431.

Krammer, K. (2009): Individuelle Unterstützung in Schülerarbeitsphasen. Münster: Waxmann.

Krapp, A. (1999): Intrinsische Lernmotivation und Interesse. Forschungsansätze und konzeptuelle Überlegungen. In: Zeitschrift für Pädagogik 45(3), S. 387-406

Krathwohl, D. R. (2002): A Revision of Bloom's Taxonomy: An Overview. In: Theory into Practice 41(4), S. 212 - 218.

Kreienbaum, M. A./Urbaniak, T. (2006): Jungen und Mädchen in der Schule. Konzepte der Koedukation. Berlin: Cornelsen Verlag Scriptor.

Krummeck, K. (2021): Designers are Educators. Educators are Designers. What Happens When the Best of Both Worlds Collide? https://designcreativetech.utexas.edu/designers-are-educators-educators-are-designers-what-happens-when-best-both-worlds-collide (Abruf 06.08.2021).

Kulgemeyer, C. (2018): Developing and Exploring a framework of effective Science Explanation Videos informed by criteria for Successful Instructional Explanations. In: Research in Science Education, S. 1-22.

Kulgemeyer, C./Peters, C. (2016): Exploring the Explaining Quality of Physics online explanatory videos. In: European Journal of Physics 37, S.1-14.

Kunter, M./Trautwein, U. (2013): Psychologie des Unterrichts. Paderborn: Schöningh.

Kunter, M./Voss, T. (2011): Das Modell der Unterrichtsqualität in COACTIV: Eine multikriteriale Analyse. In: Kunter, M./Baumert, J./Blum, W./Klusmann, U./Krauss, S./Neubrand, M. (Hrsg.): Professionelle Kompetenz von Lehrkräften – Ergebnisse des Forschungsprogramms COACTIV. Münster: Waxmann, S. 85-113.

Kunter, M./Brunner, M./Baumert, J./Klusmann, U./Krauss, S./Blum, W./Jordan, A./Neubrand, M. (2005): Der Mathematikunterricht der PISA – Schülerinnen und -Schüler. Schulformunterschiede in der Unterrichtsqualität. In: Zeitschrift für Erziehungswissenschaft 8(4), S. 502–520.

Lampert, M./Franke, M. L./Kazemi, E./Ghousseini, H./Turrou, A./Beasley, H./Crowe, K. (2010): Keeping it complex: Using Rehearsals to Support Novice Teacher Learning of Ambitious Teaching. In: Journal of teacher Education 64(3), S. 226-243.

Lareau, A. (2003): Unequal Childhoods: Class, Race, and Family Life. California: University of California Press.

Larmer, J. (2016): Gold Standard PBL: Student Voice & Choice. https://www.bie.org/blog/gold_standard_pbl_student_voice_choice (Abruf 14.10.2019).

Larmer, J./Mergendoller, J. R./Boss, S. (2015): Setting the Standard for Project Based Learning: A Proven Approach to Rigorous Classroom Instruction. Alexandria, VA: ASCD.

Lauterbach, C./Gabriel, K./Lipowsky, F. (2013): Hoch inferentes Rating: Kognitive Aktivierung im Mathematikunterricht. In: Lotz, M./Lipowsky, F./Faust, G. (Hrsg.): Dokumentation der Erhebungsinstrumente des Projekts »Persönlichkeits- und Lernentwicklung von Grundschülern« (PERLE): 3. Technischer Bericht zu den PERLE-Videostudien. In: Gesellschaft zur Förderung Pädagogischer Forschung, S. 405-421.

Lazonder, A. W./Harmsen, R. (2016): Meta-Analysis of Inquiry-Based Learning Effects of Guidance. In: Review of Educational Research 86(3), S. 681–718.

Lehner, M. (2019): Didaktik. Stuttgart: utb.

Levy, F./Murnane, R. J. (2005): The New Division of Labor. How Computers are Creating the Next Job Market. Princeton: Princeton University Press.

Liedtke-Schöbel, M./Paradies, L. (2013): Erfolgreiche Lernberatung. Berlin: Cornelsen.

Lind, G. (2001): Von der Praxis zur Theorie. Eine Neubestimmung der Funktion der Praxis für die Lehrerbildung. Universität Konstanz. https://www.uni-konstanz.de/ag-moral/pdf/Lind-2001_Praxis-zu-Theorie.pdf (Abruf am 31.10.2019).

Lindström, L. (2006): Creativity: What is it? Can you assess it? Can it be taught? In: International Journal of Art & Design Education 25(1), S. 53-66.

Lipowsky, F. (2002): Zur Qualität offener Lernsituationen im Spiegel empirischer Forschung – auf die Mikroebene kommt es an. In: Drews, U./Wallrabenstein, W. (Hrsg.): Freiarbeit in der Grundschule: Offener Unterricht in Theorie, Forschung und Praxis. Frankfurt/M.: Arbeitskreis Grundschule, S. 206-237.

Lipowsky, F./Lotz, M. (2015): Ist Individualisierung der Königsweg zum Lernen? Eine Auseinandersetzung mit Theorien, Konzepten und empirischen Befunden. In: Mehlhorn, G./Schulz, F./ Schöppe, K. (Hrsg.): Begabungen entwickeln und Kreativität fördern. München: kopaed, S. 155-219.

Little, J. W. (1990): The persistance of privacy: Autonomy and initiative in teachers‹ professional relations. In: Teacher College Record 91(4), S. 509-536.

Loertscher, D. V./Koechlin, C. (2014): Climbing to Excellence: Defining Characteristics of Successful Learning Commons. Knowledge Quest 42(4), E1–E10.

Loertscher, D. V./Koechlin C./Zwaan, S. (2011): The new learning commons: Where learners win! 2. Auflage. Salt Lake City, UT: Hi Willow.

Lonka, K. (2018): Phenomenal Learning from Finland. Helsinki: Edita Publishing.

Mack, O./Khare, A. (2016): Perspectives on a VUCA World. In: Mack, O. (Hrsg.): Managing in a VUCA world. Cham, Heidelberg: Springer, S. 3-20.

Männikkö, I./Husu, J. (2019): Examining teachers' adaptive expertise through personal practical theories. In: Teaching and Teacher Education 77, S. 126-137.

Martindale, C. (1999): Biological bases of creativity. In: Sternberg, R. (Hrsg.): Handbook of Creativity. Cambridge: University Press, S. 137-152.

Martinez, M./McGrath, D. (2014): Deeper learning: How eight innovative public schools are transforming education in the twenty-first century. New York: The New Press.

Martschinke, S. (2011): Identitätsentwicklung und Selbstkonzept. In: Handbuch Grundschulpädagogik und Grundschuldidaktik, S. 257.

Mazlum, F./Cheraghi, F./Dasta, M. (2015): English Teachers' Self-Efficacy Beliefs and Students Learning Approaches: the Role of Classroom Structure Perception. In: International Journal of Educational Psychology 4(3), S. 305-328.

Mehta, J. (2015): Unlearning Is Critical for Deep Learning. http://blogs.edweek.org/edweek/learning_deeply/2015/01/unlearning_is_critical_for_deep_learning.html. (Abruf 16.06.2020).

Metha, J. (2017): Learning Deeply at Scale. The Challenge of Our Times, Radcliffe Institute. https://www.youtube.com/watch?v=XxUj_HfNEVc (Abruf 21. 12.2019).

Mehta, J./Fine, S. (2012): Teaching Differently…Learning Deeply. In: Phi Delta Kappan 94 (2), S. 31–35.

Mehta, J./Fine, S. (2015a): Bringing values back. How purposes shape practices in coherent school designs. In: Journal of Educational Change, 16(4), S. 483–510.

Mehta, J./Fine, S. (2015b): The why, what, where, and how of deeper learning in American secondary schools. Students at the Center, Deeper Learning Research Series. Boston, MA: Jobs for the Future.

Mehta, J./Fine, S. (2019): In search of deeper learning: the quest to remake the American high school. 1. Auflage. Cambridge, Massachusetts; London, England: Harvard University Press.

Meyer, H. (1987): Unterrichtsmethoden. Berlin: Cornelsen.

Meyer, H. (2004): Was ist guter Unterricht? Berlin: Cornelsen.

Meyer, H. (2021): Bildungstheoretische Standards für zeitgemäße Lernkulturen. In: Brägger, G./ Rolff, H.G. (Hrsg.): Handbuch Lernen mit digitalen Medien. Weinheim: Beltz, S. 208-236.

Mieg, H. A. (Hrsg.) (2019): Inquiry-based Learning – undergraduate Research. The German Multidisciplinary Experience. Cham: Springer Open.

Mincu, M. E. (2012): Mapping Meanings of Personalisation. In: Muncu, M.E. (Hrsg.): Personalisation of Education in Contexts. Policy Critique and Theories of Personal Improvement. Rotterdam: Sense Publishers, S. 191-206.

MOE (Ministry of Education) (2013): Engaging our learners: Teach less, learn more. Singapore: Ministry of Education.

MOE (Ministry of Education Singapore) (2021): A-level curriculum and subject syllabuses. https://www.moe.gov.sg/post-secondary/a-level-curriculum-and-subject-syllabuses (Abruf 17.09.2021).

Mitra, D. L. (2006): Increasing student voice and moving toward youth leadership. The prevention researcher 13(1), S. 7-10.

Mitra, D. L. (2007): Student voice in school reform: From listening to leadership. In: International handbook of student experience in elementary and secondary school. Springer, Dordrecht, S. 727-744.

Mitra, D. L. (2009): Student Voice and Student Roles in Education Policy Reform. In: Plank, D./Sykes, G./Schneider, B. (Hrsg.): AERA Handbook on Education Policy Research. London, UK: Routledge, S. 819–830.

Mitra, D. L./Gross, S. J. (2009): Increasing student voice in high school reform: Building partnerships, improving outcomes. In: Educational Management Administration & Leadership 37(4), S. 522-543.

Moon, J. (2002): The Module and Programme Development Handbook: A Practical Guide to Linking Levels, Outcomes and Assessment Criteria. London: Kogan Page Limited.

Moran, S./John-Steiner, V. (2003): Creativity in the making: Vygotsky's contemporary contribution to the dialectic of development and creativity. In: Sawyer, R. K./John-Steiner, V./Moran, S./Sternberg, R.J./Feldman, D. H./Nakamura, J./Csikszentmihalyi, M. Creativity and development. New York: Oxford University Press, S. 61-90.

Moreillon, J. (2017): The learning commons: a strategic opportunity for teacher librarian leadership. In: Teacher Librarian 44(3), S. 21.

Morrison, K. A. (2008): Democratic Classrooms: Promises and Challenges of Student Voice and Choice. In: Educational Horizons 87(1), S. 50–60.

Moyer-Packenham, P.S./Westenskow, A. (2013): Effects of virtual manipulatives on student achievement and mathematics learning. In: International Journal of Virtual and Personal Learning Environments 4(3), S. 35-50.

Muuß-Merholz, J. (2010): Subkonferenz für Bildungshacker im Rahmen der re:publika. https://www.joeran.de/re-learn-programm/ (Abruf 06.08.2021).

NACCCE (1999): All our futures: creativity, culture and education. London: National Advisory Committee on Creative and Cultural education.

Nagl, W./Titelbach, G./Valkova, K. (2017): Digitalisierung der Arbeit: Substituierbarkeit von Berufen im Zuge der Automatisierung durch Industrie 4.0. IHS-Studie im Auftrag des Sozialministeriums. https://www.ihs.ac.at/fileadmin/public/2016_Files/Documents/20170412_IHS-Bericht_2017_Digitalisierung_Endbericht.pdf (Abruf 12.07.2019).

Neubauer, A./Stern E. (2013): Intelligenz. Große Unterschiede und ihre Folgen. München: Deutsche Verlags-Anstalt.

Neubauer, A. (2018): Mach was du kannst. Warum wir unseren Begabungen folgen sollten und nicht nur unseren Interessen. München: Random House.

Neuenhaus, N. (2011): Metakognition und Leistung. Dissertation Universität Bamberg. https://d-nb.info/1018801340/34 (Abruf 20.08.2021).

Newmann, F. M./Bryk, A. S./Nagaoka, J. K. (2001): Authentic intellectual work and standardized tests: Conflict or coexistence? Improving Chicago's schools. Chicago: Consortium on Chicago School Research.

Ng, P. L. (2008): Educational reform in Singapore: from quantity to quality. In: Educational Research for Policy and Practice, 7(1), S. 5–15.

Nicolaisen, T. (2013): Lerncoaching-Praxis: Coaching in pädagogischen Arbeitsfeldern. Weinheim, Basel: Beltz Juventa.

Nieke, W. (2008): Kompetenzen. In: Coelen, Th./Otto, H.-U. (Hrsg.): Grundbegriffe der Ganztagsbildung. Das Handbuch. Wiesbaden: VS, S. 205-212.

Nittel, D. (2017): Gymnasiale Schullaufbahn und Identitätsentwicklung: Verlag Barbara Budrich.

Niu, W./Sternberg, R.J. (2006): The philosophical roots of western and eastern conceptions of creativity. In: Journal of Theoretical and Philosophical Psychology 26, S. 18-38.

Nölte, B. (2017). Formative Assessment: Bewerten um des Lernens Willen. Bundeszentrale für politische Bildung. https://www.bpb.de/lernen/digitale-bildung/werkstatt/255718/formative-assessment-bewerten-um-des-lernens-willen (Abruf 02.08.2019).

Nottingham, J. (2014): The Learning Pit. www.thequo-haslostitsstatus.weebly.com/uploads/5/4/2/3/54231535/the_learning_pit.pdf (Abruf 07.02.2021).

Nottingham, J. (2017): The Learning Challenge. How to guide your students through the learning pit to achieve deeper understanding. Thousand Oaks: Corwin.

OECD (2017): PISA 2015 Results (Volume V): Collaborative Problem Solving. Paris: PISA, OECD Publishing. https://doi.org/10.1787/9789264285521-en (Abruf 23.10.2019).

OECD (2018): Sky's the limit: Growth mindset, students, and schools in PISA. https://www.oecd.org/pisa/growth-mindset.pdf (Abruf 24.04.2021).

OECD (Hrsg.) (2020): Bertelsmann Stiftung, Deutsche Telekom Stiftung, Education Y e.V., Global Goals Curriculum e.V., Siemens Stiftung. OECD Lernkompass 2030. https://bertelsmann-stiftung.de/fileadmin/files/user_upload/oecd_lernkompass_2030.pdf (Abruf 28.9.2021)

Opwis, K./Gold, A./Gruber, H./Schneider, W. (1990): Zum Einfluss von Expertise auf Gedächtnisleistungen sowie deren Selbsteinschätzungen bei Kindern und Erwachsenen. In: Zeitschrift für Entwicklungspsychologie und Pädagogische Psychologie XXII(3), S. 207-224.

Ormiston, M. (2011): Creating a Digital-Rich Classroom: Teaching & Learning in a Web 2.0 World. Bloomington. In: Solution Tree Press 4, S. 2–3.

Pallasch, W./Hameyer, U. (2012): Lerncoaching: theoretische Grundlagen und Praxisbeispiele zu einer didaktischen Herausforderung. 2. Auflage. Weinheim, Basel: Beltz Juventa.

Pane, J.F./Steiner, E.D./Baird, M.D./Hamilton, L.S. (2015): Continued Progress. Promising Evidence on Personalized Learning. RAND Corporation. https://www.rand.org/pubs/research_reports/RR1365.html (Abruf 30.07.2021).

Parker, W. C./Lo, J./Yeo, A. J./Valencia, S. W./Nguyen, D./Abbott, R. D./Nolen, S. B./Bransford, J. D./Vye, N. J. (2013): Beyond breadth-speed-test: Toward deeper knowing and engagement in an advanced placement course. In: American Educational Research Journal 50 (6), S. 1424-1459.

Parker, W. C./Mosborg, S./Bransford, J./Vye, N./Wilkerson, J./Abbott, R. (2011): Rethinking advanced high school coursework: Tackling the depth/breadth tension in the AP US government and politics course. In: Journal of Curriculum Studies 43 (4), S. 533-559.

Paul, R.W./Elder, L. (2009): The miniature guide to critical thinking concepts and tools. Tomales, California: Foundation for Critical Thinking Press.

Pearson, P. D./Valencia, S. W. (1987): Assessment, Accountability, and Professional Prerogative. In: Readance, J./Baldwin, R. S. (Hrsg.): Research in literacy: Merging perspectives. Rochester, NY: The National Reading Conference, S. 3-16.

Pellegrino, J. W./Hilton, M. L. (2012): Education for life and work: Developing transferable knowledge and skills in the 21st century. Washington, DC: The National Adacemic Press.

Peschel, F. (2002): Offener Unterricht. Teil II. Hohengehren: Schneider Verlag.

Philips, L. (2019): Cultivating Learner Agency Through Authentic Voice and Choice. https://knowledgeworks.org/resources/cultivate-learner-agency/ (Abruf 28.08.2021).

PISA4U Network (2017): pisa4u – Oon Seng Tan – Teach Less, Learn More Movement in Singapore (platform). Video. https://www.youtube.com/watch?v=XP1vNCRHyPQ (Abruf 17.11.2018).

Plucker, J./Beghetto, R./Dow, G. (2004): Why isn't creativity more important to educational psychologists? Potential, pitfalls, and future directions in creativity research. Educational Psychologist 39, S. 83-96.

Posch, P. (2018): Schulen 2040 – Gesellschaftliche Herausforderungen und die Schule. In: Bundesinstitut für Bildungsforschung, Innovation & Entwicklung des österreichischen Schulwesens (Hrsg.): Nationaler Bildungsbericht 2018. Beitrag 12: Fünf Blicke in die Zukunft von Schule und Bildung 2040. https://www.bifie.at/wp-content/uploads/2019/03/NBB_2018_Band2_Beitrag_12.pdf (Abruf 19.06.2019).

Posch, P. (2019): Individualisierung – Ansätze und Erfahrungen. In: Steffens, U./Messner, R. (Hrsg.): Unterrichtsqualität. Konzepte und Bilanzen gelingenden Lehrens und Lernens. Münster: Waxmann, S. 105-128.

Praetorius, A. K./Klieme, E./Herbert, B./Pinger, P. (2018): Generic dimensions of teaching quality: The German framework of Three Basic Dimensions. In: ZDM Mathematics Education 50 (3), S. 407–426.

Prakasha, G. S./Hasham, S. H./Hemalathaa, K. Y. (2020): Examining Learner Agency in Online Teaching. In: Universal Journal of Educational Research 8 (12), S. 6509–6516.

Puentedura, R. (2006): Transformation, Technology and Education. http://hippasus.com/resources/tte/ (Abruf 09.08.2021).

Putnam, J./Markovichick, K./Johnson, D.W./Johnson, R.T. (1996): Cooperative learning and peer acceptance of students with learning disabilities. In: Journal of Social Psychology 136, S. 741-752.

Putney, L. G./Broughton, S. H. (2011): Developing Collective Classroom Efficacy: The Teachers's Role as a Community Organizer. In: Journal of Teacher Education 62(1), S. 93–105.

QCA – Qualifications and Curriculum Authority (2004): Creativity: Find it, promote it. London: QCA publications.

Quenzel, G./Hurrelmann, K. (2010): Bildungsverlierer: Neue soziale Ungleichheiten in der Wissensgesellschaft. In: Quenzel, G./Hurrelmann, K. (Hrsg.): Bildungsverlierer. Neue Ungleichheiten. Wiesbaden: VS Verlag für Sozialwissenschaften, S. 11-36.

Raber, C. (2015): Teaching with design. http://www.teachwithdesign.com/dbl (Abruf 21.05.2021).

Raithelhuber, E. (2008): Von Akteuren und agency – eine sozialtheoretische Einordnung der structure/agency-Debatte. In: Homfeldt, H. G./Schröer, W./Schweppe, C. (Hrsg.): Vom Adressaten zum Akteur: Soziale Arbeit und Agency. Opladen: Barbara Budrich, S. 17-46.

RAND (2014): Early Progress. Interim Research on Personalized Learning. https://usprogram.gatesfoundation.org/news-and-insights/usp-resource-center/resources/early-progress-interim-research-on-personalized-learning--report (Abruf 09.08.2021).

Randi, J./Corno, L. (2005): Teaching and learner variation. In: Pedagogy – Learning for Teaching, S. 47–69.

Redding, A. (2016): Competencies and Personalized Learning. In: Murphy, M./Redding, S./Twyman, J.S. (Hrsg.): Handbook of Personalized Learning for States, Districts and Schools. Philadelphia, PA: Center on innovations in Learning, Temple University, S. 3-18.

Reinders, H. (2013): Lernen durch Engagement. Schule soll nicht nur Bildungsanstalt sein. Sie muss auch Möglichkeiten zur politischen Beteiligung bieten. In: DJI Impulse 3, S. 18-20.

Reinders, H. (2014): Soziale und emotionale Entwicklung hochbegabter Kinder. In: Stamm, M. (Hrsg.): Handbuch Entwicklungspsychologie des Talents. Bern: Hans Huber Verlag, S. 217-226.

Reinmann-Rothmeier, G./Mandl, H. (2006): Unterrichten und Lernumgebungen gestalten. In: Krapp, A./Weidenmann, B. (Hrsg.): Pädagogische Psychologie. Weinheim: Beltz, S. 601-646.

Reiser, B./Tabak, I. (2014): Scaffolding. In: Sawyer, R. (Hrsg.): The Cambridge Handbook of the Learning Sciences. Cambridge: Cambridge University Press, S. 44-62.

Renkl, A. (2009): Wissenserwerb. In: Wild, E./Möller, J. (Hrsg.): Pädagogische Psychologie. Berlin: Springer. S. 3-26.

Reusser, K. (2003): E-Learning als Katalysator und Werkzeug didaktischer Innovation. In: Beiträge zur Lehrerbildung 21(2), S. 176-191.

Reusser, K. (2021): Kompetenzorientierter Unterricht in heterogenen Lerngruppen. In: Brägger, H./Rolff, H.-G. (Hrsg.): Handbuch Lernen mit digitalen Medien. Weinheim: Beltz, S. 237-267.

Reusser, K./Pauli, C./Stebler, R. (2018): Personalisiertes Lernen: Zur Analyse eines Bildungsschlagwortes und erste Ergebnisse der perLen-Studie. In: Zeitschrift für Pädagogik 64(2), S. 159-178.

Rheinberg, F. (1996): Von der Motivation zu Lernleistung: Was liegt dazwischen? In: Möller, J./Köller, O. (Hrsg.): Emotionen, Kognitionen und Schulleistung. Weinheim: Beltz PVU, S. 23-50.

Richards, R. (1990): Everyday creativity, eminent creativity, and health: »Afterview« for CRJ issues on creativity and health. In: Creativity Research Journal 3, S. 300–326.

Richards, R. (2007): Everyday creativity: Our hidden potential. In: Richards, R. (Hrsg.): Everyday creativity and new views of human nature. Washington, DC: American Psychological Association, S. 25-54.

Richards, R. (2010): »Everyday creativity: Process and way of life – Four key issues«. In: Kaufman, J. C./Sternberg, R. J. (Hrsg.): The Cambridge Handbook of Creativity, Cambridge: Cambridge University Press, S. 189-215.

Richards, R./Kinney, D. K./Benet, M./Merzel, A. P. C. (1988): Assessing everyday creativity: Characteristics of the Lifetime Creativity. Scales and validation with three large samples. In: Journal of Personality and Social Psychology 54, S. 476–485.

Robins, R./Trzesniewski, A. (2005): Self-Esteem Development Across the Lifespan, Current Directions in Psychological Science 14(3), S. 158-162

Robinson, K. (2006): Do schools kill creativity? [Ersticken die Schulen Kreativität?] https://www.ted.com/talks/sir_ken_robinson_do_schools_kill_creativity?language=de#t-28048 (Abruf 24.07.2021).

Robinson, K. (2011). Out of our Minds. Learning to be Creative. Chichester: Capstone.

Robinson, K./Aronica, L. (2015). Creative Schools: revolutionalizing education from the ground up. London: Random House Penguin Books.

Oerter, R./Montada, L. (2002): Entwicklungspsychologie. Ein Lehrbuch. 5. Auflage. Weinheim: Beltz.

Rosa, H. (2018): Resonanz ereignet sich, wo Menschen von etwas erreicht, berührt, bewegt werden – und darauf Antwort erhalten. Nichts einfacher als das? Versuch über die Resonanz. https://www.resonanz.wien/blog/hartmut-rosa-ueber-resonanz/ (Abruf 31.05.2020).

Rosa, H./Endres, W. (2016): Resonanzpädagogik. Weinheim: Beltz.

Rösch-Schmid, U./Kreim, A./Neitzel, J. (2015): Lerncoaching – Unterstützung des individuellen Lernprozesses. https://www.schule-bw.de/themen-und-impulse/individuelles-lernen-und-individuelle-foerderung/allgemein-bildende-schulen/kompetenzraster-als-paedagogische-umsetzungshilfen/lerncoaching/nl24_lerncoaching_unterstuetzung_des_indiv_lernprozesses.pdf (Abruf 15.10.2019).

Roth, G. (2004): Warum sind Lehren und Lernen so schwierig? In: Zeitschrift für Pädagogik 50, S. 496-506.

Roth, G. (2012): Möglichkeiten und Grenzen von Wissensvermittlung und Wissenserwerb – Erklärungsansätze aus Lernpsychologie und Hirnforschung. In: Caspary, R. (Hrsg.): Lernen und Gehirn. 7. Auflage. Hamburg: Nikol Verlagsgesellschaft mbH & Co. KG, S. 54-69.

Runco, M. A. (2004): Everyone has creative potential. In: R. J. Sternberg/E. L. Grigorenko/J. L. Singer (Hrsg.): Creativity: From potential to realization. Washington, DC: American Psychological Association, S. 21-30.

Rutter, M./Maughan, B./Mortimore, P./Ouston, J. (1979): Fifteen thousand hours: Secondary Schools and their effect on children. London: Open Book.

Salmela-Aro, K. (2017): Co-agency in the context of life span model of motivation. In: OECD (Hrsg.): Education 2030: Conceptual learning framework: Background papers. OECD: Paris, S. 17-31.

Savickas, M. L. (2005): The theory and practice of career construction. In: Brown, S.D./Lent R.W. (Hrsg.): Career development and counseling: Putting theory and research to work. New York: Wiley, S. 42–70.

Sawyer, K. (2007): Group Genius. The Creative Power of Collaboration. New York: Basic Books.

Schachter, E./Rich, Y. (2011): Identity Education: A new conceptual framework for researchers and practitioners. In: Educational Psychologist 46(4), S. 222–238.

Scharnagel, S./Evanschitzky, P./Streb, J./Spitzer, M./Hille, K. (2014): Sixth graders benefit from educational software when learning about fractions: A controlled classroom study. In: Numeracy 7(1), S. 4.

Schaumburg, H. (2021): Personalisierung mit digitalen Medien. In: Brägger, G./Rolff, H.-G. (Hrsg.): Handbuch Lernen mit digitalen Medien. Weinheim: Beltz, S. 384-401.

Schaumburg, H./Prasse, D. (2019): Medien und Schule. Bad Heilbrunn: Klinkhardt utb.

Scheurman, G./Newman, F. (1998): Authentic Intellectual Work in Social Studies: Putting Performance before Pedagogy. In: Social Education 62 (1), S. 23-25.

Schiersmann, C./Thiel, H.-U. (2018): Organisationsentwicklung: Prinzipien und Strategien von Veränderungsprozessen. Wiesbaden: Springer Fachmedien Wiesbaden. 5. Auflage.

Schleicher, A. (2018): World Class: How to build a 21st-century school system. Strong Performers and Successful Reformers in Education. Paris: OECD Publishing.

Schneider, M./Stern, E. (2010a): The developmental relations between conceptual and procedural knowledge: a multimethod approach. In: Developmental Psychology 46, S. 178– 192.

Schneider, M./Stern, E. (2010b): The cognitive perspective on learning: Ten cornerstone findings. In: Dumont, H./Istance, D./Benavides, F. (Hrsg.): The Nature of Learning: Using Research to Inspire Practice, Educational Research and Innovation, Paris: OECD Publishing, S. 69-90.

Schneider, M./Stern, E. (2015): Die kognitive Perspektive des Lernens: zehn Eckpfeiler – Forschungsergebnisse. In: Dumont, H./Istance, D./Benavides, F. (Hrsg.): The Nature of Learning – Die Natur des Lernens: Forschungsergebnisse für die Praxis. Weinheim, Basel: Beltz.

Schoenfeld, A. H. (2011): Reflections on teacher expertise. In: Li, Y./Kaiser, G. (Hrsg.): Expertise in mathematics instruction. London: Springer Science + Business Media, S. 327–341.

Schoon, I. (2018): Conceptualising Learner Agency: A Socio- Ecological Developmental Approach. www.llakes.ac.uk/wp-content/uploads/2021/03/LLAKES-Research-Paper-64-Schoon-I.pdf (Abruf am 04.10.2021).

Schratz, M./Schrittesser, I. (2011): Was müssen Lehrerinnen und Lehrer in der Zukunft können? In: Berner, H./Isler, R. (Hrsg.): Lehrer-Identität. Lehrer-Rolle. Lehrer-Handeln. Professionswissen für Lehrerinnen und Lehrer. Baltmannsweiler: Schneider Verlag Hohengehren, S. 176–198.

Schwab, K. (2016): Die Vierte Industrielle Revolution. München: Pantheon.

Schwartz, D. L./Bransford, J. D./Sears, D. (2005): Efficiency and innovation in a modern multidisciplinary perspective. Greenwich, CT: Information Age, S. 1-51.

Schwartz, P. (2001): Problem-based Learning. London: Routledge.

Schwartz, K. (2020). When Teachers Make Room For Their Own Curiosity They Defend It For Children. https://www.kqed.org/mindshift/55081/when-teachers-make-room-for-their-own-curiosity-they-defend-it-for-children (Abruf 20.09.2021).

Sebba, J./Brown, N./Steward, S./Galton, M. /James, M. (2007): An Investigation of Personalised Learning. Approaches Used by schools. London: DfES. http://sro.sussex.ac.uk/id/eprint/22137/ (Abruf 30.07.2021).

Settersten, R. A./Gannon, L. (2009): Structure, Agency, and the Space Between: On the Challenges and Contradictions of a Blended View of the Life Course. In: Heinz, H.W./Huinink, J./Weymann, A. (Hrsg.): Campus Reader. The life course reader: Individuals and societies across time. Frankfurt/Main: Campus-Verlag, S. 456-472.

Shaheen, R. (2010): Creativity and Education. Online Submission, 1(3), S. 166-169.

Shavinia, I. (2003): International Handbook on Innovation. Oxford: Elsevier.

Sheckley, B. G./Keeton, M. T. (1997). Service Learning: A Theoretical Model. In: Shine, J. (Hrsg.): Service Learning – Ninety-sixth year-book of the National Society for the Study of Education. Chicago, IL: University of Chicago Press, S. 23 –55.

Silander, P. (2015): Phenomenon based learning. http://www.phenomenaleducation.info/phenomenon-based-learning.html (Abruf 22.05.2021).

Simonton, D. K. (1998): Fickle fashion versus immortal famie: Transhistorical assessments of creative products in the opera house. In: Journal of personality and Social Psychology 75, S. 198-210.

Skolverket (2018): Curriculum for the compulsory school, preschool class and school-age educare 2011, revised 2018. https://www.skolverket.se/getFile?file=3984 (Abruf 29.09.2021).

Slavin, R.E. (1996): Education for all. Lisse: Swets & Zeitlinger.

Sliwka, A. (2004): Service Learning: Verantwortung lernen in Schulen und Gemeinden. In: Edelstein, W./Fauser, P. (Hrsg.): Beiträge zur Demokratiepädagogik. Eine Schriftenreihe des BLK-Programms Demokratie lernen & leben. Berlin: BLK. https://www.pedocs.de/volltexte/2008/258/pdf/Sliwka.pdf (Abruf 18.02.2019).

Sliwka, A. (2018). Pädagogik der Jugendphase. Wie Jugendliche engagiert lernen (Pädagogik, 1. Auflage). Weinheim: Beltz.

Sliwka, A./Klopsch, B. (2019): Redefining School: Educational Spaces for Adolescents' Engagement in Learning. In: Jahnke, H./Kramer, C./Meusburger, P. (Hrsg.): Geographies of Schooling. Heidelberg: Springer Verlag, S. 321-332.

Sliwka, A./Klopsch, B. (2020a): Service Learning als Beitrag zur Demokratiebildung. In: Rosenkranz, R. et al. (Hrsg.): Service Learning an Hochschulen. Weinheim: Beltz Juventa, S. 57-60.

Sliwka, A./Klopsch, B. (2020b): Flexible Grouping, Deeper Learning & Universal Design for Learning. Pädagogische Ansätze zur Begabungsförderung aus Kanada, Australien und Neuseeland. In: Fischer, Ch./Amrhein, B. (Hrsg.): Individuelle Förderung und Inklusive Bildung. Begabungsförderung, Leistungsentwicklung, Bildungsgerechtigkeit – für alle! Münster: Waxmann: S. 354-345.

Sliwka, A./Klopsch, B. (2020c): Disruptive Innovation! Wie die Pandemie die »Grammatik der Schule« herausfordert und welche Chancen sich jetzt für eine »Schule ohne Wände« in der digitalen Wissensgesellschaft bieten. In: Fickermann, D./Edelstein, B. (Hrsg.): Schule während und nach der Corona Pandemie. Die Deutsche Schule: Sonderheft 16. Münster: Waxmann, S. 156-169.

Sliwka, A./Klopsch, B./Dumont, H. (2019): Konstruktive Unterstützung im Unterricht. Institut für Bildungsanalysen Baden-Württemberg. https://ibbw-bw.de/site/pbs-bw-km-root/get/documents_E-891550309/KULTUS.Dachmandant/KULTUS/Dienststellen/ibbw/Empirische%20Bildungsforschung/Programme-und-Projekte/Wirksamer_Unterricht/Wirksamer%20Unterricht_Band%203_%20Sliwka%20et%20al%20%282019%29_Web.pdf (Abruf 12.07.2020).

Sliwka, A./Roth, M. (2020): Wissen alleine reicht nicht mehr aus. Deutsches Schulportal. https://deutsches-schulportal.de/expertenstimmen/neue-oberstufe-anne-sliwka-wissen-allein-reicht-nicht-mehr-aus/ (Abruf 27.07.2020).

Snoek, M./Swennen, A./van der Klink, M. (2011): The quality of teacher educators in the European policy debate: actions and measures to improve the professionalism of teacher educators. https://dspace.ou.nl/.../Snoek%20Swennen%20Van%20der%20Klink.pdf (Abruf 25.05.2018).

Snow, R. E. (1989): Aptitude-treatment interaction as a framework of research in individual differences in learning. In: Ackerman, P. L./Sternberg, R. J./Glaser, R. (Hrsg.): Learning and individual differences. New York, NY: Freeman, S. 13-59.

Soland, J./Hamilton, L. S./Stecher, B. M. (2013): Measuring 21st century competencies: Guidance for educators. Santa Monica, CA: RAND Education. http://asiasociety.org/files/gcen-measuring21cskills.pdf. (Abruf 21.01.2020).

Soslau, E. (2012): Opportunities to develop adaptive teaching expertise during supervisory conferences. Teaching and Teacher Education 28(5), S. 768–779.

Spath, D./Kelter, J./Rief, S./Bauer, W./Haner, U.-E. (2009): Office 21 Studie – Information Work 2009. Stuttgart: Fraunhofer Institut für Arbeitswirtschaft und Organisation. https://wiki.iao.fraunhofer.de/images/studien/information-work-2009.pdf (Abruf 27.03.2019).

Stadler, P. (2016): Wenn Schüler ihr Lernen steuern. Endlich Lösungen für ein 200-jähriges Problem? Zertifikatsarbeit CAS Unterrichts- und Schulentwicklung. Pädagogische Hochschule Luzern.

Stalder, F. (2016): Kultur der Digitalität. Frankfurt/Main: Suhrkamp.

Stamm, M. (2010): Wer hat, dem wird gegeben? Zur Problematik von Matthäuseffekten in Förderprogrammen. In: Schweizerische Zeitschrift für Bildungswissenschaften 32 (3), S. 511-532.

Stangl, W. (2019a): Formen des Wissens. Werner Stangls Pädagogik News. https://paedagogik-news.stangl.eu/formen-des-wissen (Abruf 25.07.2020).

Stangl, W. (2019b): Stichwort: »Kompetenzraster«. Online Lexikon für Psychologie und Pädagogik. https://lexikon.stangl.eu/1981/kompetenzraster/ (Abruf 18.02.2019).

Stangl, W. (2019c): Stichwort: »Portfolio«. Online Lexikon für Psychologie und Pädagogik. https://lexikon.stangl.eu/1983/portfolio/ (Abruf 13.04.2019).

Stangl, W. (2021): Stichwort: »scaffolding«. Online Lexikon für Psychologie und Pädagogik. https://lexikon.stangl.eu/13399/scaffolding (Abruf 15.07.2021).

Starkey, L. (2017): Three dimensions of student-centred education: a framework for policy and practice. In: Critical Studies in Education 60 (3), S. 375-390.

Stebler, R./Pauli, C./Reusser, K. (2021): Personalisiertes Lernen als schulisches Bildungskonzept. In: Brägger, G./Rolff, H.-G. (Hrsg.): Handbuch Lernen mit digitalen Medien. Weinheim: Beltz, S. 402-430.

Stern, E./Grabner, R. (2012): Die Erforschung menschlicher Intelligenz. In: Ahnert, L. (Hrsg.): Theorien der Entwicklungspsychologie. Berlin: Springer, S. 102-129.

Stern, E. (2003): Wissen ist der Schlüssel zum Können. In: Psychologie Heute, 30(7), S. 30–35.

Stern, E. (2009): The development of mathematical competence: Sources of individual differences and their developmental trajectories. In: Schneider, W./Bullock, M. (Hrsg.): Human development from early childhood to early adulthood. Evidence from the Munich Longitudinal Study on the Genesis of Individual Competencies (LOGIC). Mahwah, NJ: Erlbaum, S. 221-237.

Stern, E./Schalk, L./Schumacher, R. (2016): Lernen. In: Möller, J./Köller, M./Riecke-Baulecke, T. (Hrsg.): Basiswissen Lehrerbildung. Hannover: Friedrich Verlag, S. 106-120.

Sternberg, R. J./Lubart, T. I. (1991): Creating creative minds. In: Phi Delta Kappan 72, S. 608–614.

Sternberg, R. J./Lubart, T. I. (1996): An investment theory of creativity and its development. In: Human Development 34, S. 1–31.

Sternberg, R. J./Kaufman, J. C./Pretz, J. E. (2002): The creativity conundrum. Philadelphia: Psychology Press.

Sternberg, R.J./Kaufman, J.C./Prez, J. (2004): A Propulsion Model of Creative Leadership. In: Creativity and Innovation Management 13(3), S. 145-153.

Stiggins, R. (2007): Assessment Through the Student's Eyes. In: Best of Educational Leadership 64, S. 22-26.

Stockard, J./Wood, T./Coughlin, C./Khoury, C. (2018): The Effectiveness of Direct Instruction Curricula: A Meta-Analysis of a Half Century of Research. Review of Educational Research 88(4), S. 479–507.

Stoll, L./Seashore Lewis, K. (2007): Professional Learning Communities: Divergence, Depth and Dilemmas. McGrawhill: New York.

Straub, J./Plontke, S./Ruppel, P. S./Frey, B./Mehrabi, F./Ricken, J. (Hrsg.) (2020): Forschendes Lernen an Universitäten. Prinzipien, Methoden, Best-Practices an der Ruhr- Universität Bochum. Wiesbaden: Springer VS.

Sweller, J. (2016): Story of a research program. In: Tobias, S./Fletcher, J. D./Berliner, D. C. (Hrsg): Acquired Wisdom: Lessons learned by distinguished researchers. Tempe: Arizona State University, S. 1-19.

Talreja, V. (2017): Student Agency: The Impact of Adversity. In: OECD (Hrsg.): Education 2030: Conceptual learning framework: Background papers. Paris: OECD, S. 38-54.

Tenorth, H.-E./Tippelt, R. (2007): Lexikon Pädagogik. Weinheim, Basel: Beltz.

The William and Flora Hewlett Foundation (2013): Deeper Learning Advocacy Cluster Evaluation: Key Findings. http://www.hewlett.org/wp-content/uploads/2013/01/EducationProgram_Deeper_Learning_Strategy.pdf (Abruf 24.06.2021).

Timperley, H. (2013): Learning to practice: A paper for discussion. Auckland: The University of Auckland.

Titus, S./Roman, N. V. (2019): Predictors of student agency: the relationship between student agency, learning support and learning experiences in an interprofessional health science faculty. In: Journal of Interprofessional Care 33 (3), S. 308-312.

Torrance, E. P. (1968): A longitudinal examination of the fourth grade slump in creativity. In: Gifted Child Quarterly 12, S. 195–199.

Toshalis, E./Nakkula, M. J. (2012): Motivation, engagement, and student voice. In: Education Digest, 78 (1), S. 29-35.

Trautwein, U./Sliwka, A./Dehmel, A. (2018): Grundlagen für wirksamen Unterricht. Wirksamer Unterricht – Band 1. Landesinstitut für Schulentwicklung. https://ibbw-bw.de/site/pbs-bw-km-root/get/documents_E-1122529391/KULTUS.Dachmandant/KULTUS/Dienststellen/ibbw/Empirische%20Bildungsforschung/Programme-und-Projekte/Wirksamer_Unterricht/Wirksamer%20Unterricht%20-%20Band%201_Trautwein%20et%20al.%20%282018%29_Grundlagen.pdf (Abruf 23.03.2020).

Trilling, B./Fadel, C. (2009): 21st Century Skills: Learning for Life in Our Times. San Francisco: Jossey-Bass/Wiley.

Trilling, B. (2015): Road maps to deeper learning. In: Bellanca, J. A. (Hrsg.): Deeper learning: Beyond 21st century skills. Bloomington: Solution Tree, S. 177-206.

Tschekan, K. (2021): Handlungsbereiche des kompetenzorientierten und digital gestützten Unterrichts. In: Brägger, H./Rolff, H.-G. (Hrsg.): Handbuch Lernen mit digitalen Medien. Weinheim: Beltz, S. 268-285.

Tsui, A. B. M. (2009): Distinctive qualities of expert teachers. In: Teachers and Teaching, 15(4), S. 421–439.

Tyack, D./Tobin, W. (1994): The »Grammar« of Schooling: Why Has It Been so Hard to Change? In: American Educational Research Journal, 31(3), S. 453–479.

Urban, K. K. (2004): Kreativität – Herausforderung für Schule, Wissenschaft und Gesellschaft. Münster: Lit Verlag.

Valanne, E./Al Dhaheri, M. R./Kylmalahti, M. R./Heidi, M. (2017): Phenomenon based learning implemented in Abu Dhabi School Model. In: International Journal of Humanities and Social Sciences 9(3), S. 1-17.

Vial, G. (2019): Understanding digital transformation: A review and a research agenda. In: The Journal of Strategic Information Systems 28(2), S. 118-144.

Vollmer, B. (2020): Kreativität – Handeln in Ungewissheit. Heidelberg: Springer VS.

Voss, T./Kleickmann, T./Kunter, M./Hachfeld, A. (2011): Überzeugungen von Mathematiklehrkräften. In: Kunter, M./Baumert, J./Blum, W./Klusmann, U./Krauss, S./Neubrand, M. (Hrsg.): Professionelle Kompetenz von Lehrkräften. Münster: Waxmann, S. 235-257.

Vygotsky, L. (1967/2004): Imagination and creativity in childhood. In: Journal of Russian and East European Psychology 42, S. 7-97.

Vygotsky, L. S. (1978): Mind in Society: The Developmental of Higher Psychological Processes. Cambridge, MA: Harvard University Press.

Wacker, A./Bohl, T./Batzel-Kremer, A./Bennemann, E./Hahn, E./Meissner, S. et al. (2016): Unterrichtsqualität und Lehrerkooperation an Gemeinschaftsschulen. Ergebnisse der wissenschaftlichen Begleitung in Baden-Württemberg. In: Pädagogik 10, S. 36-40.

Wakil, K./Rahman, R./Hasan, D./Mahmood, P./Jalal, T. (2019): Phenomenon-based learning for teaching ict subject through other subjects in primary schools. In: Journal of Computer and Education Research 7(13), S. 205-212.

Wampfler, P. (2021): Digitale Medien im Deutschunterricht. In: Brägger, G./Rolff, H.-G. (Hrsg.): Handbuch Lernen mit digitalen Medien. Weinheim: Beltz, S. 822-841.

Wang, M./Haertel, G./Walberg, H. (1990): What influences learning? A content analysis of review literature. In: Journal of Educational Psychology 84, S. 30-43.

Watzlawick, P./Beavin, J./Jackson, D. (1974): Menschliche Kommunikation. Formen, Paradoxien. Bern: Hans Huber.

Webb, D. C. (2009): Designing professional development for assessment. In: Educational Designer 1(2), S. 1–26.

Wehlage, G./Newmann, F./Secada, W. (1996). Standards for authentic achievement and pedagogy. In: Newman, F. (Hrsg.): Authentic achievement. Restructuring schools for intellectual quality. San Francisco: Jossey-Bass, S. 21-48.

Weidlich, J./Spannagel, C. (2014): Die Vorbereitungsphase im Flipped Classroom. Vorlesungsvideos versus Aufgaben. In: Rummler, K. (Hrsg.): Lernräume gestalten – Bildungskontexte vielfältig denken. Münster: Waxmann, S. 363-376.

Weinert, F. E. (1982): Selbstgesteuertes Lernen als Voraussetzung, Methode und Ziel des Unterrichts. In: Unterrichtswissenschaft, 10 (2), S. 99–110.

Weinert, F. E. (2000): Begabung und Lernen: Zur Entwicklung geistiger Leistungsunterschiede. In: Wagner, H. (Hrsg.): Begabung und Leistung in der Schule. Modelle der Begabtenförderung in Theorie und Praxis. Bad Honnef: Bock, S. 7-24.

Weinert, F. E. (2001): Vergleichende Leistungsmessung in Schulen – Eine umstrittene Selbstverständlichkeit. In: Weinert, F. E. (Hrsg.): Leistungsmessungen in Schulen. Weinheim, Basel: Beltz.

Weinreich, U. (2016): Lean Digitization. Heidelberg: Springer Verlag.

Weiss, S. (2012): Kreativitätsförderung. In: Kiel, E. (Hrsg.): Unterricht sehen, analysieren, gestalten. Bad Heilbrunn: Julius Klinkhardt, S. 121-144.

Wenger, E. (1999): Communities of practice: Learning, meaning, and identity. Cambridge: Cambridge University Press.

Westlund, I. (2007): Elevernas tid och skolans tid (Schülerzeit und Schulzeit). Malmö: Malmö Högskola.

Wiechmann, J. (2011). Zwölf Unterrichtsmethoden: Vielfalt für die Praxis. Weinheim: Beltz.

Wiggins, G. (1989). A true test: Toward more authentic and equitable assessment. In: Phi Delta Kappan, 70 (9), S. 703-713.

Wiliam, D. (2011): What is assessment for learning? In: Studies in Educational Evaluation 37(1), S. 3-14.

Wiliam, D. (2018): Creating the Schools our children need. Why what we're doing now won't help much. Palm Beach: Learning Sciences.

Willms, J.D./Friesen, S./Milton, P. (2009): What Did You Do in School Today? Transforming Classrooms through Social, Academic, and Intellectual Engagement. Toronto: Canadian Education Association.

Withy, H. (2019): Strategies for developing and maintaining self-efficacy in teachers. The Education Hub. https://theeducationhub.org.nz/strategies-for-developing-and-maintaining-self-efficacy-in-teachers/ (Abruf 26.08.2020).

Wolf, K./Kuglemeyer, C. (2021): Lehren und Lernen mit Erklärvideos im Fachunterricht. In: Brägger, H./Rolff, H.-G. (Hrsg.): Handbuch Lernen mit digitalen Medien. Weinheim: Beltz, S. 474-487.

Wong, W./Ito, K. (2017): The effects of processing instruction and traditional instruction on L2 online processing of the causative construction in French. In: Studies in Second Language Acquisition 40, S. 1-21.

Zaruba, N. (2020): Die Entwicklung von Lehrerüberzeugungen im Potsdamer Praxissemester. Dissertation Universität Potsdam.

Zeiser, K./Taylor, J./Rickles, J./Garet, M./Segeritz, M. (2014): Findings from the Study of Deeper Learning: Opportunities and Outcomes. Report 3: Evidence of Deeper Learning Outcomes. American Institute for Research & The Research Alliance of New York City Schools. https://www.air.org/sites/default/files/Deeper-Learning-Summary-Updated-August-2016.pdf (Abruf 28.03.2021).

Zeiser, K./Mills, N./Wulach, S./Garet, M. S. (2016): Graduation advantage persists for students in deeper learning network high schools. Updated findings from the Study of Deeper Learning: Opportunities and Outcomes. Washington, DC: American Institutes for Research. Retrieved from http://www.air.org/sites/default/files/downloads/report/Graduation-Advantage-Persists-Deeper-Learning-Report-March-2016-rev.pdf (Abruf 26.07.2020).

Zeiser, K./Scholz, C./Cirks, V. (2018): Maximizing Student Agency. Boston: American Institutes for Research.

Zhang, F./Markopoulos, P./Bekker, T./Paule-Ruíz, M.; Schüll, M. (2020): Understanding design-based learning context and the associated emotional experience. In: International Journal of Technology and Design Education Okt. 2020, S. 1–38.

Zirfas, J. (2010): Identität in der Moderne. Eine Einleitung. In: Jörissen, B. (Hrsg.): Schlüsselwerke der Identitätsforschung. Wiesbaden: VS Verlag für Sozialwissenschaften, S. 9-17.
Zitter, I./Hoeve, A. (2012): Hybrid learning environments: Merging learning and work processes to facilitate knowledge integration and transitions. In: OECD Education Working Paper 81.
Zylka, J./Ruep, M. (2016): Lernprozesse aktiv nachhaltig gestalten: Schulentwicklung an der Alemannenschule Gemeinschaftsschule Wutöschingen. In: Schulpädagogik Heute. Was sind gute Schulen? 7(13), S. 1-8.

Abbildungsverzeichnis

Tabellenverzeichnis